饶福明 著

汉字标准化推演方案

岳麓書社·长沙

前　言

汉字是世界上公认的最难学的文字之一。读准它不易，写好它很难，口语（如地方方言、拟声、译音）和书面文字之间的转换也并非泾渭分明、一清二楚，时常令人莫衷一是。

源于指事、象形、会意的文字，初始岁月线条粗放、形体繁复。为了易学易用，自觉或不自觉地，先民们采取规范或减少线条、减省构字部件等以简代繁的办法来改造它们，求简也成了千百年来汉字变化的主要方向。一路走来，汉字历经陶文、甲骨文、金文、大篆、小篆、隶书到现在常用的楷书、行书，汉字的“难”缓解了不少。但如今初学者的感觉，依然还是“难”。以致鲁迅先生大发感慨：“我们中国的文字，对于大众，除了身份、经济这些限制之外，还要加上一条高门槛：难。单是这条门槛，倘不费他十来年工夫，就不容易跨过。”

既然人们都觉得难，那就继续“简”吧。微妙的是，汉字一旦简化失据，简过了头，人们又不再愿意接受。1977 年公布、1986 年废止的《第二次汉字简化方案（草案）》，就是因为过分追求汉字笔画的简省，没能处理好繁简之间的传承关系，结果反被弃之不用。比较而言，新中国成立之初的第一次汉字整理与简化，应该说取得了巨大成功，但也还有一些为简而简、失了理据的过头处理，直到现在也为人所诟病。以致时至今日，当代书法家的作品，多数的还是沿袭繁体来表达。民间恢复繁体字的声音也未曾消失。2015 年的“两会”期间，还有全国政协委员提议，要为文化传承计，适度恢复繁体字。汉字简化运动的高潮过后，现在的语言文字改进工作，多是“咬文嚼字”地针对单个汉字，进行通用规范化的整理。胡适曾说：“整理”是要从乱七八糟里面找出一个条理头绪来；从昏乱糊涂里面查出一个明确意义来……这样的努力中最困难又最不可缺少的，是汉字的重组。

伴随近现代社会的发展，相对于一味地求简、有限地规范，各行各业风起云涌的标准化运动越来越为时代认可。因为标准化的方向，是为了解决特定范围内的现实问题和潜在问题，通过制订、发布和实施标准，达成共享，从而获得最佳。它不再是单一的简化，局部的规范化，还囊括了统一化、系列化、通用化、组合化、模块化等方法，更宏观，也更为科学。

汉字发展到今天，人们对汉字的了解日渐透彻，电子技术对汉字信息化处理的要求基本明了；汉字的定音、定序、定形、定量等各个方面，都有了系统的研究数据；普通话的流行、语音的传播途径也已遍及全国。结束以管窥豹的研究视角、一味求简的发展惯性，让汉字进入真正的形声时代，回归“见字能读”的初衷，全面走上标准化的轨道，正当其时。

汉字的标准化推演，放眼整个汉字体系，选定2020年第12版《新华字典》、2016年第7版《现代汉语词典》、2015年第3版《新华大字典》（全书简称“三典”，后面不再一一列明书名、版别）所列全部汉字为被标准化的主体，借助庞大的网上汉字字库，对比超过10万单字的《汉字海》等大型辞书，运用丰富多彩的造字方法，吸取了不少汉字已有的研究成果。

汉字的标准化推演，致力于“承前启后，合理简化，见字能读，易懂好用”，从注音、笔画、部件、义符、音符到字形的标准化，为汉字拟定了一系列规范，并依规范对整个汉字体系进行全面考量、改进、定形。由此构建而成的一整套汉字标准化方案，全书简称“标案”；规范后的字、音，全书简称“标字”“标音”。推演方案的主体包括：《汉字注音法》《标字笔画名称表》《标字基础义符（部件）规范表》《标字基本音符表》《标字音序表》。书中大量篇幅铺排的则是《现行汉字推演为标字一览表》，具体向读者呈现：已有汉字演变为标字的来龙去脉、依据及相关诠释。

汉字的标准化推演，基本达成了以下目标：

1. 改进了汉语拼音方案。所有注音字母统一为26个拉丁字母，单个汉字的音节字母由最长6个缩减为4个，不同字母的分布更加均衡。拼音书写出的诗词文章，节省字母大多在10%以上。注音字母的读音与拉丁字母又贴近了一些。

2. 完成了汉字音的回归。标案致力于“秀才认字认半边”，取消了一字（符）多音（口语许可的音变除外）。学习者认准标案确立的1730个音符，就能认读标准化后的9363个标字，见即能读，还能读得准。音的回归，让汉字成了名副其实的形声字。这样一来，“白眼字”先生会大大地减少，各地方言也可由地域割据朝标音方向融通发展，汉语圈内语音的和谐统一可望成为现实。

3. 优化了汉字认读书写。标案把删繁就简纳入规范，明确基本的音符、义符均不超过 10 画，每个标字的笔画总数（音符＋义符＋其他部件）不得突破 20 画。标字总体上得以简化，清晰度更高，识别、书写相对容易。基本笔画的保留、规范，20 画以上字的简化、淘汰，让汉字书法艺术的呈现、艺术字体的设计也会变得更加通畅、养眼。

4. 兼顾了汉字传承发展。确需变化的汉字：形变的借助象形会意、轮廓保留、笔画减省与改换、部件减省与变换、音符改换、繁简交替、杂体字借用、生僻字借用等方法，要么让人感觉似曾相识，要么变化有理有据。音变的则在音调的更改，声、韵母的变换等方面找出路，要么同音不同调，要么声母的读音近似，要么押韵，力求读音相近。始终在继承与接受之间权衡取舍，力求让学习与推广简便易行。当然，推演没忘计算机输入的便利，无论你用音码、形码还是声控输入，都会比现在更加准确、简练。

此外，与新中国第一次汉字简化运动“繁改简”相比，使用标案在日常报刊书籍的阅读中，字的变化率会更小，识别率会更高，接受度会更好，需要特别记忆的也不多，普及更方便。

中国正在迅速崛起，中华文明再次走向世界势所必然。作为中华文明主要载体的汉字，也必将突破字母文字的霸权，加速走出中国、走出华人圈、走向世界去闯荡江湖。但谁不希望像吕叔湘先生曾说的那样，把汉字的“毛病给治治好再领它们出门”呢?!

目　录

第1章

注 音

一个功能完备的汉字，包含着不可或缺的音（声）、形、义（意）。人们谈话、听戏、听广播、口头演讲，主要借助的是音，通过不同字音的交流传递信息；看书、阅报、写信、写文章，主要借助的是形，通过字形的变化互通有无；听老师运用黑板、PPT上课，欣赏标注有台词的影视作品，那是同时借助于音、形来理解语义了。应该说，语言的起源，始于发声。

注音方法的演进

汉字从一个个呱呱落地开始，要区分它们，得靠形状，也离不开声音。甲骨、简牍、纸帛等古代文献上的文字，诞生之初的读音并非千奇百怪，只是那时传播声音的方法多为口口相传，没有专门统一的发音符号，更无现在的录放视听技术，发音难免不够精准，以讹传讹不可避免。为了便于汉字的认读、传承，先人们探索、创造了一些给汉字注音的方法，主要如下：

1.以字注字：即用一个汉字来注另一个汉字的读音，彼此相互印证。如“古”字，音“鼓”；“棋”字，音“其”。

2.双拼制：即用一个汉字或一个注音符号表示“声母”，用另一个汉字或一个注音符号表示“韵母”和“声调”。如“米”字，用汉字表达，音母礼切，弥上声；用注音符号表达为“ㄇㄧ”。又如“透”字，用汉字表达，音他侯切，偷去声；用注音符号表达为“ㄊㄡ”。

民国前的历朝历代，每个汉字的音，主要借用另外的汉字来表达。注音符号的应用，是辛亥革命以后的事了。

3.三拼制：即在双拼制的基础上，借用拉丁字母为音素，把韵母的介音（韵头）分离出来，形成由音素组成的“声母＋介母＋韵母”音节， 如“片”

字，音 piàn，p 为声母，i 为介母，an 为韵母。

4.四拼制：即借用拉丁字母，把一个音节里所包含的“声母＋韵头＋韵腹＋韵尾”音素全部分析出来，拼成音节。如“庄”字，音 zhuāng，zh 为声母，u 为韵头，ɑ为韵腹，ng为韵尾。

以拉丁字母为表音符号的音素化拼音，其长处：一是不为花样百出的方言左右，分析语音细致、精密，表音最为准确；二是不为识字的多少所左右，声母、韵母交替相拼，变化自由灵活；三是拉丁字母在世界的应用非常广阔，有助于汉语参与国际文化的交流。

1958 年 2 月，全国人民代表大会通过的《汉语拼音方案》，采用的就是拉丁字母为表音符号的音素化拼音，并加入声调。经过 60 多年的实践，这个方案经受住了时代发展的考验，得到了社会的广泛认同与接受。

信息化技术的日新月异，汉语拼音及其输入法的广泛普及，让《汉语拼音方案》存在的瑕疵也渐渐浮出水面，如：拼式偏长，最长的音节有 6 个字母；26 个拉丁字母中的“v”未能加以利用，“ü、ê”却游离于拉丁字母之外；“i”在音节之首时改为“y”或在前面加“y”，“u”在音节之首时改“w”或在前面加“w”，显得过分随意；而“iou”做韵母时，省略“o”变成“iu”，易混同于“ü”；等等，有待改进。

汉字注音法

这里以《汉语拼音方案》为主要参照，用国际通行的 26 个拉丁字母加声调为汉字注音，字母的手写体依旧按照相关字母的一般书写习惯，编制出《汉字注音法》如下：

汉 字 注 音 法

一、字母表

字母 名称	Aɑ ㄚ	Bb ㄅㄝ	Cc ㄘㄝ	Dd ㄉㄝ	Ee ㄜ	Ff ㄝㄈ	Gg ㄍㄝ
	Hh ㄏㄚ	Ii ㄧ	Jj ㄐㄧㄝ	Kk ㄎㄝ	Ll ㄝㄌ	Mm ㄝㄇ	Nn ㄋㄝ
	Oo ㄛ	Pp ㄆㄝ	Qq ㄑㄧㄡ	Rr ㄚㄦ	Ss ㄝㄙ	Tt ㄊㄝ	
	Uu ㄨ	Vv ㄪㄝ	Ww ㄨㄚ	Xx ㄒㄧ	Yy ㄧㄚ	Zz ㄗㄝ	

二、声母表

b ㄅ玻	p ㄆ坡	m ㄇ摸	f ㄈ佛	d ㄉ得	t ㄊ特	n ㄋ讷	l ㄌ勒
g ㄍ哥	k ㄎ科	h ㄏ喝		j ㄐ基	q ㄑ欺	x ㄒ希	
zz/zh ㄓ知	cc/ch ㄔ蚩	ss/sh ㄕ诗	r ㄖ日	z ㄗ资	c ㄘ雌	s ㄙ思	

三、韵母表

a 行韵母	a ㄚ　啊	ai ㄞ　哀	an ㄢ　安	ao ㄠ　熬	ay/ang ㄤ　昂
e 行韵母	e ㄜ　鹅	ei ㄟ　欸	en ㄣ　恩	er ㄦ　儿	ey/eng ㄥ　奀
i 行韵母	i ㄧ　衣	ia ㄧㄚ　呀	ian ㄧㄢ　烟	iao ㄧㄠ　腰	iay/iang ㄧㄤ　央
	ie ㄧㄝ　耶	in ㄧㄣ　因	iou ㄧㄡ　忧	ioy/iong ㄩㄥ　雍	iu/ü ㄩ　迂
	ivn/ün ㄩㄣ　晕	iv/üe ㄩㄝ　约	iwn/üan ㄩㄢ　冤	iy/ing ㄧㄥ　英	
o 行韵母	o ㄛ　喔	ou ㄡ　欧	oy/ong ㄨㄥ　翁		
u 行韵母	u ㄨ　乌	uo ㄨㄛ　窝			
v/ue 行韵母	vi/uei ㄨㄟ　威	vn/uen ㄨㄣ　温	vy/ueng ㄨㄥ　翁		
w/ua 行韵母	w/ua ㄨㄚ　蛙	wi/uai ㄨㄞ　歪	wn/uan ㄨㄢ　弯	wy/uang ㄨㄤ　汪	

*说明：声、韵母表中，“/”前面的为《汉字注音法》的声、韵母，后面的为《汉语拼音方案》的声、韵母；在《汉语拼音方案》中，韵母“ㄝ”单用的时候写成“ê”，《汉字注音法》将“ê”统读为“ei”。

四、声调标注

声调符号标在每个单字音节的韵尾字母上，轻读不标。（韵尾字母共 10 个：ɑ、e、i、n、o、r、u、v、w、y）

声调：	阴平	阳平	上声	去声	轻读
符号：	ˉ	ˊ	ˇ	ˋ	
例一：	妈 mā	麻 má	马 mǎ	骂 mà	吗 ma
例二：	蛙 w̄	福 fú	眼 iaň	睡 ssvì	的 de

五、拼读、拼写规则

1.“基、欺、希、知、蚩、诗、日、资、雌、思”等字的韵母用 i，拼作 ji，qi，xi，zzi，cci，ssi，ri，zi，ci，si。这些声母若与 i 行韵母（i 本身除外）相拼，省略 i。例如：姐 jě，球 qoú，星 xȳ。

2.韵母 er 用作韵尾儿化音的时候写成 r。例如：“儿童”拼作 eŕtoý，“鸟儿”拼作 niaǒr。

3.一些字的字音，在口语中说得很轻很短时，作“轻读失调”处理，在书写拼音文字时取消声调即可。例如“们”字，图们江 túmeńjaȳ的“们”字，正常标调；他们 tāmen 的“们”字，轻读失调。

相对于《汉语拼音方案》的变化

相对于《汉语拼音方案》，《汉字注音法》发生了如下变化。

1.声母的变化。

zh→zz，ch→cc，sh→ss（符号“→”表示“变为”，后同）。如：zhuɑ→zzw（抓），cheng→ccey（成），shan→ssan（山）。

2.韵母的变化。

uɑ→w，ue→v，ng→y，ü→iu。如：huɑ→hw（花），wei→vi（威），dong→doy（冬），lü→liu（旅）。

“ê”并入“ei”（“三典”以及现代其他一些辞书，已将两音作等同并存处理）。

3.拼写规则的变化。

声母“j、q、x”与“i”行韵母（i 本身除外）相拼时，省略“i”。

所有韵母均直接标注。没有声母的“i”行韵母加“y”或改写成“y”的做法取消，如：yi→i（衣），yɑ→iɑ（呀），yao→iao（腰）；没有声母的“u”行韵母加“w”或改写成“w”的做法也取消，如：wu→u（乌），wo→uo（窝），wang→wy（王）。

ü→iu，“ü”行韵母复杂的拼写规则自然消失。与声母“j、q、x”拼的时候，两者都依照所定规则写成 ju（居），qu（区），xu（虚）。但是与声母“l、n”拼的时候，lü→liu（吕），nü→niu（女）。

“iou”不能像《汉语拼音方案》那样减掉“o”，以避免与“iu”混淆。因此，liu→liou（流），niu→niou（牛）。

uei→vi、uen→vn，与声母相拼的时候，二者相连就好，如：gui→gvi（归），lun→lvn（论）。

词组用拼音表达需要连写时，不再需要隔音符号（’）。如：pí’ǎo→píaǒ（皮袄），fān’àn→fañaǹ（翻案）。

4. 用轻读失调替代了轻声。

人们说话的时候，有些字音会变得很轻很短，结果失去了原有的声调。我们现在叫作“轻声”，还因此有了轻声音节。其实，声调的失去不是四声之外的第五种声调，只是在物理上表现为音长变短，音强变弱。用“轻声”以及轻声音节来固定，不够准确。

因此，标案没有将“轻声”当作声调看待，而是明确赋予所有轻声字以应有的声调。一些字的字音在口语中说得很轻很短时，通通作“轻读失调”处理，由此也取消了“轻声”的全部单字音节。这不仅有利于轻读的准确，也有利于标准化过程中多保留一些原有汉字。

实际应用中，汉字的“轻读失调”（轻声）只存在于句末、词尾或作助词用。如：

水涨起来了“shuǐ zhǎng qǐ lái le”，句末的“了”轻读失调。

孩子“haízi”，词尾的“子”轻读失调。

清脆的喉咙“qīng cuì de hóu lóng”，助词“的”轻读失调。

相对于《汉语拼音方案》的优势

1.《汉字注音法》更简约。

（1）韵母字母的数量由 1～4 个减为 1～3 个。韵母表中 36 个韵母，不变的 19 个。变更的 17 个韵母中，减 2 个字母的 2 个：uang→wy，ueng→vy；减 1 个字母的 11 个：ang→ay，eng→ey，iang→iay，ing→iy，iong→ioy，ong→oy，ua→w，uai→wi，uei→vi，uan→wn，üen→vn；字母数相同的 2 个：üan→iwn，üe→iv；增加 1 个字母的 2 个：ü→iu，ün→iun。《汉语拼

音方案》韵母表共 84 个字母，经过增减变化，《汉字注音法》韵母表共 71 个字母，少了 13 个，节省约 15.5%。

（2）单字的注音字母数由最高 6 个减少到不超过 4 个。若不考虑声调，“三典”中的单字音节，有 5 个字母的总共 25 个，分别为：chang，cheng，chong，chuan， guang，huang，jiang，jiong，kuang， liang，niang，qiang，qiong，shang， sheng，shong，shuai， shuan，xiang，xiong，zhang，zheng， zhong，zhuai， zhuan；有 6 个字母的共 3 个，分别为：chuang，shuang，zhuang。这些音节无一例外，要么拥有“ua”，要么包含“ng”。其中，6 个字母的 3 个音节还都是“ua、ng”二者均沾。ua→w、ng→y 后，5 个字母的音节至少减掉 1 个，如：cheng→ccey（成），kuang→kwy（狂），jiang→jay（江），qiong→qoy（琼），shuai→sswi（甩）；6 个字母的音节则直接减少 2 个，如：chuang→ccwy（窗）， shuang→sswy（双），zhuang→zzwy（壮）。以上 5 个字母、6 个字母的音节，标准化后都没超过 4 个字母。

“三典”中新增加字母的 2 个音节，分别是：liu→liou（流），niu→niou（牛），都没超过 4 个字母。

新的《汉字注音法》中，韵母的字母最多 3 个，有 3 个字母的韵母共 7 个，分别是 ian、iao、iay、iou、ioy、iun、iwn，全是 i 行韵母；有 2 个声母的“zz、cc、ss”音节，按规则与“i”行韵母（i 本身除外）相拼时，须省略“i”。因此，2 字母声母与 3 字母韵母相拼，也不会超过 4 个字母。

（3）取消为“i、u”开头的音节分别加“y、w”的做法，直接缩减了字母数。如：yi→i（衣），wu→u（乌）。

（4）“j、q、x”与“i”行韵母（i 本身除外）相拼时，省略 i。如：jia→ja（家），qin→qn（勤），xiang→xay（想）。

（5）“zz、cc、ss”在键盘上可连击，比“zh、ch、sh”输入更便捷。

（6）拼写规则，由 6 条缩减为 3 条。

2.《汉字注音法》更易读。

（1）“zh、ch、sh”的读音与原字母在其他语言中的发音差别明显，改为“zz、cc、ss”后，只要知道是“z、c、s”的卷舌音即可。这对多种语言的学习者来说，不容易混淆读错。

（2）ua→w，ue→v， “w、v”的发音与英文较为接近，易于人们接受。

（3）niu→niou（牛）、qiu→qou（秋）等字注音的变化，补齐了省略的字母“o”，更易于准确拼读。

3.《汉字注音法》更合理。

（1）启用“v”，ü→iu，“ê”并入“ei”，注音字母由此完全与26个拉丁字母接轨。

（2）明确将声调符号标在每个音节的韵尾字母上，可以避免韵母不止一个字母时，难以准确标注的尴尬，词组连写时还可以起到隔音符号的作用，《汉语拼音方案》中的隔音符号（’）随之废止。

（3）ua→w、ue→v，ng→y，zh→zz、ch→cc、sh→ss，等等，这些变化让26字母的应用频率更趋于均衡。

总体来看，以上优势既有益于节省拼写的时间，提升拼读的接受程度，减少字母占用的空间，也有益于汉字信息处理时的拼音、声控输入。

相对于《汉语拼音方案》的不足

金无足赤，因规范、准确或简约的需要，《汉字注音法》也留下了一些繁难之憾。

1. 原来加声调的字母只有ɑ、o、e、i、u、ü这6个，现在则包含ɑ、e、i、n、o、r、u、v、w、y这10个字母。

2. 前面提到的，有2个韵母增加了1个字母，ü→iu，ün→iun。

3. 为避免与韵母iu混淆，韵母iou不能像《汉语拼音方案》那样减掉o，例如：liu→liou（流）。

4. ng→y，新的变化需要特别识记。

注音法的简易学习方法

与原来的《汉语拼音方案》相比照，大致记住四点，大家学起来就会轻松许多。

1. 所有声母、韵母，怎么读就怎么写，不再需要任何前缀字母或改写打头的字母。

2. zh→zz、ch→cc、sh→ss、ua→w、ue→v、ng→y、ü→iu、ê→ei。

3.“j、q、x”与“i”行韵母（i本身除外）相拼，省略“i”。

4. 有疑问时，看一看《汉字注音法》及其相对于《汉语拼音方案》的变化，均可化解。

拼音方案与注音法示例对比

以下选取了一些不同时期、不同文体的名家作品，分别用《汉语拼音方案》《汉字注音法》来注音，还做了一些字母数量使用情况的对比。

一、李白《静夜思》

床前明月光，疑是地上霜。举头望明月，低头思故乡。

chuáng qián míng yuè guāng，

yí shì dì shàng shuāng。

jǔ tóu wàng míng yuè，

dī tóu sī gù xiāng。

上面用现行《汉语拼音方案》注音，共 70 个字母。

ccwý qań miý iv̀ gwȳ，

í ssì dì ssaỳ sswȳ。

jǔ toú wỳ miý iv̀，

dī toú sī gù xaȳ。

上面用《汉语注音法》注音，共 53 个字母，比《汉语拼音方案》少 17 个，节省约 18.6%。

二、刘禹锡《陋室铭》

山不在高，有仙则名。水不在深，有龙则灵。斯是陋室，惟吾德馨。苔痕上阶绿，草色入帘青。谈笑有鸿儒，往来无白丁。可以调素琴，阅金经。无丝竹之乱耳，无案牍之劳形。南阳诸葛庐，西蜀子云亭。孔子云：何陋之有？

shān bù zài gāo，yǒu xiān zé míng。shuǐ bù zài shēn，yǒu lóng zé líng。sī shì lòu shì，wéi wú dé xīn。tái hén shàng jiē lǜ，cǎo sè rù lián qīng。tán xiào yǒu hóng rú，wǎng lái wú bái dīng。kě yǐ tiáo sù qín，yuè jīn jīng。wú sī zhú zhī luàn ěr，wú àn dú zhī láo xíng。nán yáng zhū gě lú，xī shǔ zǐ yún tíng。kǒng zǐ yún：hé lòu zhī yǒu?

以上用现行《汉语拼音方案》注音，共 238 个字母。

ssan̄ bù zaì gaō，ioǔ xan̄ zé miý。 ssuǐ bù zaì ssen̄，ioǔ loý zé liý。 sī ssì loǔ ssì，ví ú dé xn̄。 taí heń ssaỳ jē liù， caǒ sè rù liań qȳ。tań xaò ioǔ hoý rú，wy̌ laí ú baí diȳ。kě ǐ tiaó sù qń，iv̀ jn̄ jȳ。ú sī zzú zzī lwǹ eř，ú aǹ dú zzī laó xý。nań iaý zzū gě lú，xī ssǔ zǐ ivń tiý。koy̌ zǐ ivń：hé loù zzī ioǔ?

以上用《汉语注音法》注音，共 208 个字母，比《汉语拼音方案》少 30

个，节省约 12.6%。

三、朱自清《春》

盼望着，盼望着，东风来了，春天的脚步近了。

一切都像刚睡醒的样子，欣欣然张开了眼。山朗润起来了，水涨起来了，太阳的脸红起来了。

小草偷偷地从土里钻出来，嫩嫩的，绿绿的。园子里，田野里，瞧去，一大片一大片满是的。坐着，躺着，打两个滚，踢几脚球，赛几趟跑，捉几回迷藏。风轻悄悄的，草软绵绵的。

桃树、杏树、梨树，你不让我，我不让你，都开满了花赶趟儿。红的像火，粉的像霞，白的像雪。花里带着甜味儿；闭了眼，树上仿佛已经满是桃儿、杏儿、梨儿。花下成千成百的蜜蜂嗡嗡地闹着，大小的蝴蝶飞来飞去。野花遍地是：杂样儿，有名字的，没名字的，散在草丛里像眼睛，像星星，还眨呀眨的。

“吹面不寒杨柳风”，不错的，像母亲的手抚摸着你。风里带来些新翻的泥土的气息，混着青草味儿，还有各种花的香，都在微微润湿的空气里酝酿。鸟儿将巢安在繁花嫩叶当中，高兴起来了，呼朋引伴地卖弄清脆的喉咙，唱出宛转的曲子，跟轻风流水应和着。牛背上牧童的短笛，这时候也成天嘹亮地响着。

雨是最寻常的，一下就是三两天。可别恼。看，像牛毛，像花针，像细丝，密密地斜织着，人家屋顶上全笼着一层薄烟。树叶儿却绿得发亮，小草儿也青得逼你的眼。傍晚时候，上灯了，一点点黄晕的光，烘托出一片安静而和平的夜。在乡下，小路上，石桥边，有撑起伞慢慢走着的人，地里还有工作的农民，披着蓑戴着笠。他们的房屋，稀稀疏疏的，在雨里静默着。

天上风筝渐渐多了，地上孩子也多了。城里乡下，家家户户，老老小小，也都赶趟儿似的，一个个都出来了，舒活舒活筋骨，抖擞抖擞精神，各做各的一份事儿去。“一年之计在于春”，刚起头儿，有的是工夫，有的是希望。

春天像刚落地的娃娃，从头到脚都是新的，它生长着。

春天像小姑娘，花枝招展的，笑着，走着。

春天像健壮的青年，有铁一般的胳膊和腰脚，他领着我们上前去。

pàn wàng zhe，pàn wàng zhe，dōng fēng lái le，chūn tiān de jiǎo bù jìn le。

yí qiè dōu xiàng gāng shuì xǐng de yàng zi， xīn xīn rán zhāng kāi le yǎn。 shān lǎng rùn qǐ lái le， shuǐ zhǎng qǐ lái le， tài yáng de liǎn hóng qǐ lái le。

xiǎo cǎo tōu tōu de cóng tǔ lǐ zuān chū lái， nèn nèn de， lǜ lǜ de。 yuán zǐ lǐ， tián yě lǐ， qiáo qù， yí dà piàn yí dà piàn mǎn shì de。 zuò zhe， tǎng zhe， dǎ liǎng gè gǔn， tī jǐ jiǎo qiú， sài jǐ tàng pǎo， zhuō jǐ huí mí cáng。 fēng qīng qiāo qiāo de， cǎo ruǎn mián mián de。

táo shù、 xìng shù、 lí shù， nǐ bú ràng wǒ， wǒ bú ràng nǐ， dōu kāi mǎn le huā gǎn tàng er。 hóng de xiàng huǒ， fěn de xiàng xiá， bái de xiàng xuě。 huā lǐ dài zhe tián wèir； bì le yǎn， shù shàng fǎng fú yǐ jīng mǎn shì táo er、 xìng er、 lí er。 huā xià chéng qiān chéng bǎi de mì fēng wēng wēng de nào zhe， dà xiǎo de hú dié fēi lái fēi qù。 yě huā biàn dì shì： zá yàng ér， yǒu míng zì de， méi míng zì de， sàn zài cǎo cóng lǐ xiàng yǎn jīng， xiàng xīng xīng， hái zhǎ yā zhǎ de。

“chuī miàn bù hán yáng liǔ fēng”， bú cuò de， xiàng mǔ qīn de shǒu fǔ mō zhe nǐ。 fēng lǐ dài lái xiē xīn fān de ní tǔ de qì xī， hùn zhe qīng cǎo wèi er， hái yǒu gè zhǒng huā de xiāng， dōu zài wēi wēi rùn shī de kōng qì lǐ yùn niàng。 niǎo ér jiāng cháo ān zài fán huā nèn yè dāng zhōng， gāo xìng qǐ lái le， hū péng yǐn bàn dì mài nòng qīng cuì de hóu lóng， chàng chū wǎn zhuǎn de qǔ zi， gēn qīng fēng liú shuǐ yìng hè zhe。 niú bèi shàng mù tóng de duǎn dí， zhè shí hòu yě chéng tiān liáo liàng dì xiǎng zhe。

yǔ shì zuì xún cháng de， yí xià jiù shì sān liǎng tiān。 kě bié nǎo。 kàn， xiàng niú máo， xiàng huā zhēn， xiàng xì sī， mì mì de xié zhī zhe， rén jiā wū dǐng shàng quán lóng zhe yì céng báo yān。 shù yè ér què lǜ de fā liàng， xiǎo cǎo yě qīng de bī nǐ de yǎn。 bàng wǎn shí hòu， shàng dēng le， yì diǎn diǎn huáng yùn de guāng， hōng tuō chū yí piàn ān jìng ér hé píng de yè。 zài xiāng xià， xiǎo lù shàng， shí qiáo biān， yǒu chēng qǐ sǎn màn màn zǒu zhe de rén； hái yǒu dì lǐ gōng zuò de nóng mín， pī zhe suō dài zhe lì。 tā men de fáng wū， xī xī shū shū de， zài yǔ lǐ jìng mò zhe。

tiān shàng fēng zhēng jiàn jiàn duō le， dì shàng hái zi yě duō le。chéng lǐ xiāng xià, jiā jiā hù hù, lǎo lǎo xiǎo xiǎo, yě dōu gǎn tàngr shì de, yí gè gè dōu chū lái le。shū huó shū huó jīn gǔ, dǒu sǒu dǒu sǒu jīng shén, gè zuò gè de yī fèn shì ér qù, “yì nián zhī jì zài yú chūn”; gāng qǐ toú ér, yǒu de shì gōng fū, yǒu de shì xī wàng。

chūn tiān xiàng gāng luò dì de wá wa, cóng tóu dào jiǎo dōu shì xīn de, tā shēng zhǎng zhe。

chūn tiān xiàng xiǎo gū niáng, huā zhī zhāo zhǎn de, xiào zhe, zǒu zhe。

chūn tiān xiàng jiàn zhuàng de qīng nián, yǒu tiě yì bān de gē bo hé yāo jiǎo, tā lǐng zhe wǒ men shàng qián qù。

以上用现行《汉语拼音方案》注音，共1923个字母。

paǹ wỳ zze, paǹ wỳ zze, doȳ feȳ laí le, ccvn̄ tian̄ de jaǒ bù jǹ le。

í qè doū xaỳ gaȳ ssvì xy̌ de iaỳ zi, xn̄ xn̄ rań zzaȳ kaī le iaň。ssan̄ lay̌ rvǹ qǐ laí le, ssvǐ zzay̌ qǐ laí le, taì iaý de liaň hoý qǐ laí le。

xaǒ caǒ toū toū de coý tǔ lǐ zwn̄ ccū laí, neǹ neǹ de, liù liù de。iwń zǐ lǐ, tiań iě lǐ, qaó qù, í dà piaǹ í dà piaǹ maň ssì de。zuò zze, tay̌ zze, dǎ liay̌ gè gvň, tī jǐ jaǒ qoú, saì jǐ taỳ paǒ, zzuō jǐ hví mí caý。feȳ qȳ qaō qaō de, caǒ rwň miań miań de。

taó ssù、xỳ ssù、lí ssù, nǐ bú raỳ uǒ, uǒ bú raỳ nǐ, doū kaī maň le hw̄ gaň taỳ er。hoý de xaỳ huǒ, feň de xaỳ xá, baí de xaỳ xv̌。hw̄ lǐ daì zze tiań vìr; bì le iaň, ssù ssaỳ fay̌ fú ǐ jȳ maň ssì taó er、xỳ er、lí er。hw̄ xà cceý qan̄ cceý baǐ de mì feȳ vȳ vȳ de naò zze, dà xaǒ de hú dié feī laí feī qù。iě hw̄ biaǹ dì ssì: zá iaỳ eŕ, ioǔ miý zì de, meí miý zì de, saǹ zaì caǒ coý lǐ xaỳ iaň jȳ, xaỳ xȳ xȳ, haí zzǎ iā zzǎ de。

“ccvī miaǹ bù hań iaý lioǔ feȳ”, bú cuò de, xaỳ mǔ qn̄ de ssoǔ fǔ mō zze nǐ。feȳ lǐ daì laí xē xn̄ fan̄ de ní tǔ de qì xī, hvǹ zze qȳ caǒ vì er, haí ioǔ gè zzoy̌ hw̄ de xaȳ, doū zaì vī vī rvǹ ssī de koȳ qì lǐ ivǹ niaỳ。niaǒ eŕ jaȳ ccaó an̄ zaì fań hw̄ neǹ iè daȳ zzoȳ, gaō xȳ qǐ laí le, hū peý iň baǹ dì maì noỳ qȳ cvì de hoú loý, ccaỳ ccū wň zzwň de qǔ zi, gen̄ qȳ feȳ lioú ssvǐ iỳ hè zze。 nioú beì ssaỳ mù toý de dwň dí, zzè ssí hoù iě cceý tian̄ liaó liaỳ dì xaý̌ zze。

iǔ ssì zvì xvń ccaý de, í xà joù ssì san̄ liaý̌ tian̄。kě bié naǒ。kaǹ, xaỳ nioú maó, xaỳ hw̄ zzen̄, xaỳ xì sī, mì mì de xé zzī zze, reń jā ū diý̌ ssaỳ qwń loý zze ì ceý baó ian̄。 ssù iè eŕ qv̀ liù de fā liaỳ, xaǒ caǒ iě qȳ de bī nǐ de iaň。baỳ wň ssí hoù, ssaỳ deȳ le, ì daň daň hwý ivǹ de gwȳ, hoȳ tuō ccū í piaǹ an̄ jỳ eŕ hé piý de iè。zaì xaȳ xà, xaǒ lù ssaỳ, ssí qaó bian̄, ioǔ cceȳ qǐ saň maǹ maǹ zoǔ zze de reń; haí ioǔ dì lǐ goȳ zuò de noý miń, pī zze suō daì zze lì。tā men de faý ū, xī xī ssū ssū de, zàì iǔ lǐ jỳ mò zze。

tian̄ ssaỳ feȳ zzeȳ jaǹ jaǹ duō le, dì ssaỳ haí zi iě duō le。cceý lǐ xaȳ xà, jā jā hù hù, laǒ laǒ xaǒ xaǒ, iě doū gaň taỳr ssì de, í gè gè doū ccū laí le。 ssū huó ssū huó jn̄ gǔ, doǔ soǔ doǔ soǔ jȳ sseń, gè zuò gè de ī feǹ ssì eŕ qù, “ì niań zzī jì zaì iú ccvn̄”; gaȳ qǐ toú er, ioǔ de ssì goȳ fū, ioǔ de ssì xī wỳ。

ccvn̄ tian̄ xaỳ gaȳ luò dì de ẃ w, coý toú daò jaǒ doū ssì xn̄ de, tā sseȳ zzaý̌ zze。

ccvn̄ tian̄ xaỳ xaǒ gū niaý, hw̄ zzī zzaō zzaň de, xaò zze, zoǔ zze。

ccvn̄ tian̄ xaỳ jaǹ zzwỳ de qȳ niań, ioǔ tiě ì ban̄ de gē bo hé iaō jaǒ, tā liý̌ zze uǒ men ssaỳ qań qù。

以上用《汉语注音法》注音，共 1685 个字母，比《汉语拼音方案》少 238 个，节省约 12.4%。

四、余光中《乡愁》

小时候，乡愁是一枚小小的邮票，我在这头，母亲在那头。

长大后，乡愁是一张窄窄的船票，我在这头，新娘在那头。

后来啊，乡愁是一方矮矮的坟墓，我在外头，母亲在里头。

而现在，乡愁是一湾浅浅的海峡，我在这头，大陆在那头。

xiǎo shí hòu, xiāng chóu shì yī méi xiǎo xiǎo de yóu piào, wǒ zài zhè tóu, mǔ qīn zài nà tóu。

zhǎng dà hòu, xiāng chóu shì yī zhāng zhǎi zhǎi de chuán piào, wǒ zài zhè tóu, xīn niáng zài nà tóu。

hòu lái ā, xiāng chóu shì yī fāng ǎi ǎi de fén mù, wǒ zài wài tóu, mǔ qīn zài lǐ tóu。

ér xiàn zài，xiāng chóu shì yī wān qiǎn qiǎn de hǎi xiá，wǒ zài zhè tóu，dà lù zài nà tóu。

以上用现行《汉语拼音方案》注音，共 268 个字母。

xaǒ ssí hoù，xaȳ ccoú ssì ī meí xaǒ xaǒ de ioú piaò，uǒ zaì zzè toú，mǔ qn̄ zaì nà toú。

zzay̌ dà hoù， xaȳ ccoú ssì ī zzaȳ zzaǐ zzaǐ de ccwń piaò， uǒ zaì zzè toú，xn̄ niaý zaì nà toú。

hoù laí ā，xaȳ ccoú ssì ī faȳ aǐ aǐ de feń mù，uǒ zaì wì toú，mǔ qn̄ zaì lǐ toú。

eŕ xaǹ zaì，xaȳ ccoú ssì ī wn̄ qaň qaň de haǐ xá，uǒ zaì zzè toú，dà lù zaì nà toú。

以上用《汉语注音法》注音，共 239 个字母，比《汉语拼音方案》少 29 个，节省约 10.8%。

以上四组示例比较，《汉字注音法》节省字母均在 10%以上。

需要说明的是：标案中，一些字的读音发生了变化。本节示例的拼音文字没有吸纳这类变化，只是以现行“三典”中的汉字读音为依据，进行注音。本书以后的章节，将主要以标准化后的标音为依据，采用《汉字注音法》为标字注音。

第2章

笔 画

汉字由不同形状的点和线组成。构成汉字的点、线称为笔画，它是构成字形的最小书写单位。写字，从落笔、不间断运行到提起，留下的痕迹叫一笔或一画。

笔画的形状简称笔形。笔形分为平笔和派生折笔两大类。平笔是指写字时，笔顺滑运行、方向没有急促变化形成的笔画，分“横、竖、撇、捺、点、钩、提、弯”8种；派生折笔是指写字时，笔在运行途中通过突然折转改变行笔方向而形成的笔画。

汉字的笔画，到目前为止还没有国家公布的正式标准。《汉字写法规范字典》一书，根据《印刷通用汉字字形表》中的6196个汉字，编制《汉字笔画分类、名称、频率表》，列出笔画形状31个。2016年版《通用规范汉字笔画部首结构字级笔顺手册》，依据国务院公布的《通用规范汉字表》所收8105个汉字，列出笔画32个。沈克成、沈迦所著《汉字部件学》，将平笔进行了细分，列笔形达37种之多。中华书局（香港）有限公司2022年出版的《汉字字形对比字典》，其《标字笔画名称表》依照香港、台湾等地的书写规范，所列笔画数只有26个。

由于没有国家规范，笔画的称说、排序，在不同的出版物上、在学校的课堂里、在网络中、在世界各地的华语世界，也是各自为政，不统一之处甚多，在此不再一一赘述。

笔画称说范体选定楷书

汉字的甲骨文、金文基本上是图形文字。从秦小篆开始逐次到汉隶、唐楷、宋体，汉字演变成了越来越周正的方块文字。近现代以来，伴随着技术的飞速发展，审美情趣的日趋多元，汉字的日新月异大多表现在字体的变换上，字体花样层出不穷，急速膨胀。中、日、韩、新等国家和我国台湾地区的汉字库里，不同字体的数量早已超过千计，而且还在不停扩展。

字体不同，一些字的笔画也会相应发生变化。现在用得最为广泛的宋体、黑体、楷体、仿宋，其笔画之间也存在差异。如：心字的第三笔，宋体“心”、黑体“**心**”与楷体“心”、仿宋“心”相比，心字底姿态各异；又如“辶”的第二笔，宋体“辶”、黑体“**辶**”与楷体“辶”、仿宋“辶”也不一致。不同书法家的书法作品、形形色色的工艺美术字等，字的笔画更是千姿百态。想要确立符合所有字体的、统一的笔画称说，绝无可能。

究竟选什么样的字体来称说笔画为好呢？标案的选择，与现行几乎所有笔画称说范本一致，选定符合大众手写习惯、易于识别的楷书来称说。

笔画称说用字的筛选与定义

笔画称说的规范，还需要对称说的用字进行筛选、准确定义。结合标字的确定，标案选取“横、竖、撇、捺、点、提、钩、弯”这 8 个字，进行规范化定义，所有的笔画也均用这 8 字来称说。

从左向右运行的笔形为“横”。

从上向下运行的笔形为“竖”。

从上向左斜下运行的笔形为“撇”。

从上向右斜下运行的笔形为“捺”。

落笔便收笔形成的笔形均为“点”。

逆时针运行向上收笔的笔形为“提”。

顺时针运行折后收笔的笔形为“钩”。

如弧线般运行的笔形为“弯”。

平笔未完中途突然折转方向运行形成的笔画，统称为折笔。折前、折后的笔画，用各自的平笔笔画名称称说即可。如“㇆”，称说为“横竖钩”。

需要补充提及的是：在标案中，没有“捺、提、钩、弯”起笔的汉字，各种形状的“点”没有分折笔，“弯”必与折笔组合，“钩”只是附着在折笔之末。

标字笔画名称表

依照对笔画的定义，这里对标字楷书所涵盖的笔画进行分类、称说和排序，列出下表。

标字笔画名称表（以楷书为例）

序号	笔形	分类		称说	例字
1	一	平笔		横	十、目、天、言、酒
2	丨			竖	上、中、旧、引、刚
3	丿			撇	人、八、千、径、月
4	㇏			捺	入、议、久、进、之
5	丶			点	卜、学、沟、心、糕
6	㇀			提	刁、打、习、武、址
7	㇕	派生折笔	横折	横竖	口、片、录、侯、凸
8	㇇			横撇	又、了、泉、癸、汐
9	㇖			横钩	读、虎、饶、皮、写
10	㇆			横竖钩	力、也、月、节、句
11	㇊			横竖提	证、微、霭、谜、颀
12	㇍			横竖（弯）横	凹、朵、船、没、躲
13	㇌			横撇弯（钩）	远、挝、都、陪、郊
14	㇈			横弯提	风、飞、氧、讯、飕
15	㇈			横竖（弯）横提	几、仇、抗、瓦、梵
16	㇋			横撇横撇	及、级、廷、健、涎
17	㇠			横弯横提	乙、乞、钇、艺、乾
18	㇡			横撇横竖钩	乃、场、孕、盈、奶
19	㇗		竖折	竖（弯）横	山、伢、每、亡、四
20	㇙			竖提	以、辉、派、凯、铜
21	亅			竖钩	小、何、余、莉、乎
22	㇟			竖（弯）横提	匕、兄、桃、耽、鬼
23	㇉			竖横竖钩	与、弯、驶、号、鸟
24	㇜		撇折	撇横	发、纤、么、东、轮
25	㇛			撇点	女、娘、娄、甾、巡
26	㇞			撇横撇	专、砖、互、红、纳
27	㇁		弯折	弯钩	家、犯、遂、豺、琢
28	㇂			弯提	代、心、践、曳、诚

表中“（ ）”内的笔画“弯、钩”可以省略，不参与排序，不影响识别，按习惯书写就好。所列 28 种笔形，其排序方法为：

第一步，先排平笔。按横、竖、撇、捺、点、提依次排列。

第二步，再排折笔。派生折笔的顺序依次为横折类、竖折类、撇折类、弯折类。同类折笔，按称说的字数由少到多排列；折笔称说字数相同，其排列顺序依次为：横、竖、撇、点、提、钩、弯。

2016年版的《通用规范汉字笔画部首结构字级笔顺手册》，其《标字笔画名称表》中列有笔画32个。上表与之相比，笔画名称、排序均有许多调整，笔画总数也减少了4个，具体笔画的增减如下：

一是增加了 “乙”。“乙”以前基本没有被单列。

二是合并了横折折“㇅”（如“凹”字）与横折弯“㇍”（如“朵”字），统称为横竖横；合并了竖折“𠄌”（如“牙”字）与竖弯“㇄”（如“西”字），统称为竖横；合并了斜钩“㇂”（如“戈”字）与卧钩“㇃”（如“心”字），统称为弯提。

三是取消了笔画“㇉”和“㇋”。通用汉字中，只有鼎字有“㇉”这个笔画，鼎的标字已改为“鼑”，故“㇉”不再作笔画保留；“凸”字在标字中字形并未改变，只是在书写时，将“㇋”拆分为“㇇㇇”，笔顺则由原来的“丨一丨㇋一”，改为“丨㇇一𠄌㇇”。取消笔画“㇋”，是因为后一种笔顺似乎更符合书写习惯，何况标案中，只有“凸、㐂（偷）”二字有此笔画。

笔画的组合方式

标字除“一、乙、𠃊”是单笔画字外，其余都是由多笔画组成。汉字笔画的组合关系有如下三种。

相离：二、八、三、川、小、心。

相接：人、刀、正、厂、了、几。

相交：十、七、力、九、又、丈。

许多字的笔画，并非只有一种组合关系，如“元、夫、王、泉”等字有两种组合关系，而“因、岗、秦、海”等字三种关系都有。

笔顺的规则

汉字书写时，下笔的先后顺序（也即笔画排列的先后顺序）叫笔顺。汉字的笔顺规范有序，既可以方便字的查找与排序，也可以让字写得更为美观、更加顺手。

1. 笔顺的基本规则。

先横后竖：十、丁、于、丰。

先撇后捺：八、人、大、义。

先上后下：三、京、立、早。

先左后右：川、淋、他、心。

先外后内：月、夕、匀、凡。

先中间后两边：小、山、办、愉（竖心旁“忄”与“小”字结构相似，标准化后依从“小”的笔顺，先写中间一竖，再写左右两点。“忄”现行的笔顺为丶丶丨）。

先主体后贯穿：中、事、册、毌。

先主体后配件：才、亦、刃。

2. 笔顺的特殊规则。

（1）点的书写笔顺。

点在中间或左上，先写点：亩、羊、头、为。

点在右上，后写点：戈、甫、犬、发。

点交叉或在框内，后写点：丸、斥、叉、太、瓦。

（2）包围结构的书写笔顺。

上右或上左二包围，先外后里：司、厅。

左下二包围，先里后外：追、通、廷、断。

缺口朝上三包围，先里后外：凶、函。

缺口朝下三包围，先外后里：冈、同。

缺口朝右三包围，先上再里后左下：区、臣、甚。

四方全包围，先外再里后封底：田、四、囚、目。

3. 上述规则无法准确涵盖，需要特别识记的笔顺。

如：力（㇆ノ），女（㇛ノ一），母（㇗㇆丶一丶）等。

笔画数量的限制

各个汉字的笔画，数目不等，参差不齐，自由组合，变化万千，成就了汉字独特的艺术魅力。但有些汉字的笔画确实太多了，既不方便写，也不好认。目前有明确出处、笔画最多的汉字是四“龍”叠起的“𪚥”字，64 画。在互联网上，你还可以查到 172 画的汉字。国务院颁行的《通用规范汉字表》中，超过 20 画的 98 字，笔画最多的“齉”字 36 画。即便是列入“三典”的“髓、罐、麝、饕、攥、矗、橐、鬣、爨、蠼、龢”等字，你说写起来难不难？这些字不简化，汉字难写的“鬼门关”，不知还要愁煞多少后来人。再说，一般书报正文用的 5 号字，20 画以上的，正常视力肉眼看多如雾里看花，只能边看边猜，“老花眼”就更难识其庐山真面目了，更小、更节省的6、7、8号字怎么办？

汉字输入难的问题早已应运而解。电脑面前，字的笔画多而难写也不再是问题。越来越多的人正用电脑来处理汉字，汉字简化似乎不再迫切。但汉字的手写仍不可替代，汉字的书法艺术还要流传。通过一定规范，降低汉字学习的门槛，不管是过去、现在还是将来，始终不容回避。

每一个汉字，都可以由“音符”或“音符＋义符”来构成。为了简化，拙著《汉字改革方案设想》（湖南师范大学出版社2002年出版）一书，曾以1988年公布的7000通用汉字为规范对象，将规范后的每一个汉字均控制在15画以内（义符、音符分别不超过7画、8画）。笔者还曾尝试将每个汉字控制在12画以内，也可以行得通。可由此带来的问题是：笔画越少，须变化的汉字越多。若控制在12画，绝大部分汉字都得变；控制在15画，要改变的字也很多，不利于汉字的传承。况且，框定的笔画太少，汉字的辨识度就会拉低，汉字变化多样的美学价值也将大打折扣。显然，汉字的笔画并非越少越好。

既然笔画的繁与简，关系是辩证的，汉字变革就应当深思熟虑、小心应对：变化后的汉字是否美观恰当，表意是否明确，字与字的搭配是否协调，字与字的区别是否易于把握等问题。特别是，笔画繁简得当的最佳区域究竟在哪？标案把每个标字的笔画数控制在1～20画之间。

新确立的标字，凡发生变化的，大多数减省了笔画。但也有一些因标准规范抑或易懂好学的需要，比现行通用字的结构还复杂了些，笔画数也多了些。如：玩→琓，礼→禮。

其实，汉字在“简化”的历史大趋势中，也总夹杂着汉字数量的增多、少数单字笔画变化引发的繁化、异化现象。汉字数量的累增人所共知，单字笔画变化引发的繁化、异化，则大致有以下情形。

1. 适应字义分化的需要，为一些分化的字增加部件。如：其→箕、蜀→蠋、巨→矩（榘）、亩→禀→廪。

2. 为了字与字之间的区别，变换笔画、部件，增减笔画长短。如：月一肉，己一已一巳。

3. 另有一些异化，只是为了讨人喜爱。

或把汉字的笔画变换成花鸟虫鱼、风云雷电等象形、会意的模样，如：

面

花鸟

屋味

或将两个乃至多个汉字叠加，共用某些部件，连成一体，如：

 舍得  唯吾知足  招财进宝

或将汉字作笔画增减、变形、分合等艺术化处理，如：

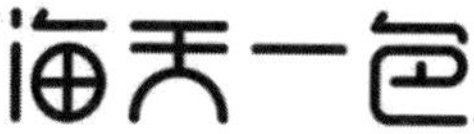 海天一色  印将  黑眼圈

诸如此类的变化，走的是艺术化而非标准化的路子，大多也就只能游离于标准化之外，活跃在百花齐放的汉字设计艺术舞台之上了。

第3章

部　件

人们解析汉字，说到汉字的构成，就绕不过构成汉字的部件。遇到不会读的字，我们常常会打开字典、词典、辞典这类工具书，通过这些工具书中的《部首检字表》找到要认识的字，而部首就是部件的一部分。自王永民先生的五笔字形开辟汉字形码输入的先河，张码、笔形码、大众码、七步形码等各种形码输入法陆续出台，还有人用“二笔汉字”等音形结合的输入法处理汉字。而形码的基础，就是汉字的部件。

部件的定义及现状

部件是由笔画组成的、具有组配汉字功能的构字单位。它介于笔画和整字之间，其下限大于或等于笔画，其上限小于或等于整字。部件可以是单一的笔画，如：丨、丿、丶、乛、乚等；也可以由多种笔画组合而成，如：丆、氵、口、攵、虫等。

已明确独立成字的部件称之为成字部件，又称部件字，如：乙、人、寸、王、目、耒、酉等；没能独立为字、只能与别的部件组合才能成字的部件称之为非成字部件，又称纯部件，如：丷、讠、丆、纟、卢、罒、癶等。

有些部件曾经是成字部件，如“丿丨”，在《汉语大字典》中是“丿丨”字（同“行”）。而“三典”中没收纳“丿丨”，“丿丨”就成了非成字部件。确立一个部件是否成字，标案以标字为准。（参见第6章《标字音序表》）

汉字的数量很多，组成汉字的部件为数也不少。1993年，国际标准化组织发布ISO/IEC10646.1字符集，收入中（含台湾地区）、日、韩共同提出的汉字共20902个。1997年，国家语委发布《信息处理用GB13000.1字符集汉字部件规范》，其《基础部件称说表》对这些汉字进行分析，拆分出部件

560 个。这其中，中国大陆提出的汉字为 17124 个，拆分出部件 501 个；可拆分出 6 个及 6 个以上部件的汉字有 1646 个，最多的 1 个汉字部件数为 13 个。2009 年，教育部、国家语委颁行《现代常用字部件及部件名称规范》，参照 3500 常用字，共拆分出部件 439 组 512 个。

上面那些拆分出的部件，大多还可以继续拆分，如：部件“⺳”可拆分为“ノ⺍”，部件“疒”可拆分为“广冫”，部件“卤”可拆分为“⺊口㐅”，部件“革”可拆分为“廿口十”，等等。

考虑到应用与标准化的需要，标案把大致能明确基本含义、出现频率较高或不宜再拆分的部件，规范在 1～10 画之间，列为基础部件。这些基础部件，同时也将是后面要提到的基础义符。（参见第 4 章《基础义符（部件）规范表》）

部件的开放式称说

现行的各种部件称说表，不仅拆分汉字的标准不一，对部件的命名，也是各行其是、五花八门，以往还都给每个部件固定了某一名称。看似像给初生的婴儿起名，合理得很，其实是先入为主、占山为王的霸王条款。这类称说只有唯一性，缺乏灵活性，难以识记，剥夺了人们见字说名、张口即来的便利，大众自然难以认同。

如部件“マ”，分析“予”字，可说是予字头；分析“勇”字，可说是勇字头；分析“令”字，可说是令字底；分析“茅”字，可说是茅字腰等，不用特别记忆，表达也非常精准。而《现代常用字部件表》中，给出“マ”部件的唯一名称是“矛字头”。实际生活中，说予、说勇、说令、说茅等字时，都说成是“矛字头”的话，无疑把简单的问题复杂了，增加了识别、记忆的负担；于令字、茅字，“マ”明明是底、是腰，非要说成是字头，难免牵强附会。

部件称说的目的，是为了解析由不同部件组成的母字，方便部件的应用。标案从易于接受的角度出发，不再人为框定汉字部件的名称，而是予以开放式称说，“只要你说得对，我们就照你的办”。具体方法如下：

1. 凡部件的称说主要依靠部件在母字中的定位。如草字头（艹）、单人旁（亻）等，这其中的“头、旁”就是定位用字。标案主要选取“头、底、旁、边、腰、框、心、干”这 8 个部位字来称说。

上下、上中下结构的字，上面的部件称“X 字头”。如：百字“𠂆”称百字头，而字“𠂆”称而字头。

上下、上中下结构的字，下面的部件称“X 字底”。如：袁字“𧘇”称袁字底，衣字“𧘇”称衣字底。

左右、左中右结构的字，在左的部件均称“X 字旁”。如：师字“丨丿”称师字旁，糊字“米”称米字旁。

左右、左中右结构的字，在右的部件均称“X 字边”。如：北字“匕”称匕字边，颜字“页”称页字边。

字的上下或左右中间的部件称“X 字腰”。如：梆字“丰”称梆字腰；草字“日”称日字腰。

两方、三方、四方包围的部件称“X 字框”。如：同字“冂”称同字框，区字“匚”称区字框。（包围结构可分左上包、左三包、左下包、右上包、上三包、下三包、全包围等）

凡框内的部件统称为“X 字心”。如：匆字“㐅”称匆字心，巨字“コ”称巨字心。

一些独体字、镶嵌结构的汉字，其贯穿上下的主干部件称“X 字干”。如：发字“𠂇”称发字干，禹字“⊥”称禹字干。

一些部件或存在于母字的中间部位，或分布在母字的任意一角，出现上述情形，则增加“上、下、左、右、中”这 5 个方位字来称说。如：事字的“彐”称事字下；黎字的“勹”称黎右上。

2. 凡标案中的成字部件，一般直接用“某字”称说，如：“一”称说为一字，“乙”称说为乙字，“皮”称说为皮字，“舟”称说为舟字。需要区别时，可用以下四种称说方法。

一是用“部件字＋部位字”称说。如：“孟”字上可称子字头，下可称皿字底；“鸦”字左可称牙字旁，右可称鸟字边；“斑”字中可称文字腰，左可称王字旁，右可称王字边；“国”的包围结构称口字框，“玉”字可称玉字心。

二是用“方位字＋部件字”称说。如：“嘉”字左下角称左下力，右下角称右下口。

三是用“部位字＋方位字＋部件字”称说。如：微字的“山”可称腰上山，“一”可称腰中一，“几”称腰下几。

四是用“母字＋干＋部件字”称说。如：“甫”字主干称甫干十，“巫”字主干称巫干工，“果”字主干称果干木，“秉”字主干称秉干禾。

3. 凡标案中的非成字部件，分单笔画部件、多笔画合成部件来称说。

一是单笔画的非成字部件，直接用笔画名称说。如：“丨”称竖，“丿”

称撇，“㇏”称捺，“フ”称横撇，“乛”称横钩，“𠃌”称横竖钩，“㇈”称横弯提，“㇄”称竖横、“㇉”称竖横竖钩，“𠄌”称撇横撇，等等。（参见第2章《标字笔画名称表》）

二是多笔画合成的非成字部件，用“母字＋部位字（＋方位字）”称说。如：“𠂉”，东称东字头，车称车字头；“𧘇”，長称長字底，辰称辰字底；“丬”，状称状字旁，将称将字旁；“卩”在右，印称印字边，卬称卬字边；“⺁”，反称反字框，后称后字框；“コ”，巨称巨字心，𦥑称𦥑字心；“⾝”称身字干；“刂”，监称监左上，贤称贤左上；“奚”在中间时，奚称鸂字腰，进一步细分，“幺”“大”为成字部件，分别称腰中幺、腰下大，“爫”为非成字部件，称鸂腰上。

4.一些字因减省某一笔画而成为部件，用“X＋无＋笔画名”称说。如：鸟字的“鸟”称鸟无横；乡字的“乡”称乡无撇，幺字的“幺”称幺无点。

按照上述部件称说的方法，许多的部件都会有若干个称说名称。人们根据自己的习惯或应用的需要，选择顺口、易为人接受的称呼就好。如“口”字，可称口字旁（叮）、口字边（和）、口字头（只）、口字底（吉）、口字腰（豆）、口字框（国）、口字心（问）、右上口（程）、左下口（故）、腰下口（擷）等，不拘一格，顺口便是。

汉字演进过程中，一些成字部件，由于所处部位的影响，形状也发生了变化，随之以变化了的形状来命名；还有一些非成字部件则借助象形、会意来命名。这些部件因为常用，抑或形象、生动，早已广为流传。对这些人们习以为常的部件，即便可以规范，标案也以保留原名为主，只对涉及方位用字、不符合规范要求的，予以酌情修改。

这些约定俗成的部件（俗称偏旁）主要包括以下23个：“刂”利刀边（俗名利刀旁），“亻”单人旁，“冫”两点水，“冖”秃宝盖，“讠”言字旁，“艹”草字头，“扌”提手旁，“彳”双人旁，“饣”食字旁，“犭”犬字旁，“忄”竖心旁，“氵”三点水，“宀”宝盖头，“辶”之字框（俗名走之底），“纟”绞丝旁，“灬”横四点，“攵”反文边（俗名反文旁），“礻”示字旁，“钅”金字旁，“疒”病字框（俗名病字旁），“衤”衣字旁，“⺮”竹字头；还有一个“阝”，在左称包耳旁（俗名左包耳），在右称包耳边（俗名右包耳）。

部件究竟拆分到什么程度为宜？究竟用什么尺子来拆分更合适？人们曾尝试用笔画数、部首、使用频率等为标尺来区分，至今无法一锤定音。其实，部件拆分方法也如条条道路通罗马，不一定做非此即彼的单选题。拆分的方法不一样，拆出来的部件也就不同，如："兰"字，可拆分为"丷二"，也可以拆分为"丷三"；"甩"字，可拆分为"月乚"，也可以拆分为"冂乇""冂二乚"等。人们学习运用时，大可不必纠缠其中，在没有权威的、强制性的标准颁行之前，不妨各取所好。

部件的变形

部件在组字时，根据构字的需要，会发生些许变化。大约有三种情况。

1. 某一笔画的变形。

通常部件在左、中，末笔的"㇏"一般改为"丶"。如：文一刘、木一琳、禾一秧、皮一颇、耒一耔。另有不少 "㇏"改"丶"的其他字符，如：大一达，人一刽、矢一智。也有一些不改的，如：天一添，人一枪。

通常部件在左、中，底下的"一"多改为"㇀"。如：工一攻、土一址、马一骑、子一孙、王一环、车一辆、立一站、鸟一鸵、鱼一鲤、止一此、圭一掛。部件在左，底部是"山"的，底"一"也改为"㇀"，如：山一峻，缶一缾。不过也有少数左边笔画较多的字符未改，如：革一鞍。

通常部件在左，末笔的"丨"常有改为"丿"的，如：辛，⾟一新；羊，⺷一羚。也有很多不改的，如：革一鞍，卑一郫。

通常部件在左、中，末笔为 "乚"的，一般改为"㇙"。如：己一改、光一辉、秃一颓、匕一比一妣。

2. 同义部件的替代。

如：金，钅一铜银钎；雨，⻗一雪霞；火，灬一热熬；示，礻一福祺；衣，衤一袄补；刀，刂一利刹、⺈一班阴；心，忄一恼恒、⺗一恭忝；丝，纟一纠纤、糸一索紧。

3. 因加塞而分离、异化。在此归结为变形的一种。

如：亊一事，水一承，衣一衷褒哀，行一衖衡。

部首的起源与应用

学习者翻阅汉语辞书，就会接触部首。确立部首的目的，是从分析字形结构和意义中产生符号目录，以利于汉字的归类、有序排列，方便查找。部首只是众多汉字部件中的一部分。部件与部首二者的区别是：部首侧重于便于查找的应用功能，而部件主要考量的是构字功能。

部首既可是汉字起笔的笔画，也可以是汉字表义的义符。对于独体字来说，部首是第一画，比如"天日禾永"的部首，分别是"一丨丿丶"；对于合体字来说，部首是用于归类表义的部件，比如“芳描明远散”的部首，分别是“艹扌日辶攵”。

部首最早出现在公元100年左右，东汉许慎的《说文解字》中，将小篆的汉字分类在540个部首里。只有第一笔画或某些部件相同的字才排列在同一部首。从此，辞书以部首编排和检字成为通用的习惯，《说文解字》之后的《字林》《玉篇》《类篇》等，皆因循此体例。

随着隶书、楷书的流行，唐代的《开元文字音义》，将汉字部首简化为320个。随后辽代的《龙龛手鉴》、北宋的《类编》、金代的《四声篇海》、明朝的《字汇》、清朝的《康熙字典》等，都对部首进行了改进。

尽管中国大陆的国标码使用汉语拼音排序，日本的JIS使用日文音读排序，音序排列越来越流行，但古老的部首还是有其不可替代的作用。如在制定Unicode（统一码，也叫万国码、单一码）时，由于许多汉字在各地的读音并不一样，还有些汉字为某地、某国所特有，为了各方都能接受，最后选择了康熙字典的214部首，作为Unicode中、日、韩统一表意文字排序的方式，部首由此成为了汉字文化圈相互融通的重要枢纽。

2009年5月，教育部、国家语委组织制定的《汉字部首表》开始实施，随后出版的常用辞书如“三典”等，多以此表确立的201个部首为依据，编制部首检字表。

汉字的排序

现在主要有三种方法。

1.按部首排列。这是我国古代汉字排序的主要方法。部首检字有归类带来的便捷，也有归类不易、难以周全的麻烦。直到现在，部首检字法还活跃在各类汉字辞书之中。如《汉语大字典》《辞源》《汉字海》等大型辞书，正文还是采用部首排列。

2.按音序排列。使用拉丁字母的《汉语拼音方案》推行后，越来越多的辞书，如我们现在常用的《新华字典》《现代汉语字典》《现代汉语成语规范词典》等，其正文部分都采用音序，借助拼音、按照拉丁字母顺序来排列。音序排列查阅便利，但面对汉语里数量众多的同音字，就无用武之地了。

3.按笔画排列。汉字的排序，无论依据部首还是依据音序，都离不开笔画的排序：一是部首本身的排序需要依据笔画来确定，同一部首的汉字排序也离不开笔画；二是因为汉字的同音字多，音序失灵后，笔画排序便成为首选。现在许多常用的汉语辞书，都是先排音序（包括字母顺序和声调顺序），同音字则用笔画排序；三是现在许多场合的人名先后，常用姓氏笔画来排序（同姓则看名字的笔画）。国别的先后用笔画排序的情况，现在也时有所见，如 2022 年的北京冬奥会开幕入场式，奥林匹克运动发源地的希腊第一个入场，下届冬奥会举办国意大利倒数第二位出场，本届冬奥会东道主中国最后入场，其他国家和地区代表团，则按简化汉字笔画顺序先后入场。

汉字笔画排序的步骤为：

第一步，比较汉字的笔画数，笔画少的在前、多的在后，如：一、十、于、王、目。

第二步，若汉字笔画数相同，则比较第一笔，按照汉字的笔画顺序依次决定先后，如：示、由、白、市、圣、皮。

第三步，若首笔笔形相同，再比较第二笔；若第二笔也相同，则比较第三笔；依次类推，比较到最后一个笔形。如：牛、手、毛。

第四步，对笔画、笔形、笔顺均相同的字，按下述规则定序。

只是字形结构有区别的，左右结构先于上下结构，如：叭、只，崊、岺。

只是点的位置上下有区别的，下点先于上点，如：太、犬。

只是某一笔画长短有区别的，短画先于长画，如：土、士，己、巳，罒、皿。

只是笔画组合关系有区别的，相离优先，相接次之，最后相交，如：八、人，元、无，刀、力，天、夫，甲、申。相接的笔画，接点起笔先于非接点起笔，如：人、入。

笔画检字较音序、部首检字更为彻底、周全。但每个汉字笔画数并非一目了然，对笔顺的准确把握也有赖于人们的学习记忆，笔画检字对使用者熟练程度的要求更高。

汉字排序方法的选取，不同的辞书侧重点不尽一致，但多采用部首、音序、笔画三者互补。如《新华字典》，正文以音序排列，配上《汉语拼音音节索引》，接着用《部首检字表》辅之，最后用《难检字笔画索引》将“漏网之鱼”收入囊中；而《汉语大字典》等，则正文用部首顺序排列，采用《笔画检字表》将所录汉字一网打尽，同时以音序检字表辅之。三种排序方法，异曲同工，各司其职，以满足不同读者的查阅需要。

第4章

义　符

汉字的部件大致分三类：第一类，与整字在意义上有联系的；第二类，与整字在读音上有联系的；第三类，与整字在意义和读音上都没有联系（或不明了）的记号。

义音字的结构，分表意部分和表音部分，其与整字意义有联系的，或者说是表示字的意义的部件，叫义符。

宽泛地说，每一个汉字，无论是象形字还是义音字，从它诞生起，就不仅仅是一个字，也是表达自身意义的义符，这样的字链接上一个个音符，便成为一串串新的义音字。这类情况随着人类社会的发展而日趋普遍，蔓延到现在，义音字也就成了浩瀚汉字当之无愧的主流。

义符的分类与表意

义符按其成字与否，可分为成字义符和非成字义符。

标案中，表意的部件若是标字，即为成字义符。如：力、工、土、口、巾、山、王、木、风、石、鸟、耳、虫、羊、羽、走、鱼、革，等等。

标案中，表意的部件若不是标字、只能单纯作义符使用的，即为非成字义符，又可称为纯义符。如：刂、刂、亻、冫、讠、阝、饣、忄、丬、氵、宀、辶、纟、耂、灬、礻、钅、⺌、疒、⺍、⺮，等等。

一般来说，不同的义符，所表达的含义也是不同的。如：刂、纟、日、风、田、米、⺮、鱼、皮、革、耒等，大多数时候都能各表其意。但很多情况下，也会产生一些形不同而义相同、相近或交叉的义符。如：

夕、日、月、白、光等，多与光有关；

云、气、风、⻗等，多与气象有关；

乌、赤、白、黄、黑等，多与相关颜色有关；

犭、马、犬、牛、⺶、羊、⺷、豸等，多与相关哺乳动物有关；

鸟、羽、隹等，多与鸟类、飞翔有关；

卄、廾、龶、龷、木、禾、瓜、米、⺮、豆等，多与相关植物有关；

又、廾、扌、彐、龵、手、攵、支等，多与手及其动作有关；

廴、夂、辶、止、走、走、行、步、⻊等，多与腿足、行走、距离有关；

忄、心、⺗等，多与人的心理活动和表情有关；

⺈、龴、厶、页、面、首等，多与头部有关；

丂、讠、厶、口、欠、言、音等，多与口、语言、声音、气息有关；

口、牙、目、舌、耳、身、齿、骨、鼻等，多与身体相关部位有关；

𠂉、亻、人、儿、大、彳、尸、子、女、父、母等，多与人及其行为动作有关；

巾、彡、纟、毛、衤、疒、衣、糸、镸、麻等，多与织物、衣服有关；

饣、甘、酉、卤、辛、香等，多与饮食、味道有关；

厂、人、冖、广、门、宀、尸、户、⺲、龸、穴等，多与房屋、遮蔽有关；

车、舟等，多与相关交通工具有关；

玉、王、⺩、石等，多与玉石有关；

缶、鬲、皿、瓦等，多与瓦陶制品、生活类器皿、礼器有关；

刂、匕、刀、弓、戈、矢、矛、卓等，多与相关兵器有关；

钅、金、贝等，多与金属、财物有关；

冫、氵、水、氺等，多与水有关；

火、⺣、灬等，多与火相关；

阝、土、山、田、囗等，多与地方、地名、地貌、地域范围有关；

礻、示等，多与神灵、祭祀有关……

还有一小部分义符，形相同而意义完全不同。如“月”，无疑与月亮有关，但作义符时，在目前使用的通用汉字中又替代“⺼”，与身体相关。

义符的标准化考量

汉字的义符有多少，人们没有、也很难作出全面、准确的统计。对一些常用义符表达的意思，以往也只有大致的框定、分析与推测。有些汉字的部件，现已无法找到其原始意义，又很难完整、准确定义其现在所表达的意义。义符笔画的限制，基础义符的选定及其基本含义的框定，标案以现有文字为基础，与标准化后的汉字匹配链接，主要作了如下考量。

1. 明确将所有义符控制在1～10画之间。超过10画的都须减省笔画，如：鼠→鼡，黑→黑（用于左右结构的字）、里（用于上下结构的字）等。

标案中所有1～10画的字，均可以作为义符使用，与音符搭配，组成义音字。义符的称说方法与部件的称说方法一致。（参见第3章《部件的开放式称说》）。

2. 原有的汉字义符（包括所有成字义符与非成字义符）表达的基本含义继续有效。

3. 成字义符、音符充作义符使用时，其字义（特别是其初始字义）均可视为义符的基本含义，但不排除表达与该字字形关联的引申、延展意义。

4. 笔画在1～10画之间的字数量繁多，标准化推演将其中组字较多、使用频率较高或不宜再拆分的，划为基础义符，同时也视为前面第3章提到的基础部件；而组字不多、使用频率较低又易于继续拆分的，则排除在基础义符（或基础部件）之外。

但凡列入基础义符（部件）的，标案均保留义符原有的意义，有的还会增添一些新的含义。新添加的一些基础义符，也会明确其所包含的意义。基础义符无论是增添、明确新的意义，还是减省笔画，都要符合指事、象形、会意、形声、转注、假借等“六书”构字法的基本要求。

10画以内的基础义符，其形状原则上保持不变。唯一的特例，是10画的“髟”，考虑到其与上下、上中下等结构的音符组字时，不那么简洁、美观，多会用“镸”代之。

现有的通用字，“月（⺝）”的义符，其实包含了繁体的“月(与月亮有关)”和“⺼（与身体有关）”，不利于字义的区分。标案把与身体直接相关的明确用“⺼、⺝”表示，而其他带“月”的字（含化合物类的字等），均保留“月”为义符，不再变化。

标字基础义符（部件）规范表

为了避免重复和区分上的困难，这里把基础部件、基础义符统一列入《标字基础义符（部件）规范表》，共245个。序号栏中，后面两位数代表部件在某一笔画数内的排序，前面的数字代表部件的笔画数；一些笔画变形的部件、形状相似的部件、表意趋同的部件，列在表的附形栏中；许多义符（部件）可以有多种名称，称说栏中只列一种；基本含义栏作为开放式的存在，多没有周全、穷尽其义；例字栏“/”后为附形部件例字。

标字基础义符（部件）规范表

序号	部件	附形	称说	基本含义	例字
101	一	㇀	一字	有关数目，线条，平，大	三旦丕/刁武
102	丨	亅 ㇙	竖	贯通，伸展，终，始，长久	中旧紧/了/以
103	丿	㇜	撇	拂去，丢弃，附加，弯曲	么失乃/丝发
104	㇏		捺	长短，衡量	长乏尺夂伕
105	丶		点	特别、心、头脑、点滴	斥义主匆乓
106	㇇	㇇ 乛	今字底	有关转折，区分	矜癸/永承/读
107	㇆	㇕	习字框	主事；半遮掩	司幻乜/敢猴
108	㇈		卂字框	飞行，快，敏捷，限制	迅讯瓩虱
109	乙	㇠	乙字	受压、弯曲、皱折	乞虼忆/凹
110	㇌	㇋	乃字框	曲折，涉及，连绵	奶盈场/及延
111	㇗	㇄	㇗字	光线，丝，压紧，转折	屯电轧/断世
112	㇉	㇉	互字干	连接，联合，弯折，伸展	与钙朽/红专
201	二		二字	有关数目二，为数不多	云其进些
202	十	寸	十字	多，满，方向，混合，化合	南博俟/才乎
203	厂		厂字	山崖，房屋，遮盖，处所	仄危严厨餍
204	丆		面字头	与头有关，表面	页百首牂端
205	𠂇		有字框	与手有关	左佑灰戎荐
206	匚	匸	区字框	盛物框，工艺，区域，口	匹区/芒牙暨
207	丁	丅	丁字	人、人丁，钉，开口，声音	宁何行/演摇
208	七	⺘	七字	数目，反转，有关草，蔑视	皂虏柒/切长
209	丂		丂字	有关气息	兮朽夸考骋
210	𠂉		车字头	人，转向，与车有关	东辉斩练旡
211	弋		民字心	与手、足有关	氏底眠代
212	丄		冂字心	上，上面	贵宙泗晴柄
213	丨丨	丨丨	临字旁	比邻，并列，相对，竖立	临咻坚/非亚
214	刂		师字旁	合编，仿效，归属	归岿蛳帅
215	丬	丬	弟字干	有关腿脚、先后	递姊第/牙矛

序数	部件	附形	称 说	基 本 含 义	例 字
216	卜	⺊	卜字	占卜、预测，高处，上	补处/占敲
217	刂	⺉	利刀边	同“刀”，分开	刚列刺/班
218	冂	冂	同字框	远郊，边界，限制	冈策铜/奂秧
219	𠂉		每字头	人卧状，休息	年午旗复伤
220	亻		单人旁	有关人、人的动作行为	依伴们莅煲
221	川	川	齐字底	二者间，分开，有关路、腿	介弗渊/亦赤
222	彡		勿字心	丝线、光线，预兆	忽场汆陽赳
223	⺁		反字框	牵引，相反、对应，遮护	后返斥质派
224	ㄑ	ㄑ	飞字腰	有关水、翅膀	兆飞逃/永球
225	八	ハ	八字	分裂，相背，发扬，腿脚	公扒分/兵甚
226	人	人	人字	与人有关，会合，遮盖	全给丛/亥卒
227	入		入字	进入，往里	汆籴兩筩
228	乂	乂	乂字	除灭，否定，治理，食物	史议/杀卤胸
229	勹	勹	句字框	包裹，形状，定型	匀包菊/方别
230	𠂈	𠂈	氏字框	式样、状态	昂留印/乐烁
231	儿	儿	儿字	有关人、小孩及行为	元兄兆/四牺
232	尢	尢	尢字身	与人、人行走有关	耽既勉晚/鸩
233	⺆		周字框	范围，界壁	丹甩梈佣拥
234	⺇		凤字框	有关空气流动，飞，遮盖	凰夙佩壳飒
235	几	几 几	几字	几貌，凭靠，用具	凡/颓/朵沿
236	九		九字	有关数目，多	丸仇旭宄杂
237	匕	匕	匕字	有关匕首、勺，衡量，人形	仑鸨些/顷比
238	七		七字	变化	化讹跐桦货
239	亠		京字头	高、高大，上部	亩玄丹抗稿郭
240	丷	丷	横两点	拆分，交换，水墨、兽角状	半兑颜/办丽
241	冫	冫	两点水	冷，凝结，减，第次，水	冻桃/冬禾抃
242	冖		冠字头	覆盖、遮蔽，冠帽	冗农壳暝涝
243	コ	コ	巨字心	有关框、区域，打开	官霞/丑决侯
244	又	又	又字	有关手，支撑，重复，增补	友受怒/对双
245	マ		勇字头	头部，空无，绳结，气息	予令涌茅柄
246	ス		圣字头	有关人，始终，纹理	劲径耷怬
247	卩	⺋	卩字	有关人的动作，符印	节疖/印即服

序数	部件	附形	称说	基本含义	例字
248	㐄		韦字干	封装，编织，有关人及行为	也书他围㓁
249	𠂇		发字干	人的行为、动作	掿𤥗诶酦
250	刀	⺈	刀字	有关刀，争斗；有关头	刃切/危邹你
251	力		力字	有关力气、能力	历办劣劢功
252	㔾		㔾字	弯曲，卷曲	犯仓范栀
253	廴		建字框	深长，处所，有关行动	庭建涎挺
254	阝		包耳旁	城镇，地方，地形，阶梯	阡附荫邮嘟
255	凵		画字框	坑穴，盛器	凶出饨脑凿
256	毋	冂 ㄣ	母字框	孕育，包裹，转换	每毎/贯衰/互
257	丩	𠃌	丩字	有关毛发、根须，纠缠	收纠戕/丬亥
258	𠂎	𠃊	以字旁	凭借，支撑	以苡/即郎
259	厶		厶字	头或口，自私，秘密，范围	允耘松挨
260	戈		戈字干	拉、牵引，交错杂乱，戈	曳曳拽践
301	三		三字	数目，多次，重复	叁真非栏
302	丰	⺰ 乇	丰字	与手有关	佣泽榉/肀/甩
303	干		干字	有关杆、兵器，触及，缺水	舍捍平岸肝
304	土	𡈼	土字	有关土地、地方，厚，重	去在尘/城封
305	士		士字	与男子有关，外在，美好	志壳吉声仕壮
306	工	𬺻	工字	做工，工具，技能，工种	贡径巫/式攻
307	𠂉		年字腰	缺、不足，弥补，时长	失怍長镸張
308	廾		草字头	草类，有关花、草植物	艾芳萍扁曲
309	下	下	下字	下面，往下，低下	吓汴粭/钙王
310	廾		廾字	有关手、足；与植物有关	开升弃拚奔
311	六	亣	共字底	有关基座，腿，相互凭借	兴兵巺罕/举
312	大	大	大字	大，年长，与人有关	太夺庆/头达
313	兀		兀字	高，有关人及其动作	元园娆髡灰
314	九		九字	行走不顺，特别	无尬陁鱿莸
315	戈		戈字	手的动作，向上	尧娆窔戛
316	𠂢	𠂢	𠂢字	反转人手，害人，毒辣	窨谑炮/匕眊
317	㐄		㐄字	有关脚，下降	舛侔降舜胼
318	寸		寸字	有关手，数目，短、小	导忖将守寿
319	扌		提手旁	有关手的动作，同“手”	打指抬拦

序数	部件	附形	称说	基本含义	例字
320	上		上字	上面，往上	叔淑卡垰
321	爿		片字框	板、片状,与平而薄有关	皮牍骈椕
322	丄		禺字干	有关动物肢体，尾巴，排泄	虽寓禹偶蚤
323	⺌		当字头	细小，聚散，光及有关状态	尚肖锁尝辉
324	忄		竖心旁	有关情感、思维，同“心”	恒惦惺恢
325	口		口字	有关口，拟音，范围，片状	吐司台豆中
326	囗		国字框	环绕，包围，范围、区域	囚困圆茼姻
327	巾		巾字	有关布制品、织物	市布帆砸帛
328	山	山	山字	山岭的名称、形状等	岁粬岙/峻屹
329	千		千字	数目，很多	仟迁舌插乖
330	亇	⺮	亇字	有关竹，比邻，到底，终了	迈忻/临览
331	川	儿	川字	水流，纹理，草木的桩、根	圳州/荒侃驯
332	彳	行𡰪	双人旁	走，道，行为，繁复；鞋	径律/衡/屦屣
333	彡		彡字	须毛，笔画纹，影，文采	参杉彩诊颜
334	㇇		乎字头	有关手，语气	乎呼呓藩
335	夕	夕	夕字	夜晚，月亮，时间，肢体	名多外/炙燃
336	夂		夂字	腿及其动作，到了，下降	各冬复麦处
337	饣	食	食字旁	有关吃、食物	饥饶/蚀餍飧
338	犭	犬	犬字旁	同“犬”，与兽有关	犹猴/状然哭
339	广		庄字框	有关房屋，大，多	庹扩磺塘
340	㐅		母字腰	被包容，感叹	姆每租痐
341	门		门字	与门户、房屋相关	问闯们润娴
342	丷		前字头	有关行为，序次，草毛，溢	关前兰姘登
343	丬	丬	状字旁	人或事物的仪态；方位	壮将奖/北背
344	⺍		兴字头	声音，模仿，汇聚	学签应铁
345	灬		州字腰	火及其灰烬，液体，颗粒	洲麻桀勐黖
346	氵		三点水	同“水”，与水、液体有关	江河汽茫湖
347	宀		宝盖头	有关房屋，覆盖，天空	宁倌碇家箢
348	辶	之	之字框	有关往、到、行动、距离	达远逢/乏芝
349	彐	⺕⺕	彐字	与手有关	当/录快/聿尹
350	尸		尸字	有关身体，房屋，覆盖	尺卢泥居
351	己	己	己字	有关自己，约束，丝状	纪芑跽/改凯

序数	部件	附形	称说	基本含义	例字
352	巳	㔾𠃜	巳字	有关人、胎儿	巷氾/民/瑕
353	弓		弓字	与弓及其形状有关	弗引弯姨
354	马	马	马字	与马相关，驾驭	码骂/驶驸
355	广		皮字框	皮肤，倾斜，程度	皱疲庀坡
356	子	孑	子字	小孩、孕育、人伦相关	籽孟/孔孙犹
357	屮	屮	出字干	小草貌,生长，尖利	朮魅屈/逆塑
358	𧘇		長字底	有关衣，耕作，人的状态，	辰丧畏娘狼
359	小	小	小字	小，根梢，支撑，同“忄”	尔叔/少尖肃
360	纟	幺	绞丝旁	丝线及其事物、颜色、行为	级绊/乡丝幼
361	女		女字	有关女性	好安汝娶
362	巛		巛字	水流、水汽、气味，丝发	巡甾邕箈腨
401	丰	丰	丰字	充足，饱满，多，若干	艳锋/邦寿
402	王	王 玉	王字	玉石，乐器，权力，环状	主弄/珠班/宝
403	主		主字	显现，植物，鸟羽，货物	生表隆清倩
404	夫		夫字	有关士人、男人、劳动力	伕失养卷腾
405	天		天字	有关天空，大	吞忝昊关蜈
406	耂		老字头	年龄大、时间久	孝考都佬
407	廿		廿字	有关多，时间，度量，植物	堇席蹠泔
408	龷		昔字头	有关草；堆积，交错	共惜展其尧
409	木	木 朩	木字	有关树木	杏林/村/杂茶
410	卌	卅	带字头	多，相叠，长条带，栅栏	無搜嵴/尡
411	不		不字	表示否定、不好	否坏丕囨甏
412	歹		歹字	死亡，灾祸，不祥，坏，类	列歼夙死
413	车	车車	车字	与车相关	挥/轮辆/軍
414	戈		戈字	兵器、军事，杀戮，打斗	伐或战残
415	瓦		瓦字	有关烧制的土器	佤瓷瓴瓮
416	止	止 龰	止字	有关脚足，行动，牙齿	步企/此武/是
417	卢		虎字框	与虎有关，庇护	虍虏虑虐墟
418	业	𣥂 𣦵	亚字干	类别，并列，相同，散开	业/兼廉/恋
419	日		日字	有关太阳，时间，明了，口	早时恒沓曳
420	皿		缶字底	范围、地域，牙口，储物柜	临错楷嘔
421	皿		而字底	与须发有关	品端摛奭

序数	部件	附形	称说	基本含义	例字
422	贝		贝字	财物、贵贱、买卖，壳类	财质钡负
423	见	見	见字	有关视觉	现觅/俔覾
424	牛	牜 生	牛字	有关牛、牲畜	牢制/物/告先
425	气		气字	有关云气、气体	汽氢氛氨
426	毛		毛字	有关毛发及其织品	牦笔旄毯
427	手	手	手字	手既手的动作，同“扌”	拿挚孜/看掰
428	攵		反文旁	人的行为，变化，纹理	放敬啟骜缴
429	斤		斤字	有关斧头、砍	斥断昕斧掀
430	爪	爫	爪字	有关手爪及其动作	笊/采爱馁溪
431	𠆢		谷字头	谷物，充溢，茂盛，山谷	容溶欲公惨
432	父		父字	有关长辈男子	爷釜爹姣
433	欠		欠字	有关口、气息，欠缺	次坎歌嵌歉
434	月		月字	月亮，祭祀，有机化合物等	明湖朓肿塑
435	⺼	月	月字	有关人与动物肢体	肤胶/前胃清
436	风		风字	有关刮风、空气流动	岚飓飑枫疯
437	文	文	文字	文采，文字，花纹	齐蚊/闵这斌
438	方	方	方字	方位方形，开始；有关旗帜	芳坊旁/族旗
439	火	火	火字	与火、热、光有关	灭伙粲/炸炎
440	灬		横四点	火，颗粒，汤汁，四肢状	点烈熬糕
441	斗		斗字	有关斗、斗型、容器	抖枓戽斝
442	户		户字	与门窗、房舍有关	护肩扇扈蝙
443	礻	示	示字旁	有关祭祀，鬼神，福祸	福禄/佘腙综
444	穴		罕字头	有关多或少的状态，同“穴”	深榕窖罕
445	心	⺗	心字	有关心、情感，同“忄”	必芯闷/添
446	尸		尸字	有关眉毛、眼睛，身体	眉媚鹛偏
447	巴		巴字	粘连，贴近，盼望	色奁吧潖
448	水	氺	水字	与水、液体有关，同“氵”	泉踏尿/黍踧
501	𡗗		春字头	草木丰茂，人的行为、状态	奉奏嗪泰椿
502	正	正 正	正字	中间，正直，有关足	证罡歪/政/延
503	甘		甘字	与甜、美味有关	某邯期澹
504	龷		楚字头	交错，堆积，杂乱	媾堪瓢赛
505	石		石字	与石有关，轻重量词	砖岩宕炻

序数	部件	附形	称说	基本含义	例字
506	戊		戊字	有关兵器、军事，同“戈”	戍城威箴
507	目		目字	与眼睛、视觉有关	眉盯钼眸夏
508	田		田字	有关田地，耕种，疆界	亩男佃畔
509	罒		罗字头	有关网罩、罪罚，目，长条	罢楞德逻瘰
510	皿		皿字	盛物的器具	盅盈猛盒
511	矢	𠂉	矢字	有关箭，矮，短小	矣族/知疑矩
512	禾	禾	禾字	与庄稼有关	秀乘/秦和莉
513	𠂤		段字旁	时空长短，等级，人的行为	锻鞅葭瑕锴
514	丘	丘	丘字	小山，土堆	乒岳滨/邱
515	白		白字	有关白色，明亮，清晰	皇皆的柏缴
516	瓜		瓜字	与瓜果有关	呱瓞菰瓟
517	鸟	鸟鸟	鸟字	与鸟、禽类有关	鸦鸳/鸵/枭捣
518	疒		病字框	有关疾病	症疤瘟嫉
519	立	立	立字	有关站立，建立，制定	粒亲莅/站翊
520	穴	穴	穴字	有关洞窟、孔，天空	茓抗/空挖
521	衤		衣字旁	有关衣、布匹，同“衣”	补衫衩裤褥
522	𠂤		𠂤字	房地、物品聚集，用	官埠追阜遣
523	癶		登字头	有关腿臂，行走，行为	癸泼熔葵
524	矛		矛字	有关长矛	揉茅矜楙潏
601	耒	耒	耒字	有关农具、耕作，折损	诔/耘耧耢
602	耳		耳字	有关耳朵，听觉、声音	耶取娶聋辄
603	覀		要字头	覆盖，片状，果实，顶端	贾甄腰漂谭
604	页		页字	头及其动作，薄片	颜倾蘋项盨
605	虫		虫字	有关虫、甲介类小动物	蝴骚蜀螽蚀
606	缶	缶	缶字	有关陶、瓦器	罂遥淘/钢缻
607	⺮		竹字头	与竹有关，虚空	竿第符笼箱
608	臼		臼字	有关臼、坑	舀叟插舅臾
609	自		自字	有关气味、呼吸，自己	臭咱泊镍熄
610	舟		舟字	与船有关	般船舸艙俼
611	衣	𧘇	衣字	有关衣，布制品	袋衷滚/表农
612	羊	𦍌⺶	羊字	与羊相关，群，美好	洋/差羚/美盖
613	米	米	米字	有关米粮	洣粱/粮迷渊

序数	部件	附形	称说	基本含义	例字
614	羽		羽字	有关羽毛，飞翔	翎翊翠翡诩
615	糸		糸字	有关丝麻绳索	系索紩緜慲
701	走	赱	走字	有关行走及其动态	哇/赳越赴
702	酉		酉字	与酒、酿造有关	酊遒酱酒酿
703	豆		豆字	与豆类、器皿有关	逗痘厨/豌豇
704	豕	豕	豕字	与猪有关	家缘/遂溷豨
705	足	𧾷	足字	与足、脚、腿有关	浞踅跐/距踪
706	身		身字	有关身躯	躬躯娋谢
707	豸		豸字	有关兽类	豺貙貅豸榢
708	角		角字	有关兽角，有角的事物	解觖桷觜
709	言	讠	言字	与说话有关	唁訾譊/证浒
710	鹿	𢉖 声	鹿字	与鹿有关	麓/麒麟/麈麖
711	鼠		鼠字	与鼠类有关	鼥鼯鼹菆
801	雨	⻗	雨字	与雨、气象有关	霜/雪霞樗
802	齿		齿字	与牙齿、牙的动作有关	啮惝龄龈
803	金	钅	金字	有关金属，同“金”	鉴錾/银钎钢
804	隹	主	隹字	鸟，鸟的羽毛	鹤雁锥/洼烓
805	鱼	鱼	鱼字	有关鱼等水生动物	渔鲨/鱿鳄
901	革		革字	皮革、皮革制品及形状	鞍鞅缂鞏
902	麦		麦字	与麦子有关	麸麴唛
903	骨		骨字	有关人、动物的骨骼	馉蓇骼髌髓
904	鼻		鼻字	与鼻有关	鼾齁臌濞
905	鬼		鬼字	有关鬼怪，蔑视	魍魅魂魄魔
1001	髟	镸	髟字	有关毛发，引申长、多、细	鬏鬍/镼套
1002	鬲		鬲字	与炊具、饮食有关	隔翮嗝蔼
1003	黑	里	黑字	与黑色、污点有关	黖镙/黱黛

第5章

音　符

发声是动物的本能，用不同的声音表达不同的意义，则是动物进化的表现。声音变化表达出来的不同意义，要传播，要传承，要为同类所接受，需要借助符号来确认，文字由此起源。

如果说工具的使用，让人与其他动物有了分水岭；那么，文字的诞生，无疑是人类探索自然、构建社会的开端。时间长河涤荡下来，流传给世界的主要文字，一类以方块形的汉字为代表，其表义主要通过象形、会意字或义符来表达，表音则大量借助音符的变化来实现；另一类是由字母连接而形成的拼音文字，主要通过为数不多的、拟音的字母符号变动组合，同时实现表音、表义的功能。

最初的汉字既包含义，也承载音。随着交往的增加、思维的进化，汉字衍生出大量的一部分表义、一部分表音的义音字（又称形声字），如：“花、猴、践”等字，“艹、犭、⻊”只单纯表义，“化、侯、戋”只单纯表音。

义音字中，与整字在读音上有联系的，即表示字的声音的部分，叫音符（又称声符）。在标案中，绝大多数的音符都是标字。但还有一些非成字的符号也发挥着表音作用，如：𢎨dì一第、⿳亠口冖haó一豪、⿱艹冖iý一莹、丩 joū一纠、⿱亠大qaņ一牵、申 sseń一神、xý⺍冖一学，等等。这些没有成为标字的音符，可称之为纯音符。

音符的流变与回归

汉字演变，除了字形的简化外，还有声化的趋势，相对应的就是义音字占比的不断扩大。陈双新、李娜的《古今汉字的演变》称：“形声字从甲骨文时期产生，战国时期已完全成熟并快速发展，到今天已经完全占据主体。

它占全部汉字的比例从甲骨文（所识字）的20%多，到金文的50%，到小篆的80%，再到今天的90%以上，声化的趋势极为明显。”其实，义音字能成为汉字的主流，得益于在各种结构类型的汉字中，义音字可规律性繁衍的张力最强。义符、音符自由分合，而每一个符号的义、音又相对固定，为汉字的传承、扩展提供了极大便利，也使音符的“从一而终”、单字的“见即能读”成为可能。

每个义音字创始者的初衷，当是表音知义。可惜世事难料，古往今来通用的汉字，其音符的表音，却是没有定准的居多。明代音韵学家陈第说：“一郡之内，声有不同，系乎地者也；百年之中，语有递转，系乎时者也”，又说：“时有古今，地有南北；字有更革，音有转移，亦势所必至。”

说白了，字音的流变，引发“一符多音”的混乱，主要为以下三种变化所左右：

1.时间的变化。

语音和文字一样，会沿着时间的推移而变迁和发展。汉字流传的时间非常的长，历朝历代的字音变化也非常的多。在语音的演进过程中，声、韵的变化常常会自成体系，从而形成千姿百态的古音。

宋代的朱熹为求《诗经》词句押韵，采用了“叶音说”，也就是为了押韵，临时改变某字的读音，以达到读音谐和的效果。我们现在读唐诗，偶尔感觉到不押韵，那并非是诗人的水平不行押不上，而是他押的是古韵。如果用唐代的“普通话”来读，人家是押韵的。孔子游学列国，不会是现在的山东话；秦始皇发号施令，也不会是如今的陕西腔。“雏凤清于老凤声”再正常不过了。改革开放之后，一些港台明星学说“国语”，也有不少内地人学说闽粤语，这种模仿、磨合，如果没有现代音素化拼音的准确定音，没有国家强有力的统一规范推广，没有学校、广播、电影、电视承载普通话广泛传播，字音的异化或许早已愈来愈混乱不堪了。

2.地域的变化。

无论是战乱、灾荒还是为了寻求更好的生存环境，都会造成人类的迁徙。不同人群的聚集，促成了语音的融合演变。

2600多年前的管仲说：“五方之民，其声之清浊高下，各像其山川原壤，浅深广狭而生”，讲的就是地域特点对语音的影响。陈第说：“自五胡乱华，驱中原之人入于江左，而河淮南北，间杂夷言；声音之变，或自此始。”清朝时期数百万山东人闯关东，也为东北带去了大量山东语音。

中国地域辽阔，先民们又多聚族而居，交通通讯的不畅，生活方式的封闭，让各地方言落“音”缤纷，南腔对北调、十里不同音也就不足为怪。

3.政局的变化。

战国七雄争霸之前，中国的政治文化中心在中原，中原的“夏音”也就成为了正脉。《论语》说：“子所雅言，诗书执礼。”雅言就是“夏音”。当时的“采风”，虽广及十三国，但所用之韵，无大出入，荀子口中还有“居夏语夏”的说法。秦汉时期，国家政治文化中心移至长安，于是产生了汉代扬雄所谓“通语”“凡语”等秦汉普通话。魏晋南北朝颜之推的《颜氏家训》记载：“共以帝王都邑，参校方俗，考核古今，为之折衷；推而量之，独金陵与洛下耳。”是说大家都用帝王都城的语言,参照比较各地方言,考查审核古今语音,定一个恰当的标准。经过研究斟酌,只有金陵和洛阳的语言最合适。明代初期定都南京，南京官话成为官方语言，金陵雅音（《洪武正韵》为规范）以古中原雅言正统嫡传的身份，被确立为汉语的标准音。我们现在说的普通话，也可说是国家明令推行的、以北京语音为标准音的北方话。

时空转换，时代变迁，加之当时历史条件的限制，许许多多的汉字音符没法选择从一而终，而是越来越“不专一”，花心不定，蜕变出若干读音，分枝散叶般蔓延，让数量越来越多的义音字名存实亡，成了鲁迅先生所说的“不十分谐音的谐音字”，后来的学习者也就无法依靠音符准确发声。

比如：汁汀汛污汤汕汝江汗池沂沃沈沙沁沛没汩泛沉治泄沱泣泼泡沮浅河法波泌浊洗洼洒洽洛津洁浇济活浑浒洪测涂涛浩海涤浜渚淆淌渗渐混淮淀淡淳滞湛渥湿湃溃渴滑港溉滔滩溯溺滥滇演潜澈澡激濒，等等。这些字右边的音符基本都不能准确表音了，很多的辞书还视之为“义音字”，可是见到它们，谁敢认字认半边？

再比如：音符“工”，可读goȳ工功攻、gaȳ江杠肛矼钉缸、gaỳ杠、goў巩汞、goỳ贡、hoý红玒虹、jaȳ江豇、kaỳ扛、koȳ空、qoý邛；音符“白”，可读 baí白、baǐ伯柏、bó伯帛泊柏铂舶鲌、bò柏、pà怕帕、paī拍、paǐ迫、pō泊、pò迫珀魄粕；音符“告”，可读gào 告诰郜锆筶、jaò窖、gù梏牿、hú鹄、kù酷；音符“圭”，可读gvī圭邽闺珪鲑、gẁ卦诖挂绁、gvì桂筀、hvì恚、hẁ觟、jā佳、jī鞋、 kvī刲、kví奎、kvǐ跬、qí畦、svī眭、w̄洼哇蛙、ẃ娃、xé鲑鞋、iá厓，等等。

同一个音符，多个不同的读音，这样的例子不胜枚举。但音符声音的变异，无外乎两类。

一类是声调的变异。古时，汉字曾分为“平、上、去、入”四个声调。据说“萧、刀、高、蒿，条、聊、巢、曹”这些字，都读“入”声。现在的普通话，还是四个语调。不过，“入”声没了，变成了“阴平、阳平、上声、去声”。前面那些“入”声字，声调改成了阴平和阳平。作为音符的“工”，四个音调，一个也不缺。

另一类是读音的变异。如：病入膏肓的肓（hwȳ），你若读亡（wý）抑或是忙（maý），就成了“文化人”笑话的“白字先生”。前面提到的“工”，作为音符所组成的一系列义音字中，其声母、韵母也都有发生改变的情况，其表音功能也就荡然无几了。

遗憾的是，每一次汉字的重大规范变革，字形的简化均是题中之义，而字音的回归鲜有提及。

1922 年，钱玄同、黎锦熙、杨树达等人心心念念的是，汉字的笔画你越少越好。他们提出的《减省现行汉字的笔画案》认为：“文字本是一种工具，工具应该以适用与否为优劣之标准，笔画多的，难写、费时间，当然是不适用。笔画少的，容易写、省时间，当然是适用。”音符能否回归到“见即能读”，无人问津。

1955 年 10 月，全国文字改革会议正式通过推广普通话决议，明确普通话是以北京语音为标准音，以北方话为基础方言、以典范的现代白话文著作为语法规范的通用语。北京语音能否承担起汉字音符“见字能读”的重任？普通话未曾涉及；各地方言中一些“见字能读”的合理成分，普通话依旧没能有效吸收。

1964 年，郭沫若发表《日本的文字改革和文字机械化》，关注上了地名生僻字的字音，文中提议“好些生僻字眼的地名，请把它们改换成同音的常用字”，不少地方随之响应。历史文化重镇陕西省，所辖盩厔县、郿县、郃阳县、鄠县、雒南县、邠县、鄜县、葭县、沔县、栒邑县、洵阳县、汧阳县、醴泉县以及商雒专区等 14 个地名含有生僻字，分别变成了周至县、眉县、合阳县、户县、洛南县、彬县、富县、佳县、勉县、旬邑县、旬阳县、千阳县、礼泉县和商洛专区。醴泉意为甜美的泉水，醴泉县正是因为泉水甘甜而得名，改为礼泉县后，虽然更加简单，读音也未变，但归根结底，还是少了对文化的理解和传承。另外，湖南的醴陵（当时为县现今为市），用的也是“醴”字，却至今没改。变与不变，不能政出一门，也就令人莫衷一是。其实上述一些地名如郿县、郃阳县、鄠县、雒南县、邠县、鄜县、葭县、沔县、栒邑县、洵阳县、汧阳县等，当初若能保留原字形，按照“秀才认字认半边”的俗语，读其音符，由此带来部分字（如雒、邠、鄜、葭、汧）的读音变化，只需要两三代人口头传播时改口即可。既好认又好读，长远来看也利于历史传承。为造福万世而难为当下一阵子，不是不可为之的。

在形与声的取舍之间，历朝历代的汉字规范化变迁多在选形上做文章，在变换、减省笔画、部件上下功夫。音符的无序流变没人较真，给音符名至实归带来不少尴尬与困惑。汉字要准确表音，一时间似乎只有拉丁化一条道可走，仿佛不如此，汉字音符的异化就只能愈加泛滥。

好在时代发展到如今，基础教育广为普及、交通通讯空前畅通、语音传播随手而至，过去因时空跨越、人口流动等居多不便引发的音变，渐渐露出重归一统的希望之光。

1977 年 7 月，国务院发出《关于部分计量单位名称统一用字的通知》，直接废除了一字两个乃至三个音节的混乱状况，悄然为音符的标准化迈出了第一步。

拙著《汉字改革方案设想》，也曾想一蹴而就，给每一个汉字音节拟定了一个独一无二的音符，并将所有音符控制在了 8 画以内。过于理想化带来的问题是：我们现在常用的汉字，不仅读音，而且字形大部分都需要改变。如：工、弓、公都读“goӯ”，却只能确定一个读“goӯ”，其他两个音符字及其组成的义音字，则要么变音，要么变形，要么被抛弃，这自然会给汉字的历史传承与现时大众的接受带来诸多不便。

一字多音节的废止

古汉字都是一个汉字一个音节。到了近现代，曾出现如“瓩（qaⁿ w̌）、吋（iӯ cvǹ）、瓰（jā lvń）、嘝（pú ssì eř）”等一些计量用多音节的单字。人们口头说的是双音节乃至三个音节，书面却只印一个字，把本来由两三个字构成的词，勉强合并成一个字，尽管少占一两个字的空间，但人为增加了汉字字数，坏了规矩，还留下了认知隐患。

如：海里、海浬、浬，名异实同；而说 lǐ，可包含里、哩、浬三义，又音同实异。如果把表示英里的“哩”仅读作 lǐ，口语就无法分辨“哩”与“里、浬”的差别，由之势必违反言文一致的原则，造成口头语言与书面语言的脱节，引发不必要的差错与误解。

为了澄清乱象，国务院 1977 年颁布《关于部分计量单位名称统一用字的通知》，明确淘汰了以下计量单位用字（下面的括号内为替代用词）：

长度单位：粍（毫米），糎（厘米），浬（海里），哩（英里），呎（英寻），呎（英尺），吋（英寸）。

面积单位：� （英亩）。

容积单位：竔、竏（公升），嘝（蒲式耳），呏、瓸（加仑）。

重量单位：呾（英担），唡（英石），喱（盎司、英两），嗹（格令、英喱）。

功率单位：瓩（千瓦），瓧（十瓦）。

国家语委、新闻出版署1988年发布的《现代汉语通用字表》（7000字），国务院2013年颁布的《通用规范汉字表》（8105字），均取消了多音节的单字，通用汉字重回“一字一音节”时代。

音符标准化的基本考量

音符标准化的目标，首先是确保音符实至名归，其次是合理简化、调整音符的笔画、部件。基于以上考量，标案为音符的标准化拟定了相应之策。

1.一字多音的处理。

（1）“见字能读”的先决条件，是确保音符读音、单字读音的唯一性。因此，标案杜绝一字多音，即：凡一字多音的，只保留一种声音（口语认可的一些音变，参见下节《声音变化的口语认可》）。

对合并后不易产生明显歧义、容易为人接受的多音字，合并其音，变成一字一音，如：

现行：镝 dí，义箭头、箭；镝 dī，为金属元素，符号 Dy。音调有阴平、阳平之分。

标案：镝 dí，义箭头、箭；金属元素，符号 Dy。原有的两字不同音调合并，统一为阳平。

对合并可能产生明显歧义、不易为人接受的多音字，该分则分，变成多字多音，如：

现行：“红”读音 hoý、goȳ。音符同而音不同。

标案：“红”读音 hoý，“红”读音goȳ。不同的音符将原字一分为二，变成不同的字、不同的音。

（2）一字多音拆分时，原音符尽可能保留在原音、同音符字数较多或有常用字的音节内。

（3）一些代词的口语字义相同，读音有多种，如：那 nà、neì，哪 nǎ、neǐ 、naǐ，这 zzè、zzeì。标案保留了这些字的第一个发音，其他视为异读。（参见下节《声音变化的口语认可》）

（4）“秀才认字认半边”，建立在认准标案确立的音符基础之上。凡是在标案中承担过音符功能的单字，哪怕看似为义音字，也不能一味读半边。

如“江”，既是一个单字，又是 jaȳ的音符，标案中用“江”作音符的字有“茳、澒”，故而“江”就不能读goȳ。

又如：“宁 niý”“达 dá”“胡 hú”“保 baǒ”，这些字标案已留作音符，便不能再视其为义音字来辨认，将“宁”误读为 diȳ、“达”误读为 dà、“胡”误读为gǔ或 iv̌。“保”字，它不能读口、读木，也不能读呆，因为它又是“葆、褓”等字的音符，只能读 baǒ。

再如：“口、日、木”等，本身既是义符，又是音符，还是很多常用字的部件，若见“口”字符就读 koǔ、见“日”字符就读 rì，见“木”字符就读 mù，势必导致大批量已有汉字被迫音变，陷入汉字拓展难以为继的境地。

但“尤、犹、莸”这些字的读音不变，都读 yoú，标案便视“犹”为“尤”的同音延展符，不再将“犹”作独立的音符对待。

有鉴于此，本章《标字基本音符表》中确立的 1730 个音符，还是需要特别留意区分的。

2. 关联音节的调配。

标案把音近的或押韵的音节，分别视为关联音节。音近关联，是指同音节不同声调之别、平舌音和翘舌音之别、前鼻音和后鼻音之别等，取读音近似以缓解一些常用字字音变化太大、不易为人接受的问题；押韵关联，则主要是为了延续已有诗歌、对联、韵文等的韵律之美。

（1）同音符不同调的音节中，有一种情况是：某个音节各个声调内的字，多共用一个音符。如：“nay”的共用音符为“囊”，“ray”的共用音符多为“襄”，“piao”的共用音符多为“票”。上述情况，一般保留一个共有部件以示关联，减少、改动一些笔画或部件以区别不同声调。如：piaō帀，piaó覀，piaǒ栗，piaò票。

同音符不同调的音节中，还有一种情况：每种声调多为一些语气用词，如：“a、o、ei”三个音节，里面各种声调的语气词居多，标案设置通用变调音符“刄、刁、丆”来处理（参见下节《声音变化的口语认可》）。

同音符不同调的音节内，字数不多、没有常用字的音节，原则上移入其他关联音节。

（2）汉字同音字多，特别是有些读音响亮的音节汉字过多。比如“ì”音节，仅《新华字典》（第 12 版）里的同音字就有 80 个：乂刈艾弋杙钇亿忆义议艺呓仡屹亦伱弈奕衣裔异抑邑挹悒浥裛佚泆轶昳役疫毅译峄怿驿绎枍易埸蜴佾诣狎羿翊翌翳翼益嗌溢缢镒鹢螠谊勚逸肄意薏缱臆镱瘱藙廙潩瘗嫕鹝虉熠殪懿劓燚；但有些音节汉字又少到只有一两个，如：aȳ肮、diǎ

嗲、foǔ否缶、geǐ给、rè热、xě写血，zań咱，有些字少的音节在标准化的过程中，还因字的转移而空置，在标案中被消除。（参见本章《标字基本音符表》）

为了缓解汉字音节分布多寡不匀的状况，标案通过损有余而补不足的方法，利用关联音节的相互流转，将一些音符及其所组成的标字，转移到了与其原音音相近，或者押韵的关联音节之中。如：布 bù→bú，羽 iǔ→rǔ，员 iwń→rwń，昔 xī→xí。这样做，既对汉字的认读影响不大，又有利于口语的区分，消除一些因同音而带来的口语歧义。

（3）有些音节“三典”中没有可以规范的字，形成无字音节，而有些音节的音符字不止一个。为了丰富读音的多样性，减少同音字，在对口语影响不大的情况下，也会将一些音符及其相关的字调整到音相近的、字少的或无字的音节。如：“beí”为“三典”的无字音节，标案将“beì”音节的“背”及其相关的“褙”字，调整转移到了“beí”音节。

3.音符形体的权衡。

（1）标案中，每个音节有 1～6 个不同的音符，这些不同的音符，排在最前面、没带义符的，称为基本音符（参见本章《标字基本音符表》）。标案将每个基本音符控制在 1～10 画。现有 10 画以上的基本音符，主要通过减省笔画、减少或调整部件来控制。不超过 10 画的音符，一般不再改变。但也有两种情况例外：一是少数字“一简”后，简化得失去了理据，如“奋、类、卫”等字，又没有组成其他义音字，“备”字组成的义音字也只有一个“惫”字，标案没再留用，二是少数字如“髟、耆”等，与义符组字时可能显得繁杂、不美观，也会做些适当的调整与改变。

（2）不少音节中，有一些义音字又作为新的音符，与其他义符组成新的义音字。如：“行、犹、婴”等字，“彳、犭、女”分别为义符，“亍、尤、则”分别为音符；而“珩、莸、缨”等字，则“王、艹、纟”为义符，“行、犹、婴”就成为了复合音符。标案中，复合音符不受 10 画以内的限制，如：“婴”字，11 画。

（3）需变形的音符，变化前后尽可能保持形似，如：工goȳ→互 hoý；也可能启用繁体字、异体字来区别，如：“长 zzaў”与“長 ccaý”，“见 xaǹ”与“見 jaǹ”。凡发生变化音符字，均应符合“六书”造字法的基本要求。

4.音符的补位与转移。

有许多音符相同的义音字缺少音符来统领。标案就从有富余基本音符

（不止一个）的音节中，分离出一个或多个音符，由之率领同音符的、适合留形的一个个义音字，通过变音，转移到音近、音符相同或形似的音节。如“矣”，标案移作“aī”的音符，失去了原有的音、义；而原来的“矣”由“乞”替代。

还有一些音节只有义音字、没有基础音符字，标案或用其他音节富余的基本音符、或用“三典”里没有的生僻字、或新造字（符），来补充这些缺音符的音节。补入的字（符），即可单列，成为符合标字规范的音符（字）；也可以选取同音节中的某一字，予以替换或合并，成为新的音符字。

需要说明的是，汉字的同音字非常多。《新华字典》约 13000 单字，区别声调也只有 1319 个音节（读音），平均一个音节约 10 个汉字。也就是说，《新华字典》里的单字，约 90%可称同音字。何况，汉语文化圈的典故，许许多多也与同音字相关。尽管同音字太多，有区别它们的不易，但它们又是义音字的基石，让使用者有“读半边”的方便。因而，要取消同音字既不现实也无可能。标案继续保留汉字一音多字的传统，大多数同音字一如往常，如：“工、攻、弓、躬、公、蚣”等字，都读“goȳ”。

声音变化的口语认可

标案坚持一字一音，取消了多音字。但口语中若遇到以下情况，允许保留一些声音的变化。

1. 一些存在于句末、词尾或作助词用的字，说话的时候这些字音很轻很短，引发轻读失调。如：皱巴巴 zzoùbābā→zzoùbaba，寒碜 hańcaň→haṅcan；又如：“的、地、得”等字，做助词用时，同样轻读失调。（参见第 2 章相关内容）

2. 因感情、情景等的变化而变换声调。汉字的“a、ei、o”音节，均有阴平、阳平、上声、去声的语气字（a音节还有轻声）。标案没有为每一个声调配一个音符，而是造了“丒、丏、丆”三个字，分别作为a（啊、呵、嗄）、ei（欸）、o（哦、噢、喔、嚄、欧）音节、各个声调语气词的“通用变调音符”。人们口语中用这三个音符时，可以根据感情、情景表达的需要，分别使用四个不同的声调，轻读失调也行，书写时字不变即可。通用变调音符的设立，可以缓解这些字书面表达时区别不易的困难。

3. “那、哪、谁”三个字作为代词，都是多音字。标案只保留了其正音“那 nà、哪 nǎ、谁 ssví”，这些代词的其他口语音“那 neì、nè，哪 neǐ、naǐ，谁 sseí”，可以根据个人喜好或方言习惯，作为口语的异读音予以认可，但不再在异读音节中保留。

4.因拟声而变调。如：滴答 dídā→dīdā。

5.因名、动词相互转换而变调。钉钉子 diȳdiȳzǐ→diỳdiȳzi。

6.被废除的合读音节字，人们在口语、方言中连读未尝不可，但书面表达时，必须完整书写相关词汇。

合读音节字的废除与保留

合读音节字指的是将两个单字（或两者的音符）拼凑在一起，合读为一个音节而形成的字。此类现象主要存在于方言、数字以及化学专有名词之中。现将“三典”中所有的合读音节字分类、分常用等级排列如下：

甭 beý一不用，方言，2 级。

嫑 feñ一勿曾，方言，4 级。

甮 feỳ一勿用，方言，4 级。

覅 fiaò一勿要，方言，4 级。

嫑 jaò一只要，方言，4 级。

廿 niaǹ一二十，数字，2 级。

卅 sà一三十，数字，2 级。

卌 xì一四十，数字，4 级。

皕 bì一二百，数字，3 级。

羟 qaỷ（基）一氢氧（基），化学专用名词，2 级。

巯 qoú（基）一氢硫（基），化学专用名词，2 级。

羰 taȳ（基）一碳氧（基），化学专用名词，2 级。

标案里面，方言只保留了“甭”字，其余的予以废除；数字“廿、卅”两字原字保留，“皕 bì”改为“宿 sù”，兼担音符重任；“卌”字则不再保留，卌→四十；化学专用名词用“十”字作义符，加音符重新组字，羟→㭟，巯→㭟，羰→㭟。

标字基本音符表

《标字基本音符表》以“三典”所列音节为依据，表中“空白”栏，表示没有基本音符与该音节相匹配；表中“（ ）”里的是口语声调可变而书写形不能变的“通用变调音符”；表中“+”符表示该栏音节或读音为新增的，表中“-”符表示该栏原有的音节或读音因空置而消除。现有的轻声因在标案中改为轻读失调，不再是单独的音节，表中也不再列入。

标字基本音符表

音节	阴平	阳平	上声	去声
a	（刃）	（刃）	（刃）	（刃）
ai	矣哀	岩	妄	艾爱
an	安	音	奄	厈
ao	凹	敖	否	奥
ay	九	印		盎
ba	八巴	犮	巳	奄罢
bai	拜	白	百	手
ban	玨般		皮	办半
bao	包	乍	宝保	艮異
bay	邦		旁	旁
bei	北卑	+背	北	贝莆倍
ben	奔		本	本
bey	崩	甭	矣	水
bi	毘	鼻	比笔	币必坒畀敝
bian	臱	+卞	扁	廾变
biao	示𠘨		表	要
bie	朼	另	匕	尚
bin	兵		+秉	因
biy	仌		丙	并
bo	犮波	爻孛尃	疋	帛
bu	阜	布	卜	不步部
ca	乂	+余	-	
cai	-	才	采	𠂢
can	歺	孱奐	参	-
cao	东	曹	草	仌
cay	倉	戚		
cca	臿差	查	后	叉
ccai	斤	柴	-	-
ccan	参	单廛	产	昆
ccao	少	采車	尛	-
ccay	昌	尚長	汤	昌

音节	阴平	阳平	上声	去声
cce	车		扯	攵
ccen	臾	臣尘辰	-	匕
ccey	爯	丞成呈	丂	平
cci	乏	尺	尺齿	斥赤
ccou	卤	仇寿	丑	臭
ccoy	充	虫	宠	函
ccu	出	亘	处楚	亍
ccuo	辵			叕
ccvi	夂	垂		
ccvn	春	屯	蚕	
ccw	风			
ccwi	虒	-	品	耑
ccwn	川	凸	-	串
ccwy	田	床	闯	仓
ce		+则		冊
cei				-
cen	-	岑		
cey	-	冐		-
ci	蚩	旬次茨	此	朿
cou		+周		奏
coy	匆囱	从		
cu	奚	除		足
cuo	丢	光	尖	昔
cvi	崔		岩	卒
cvn	村	存	-	寸
cwn	氽	-		汆
da	荅	达	打	大
dai	呆	+带	歹	弋
dan	丹单	+冘	里	旦奀
dao	刀	到	导岛	首
day	当		党	彐宕
de	的	亩		-

音节	阴平	阳平	上声	去声
dei	-	+𢚁	-	
den				屯
dey	登		等	凳
di	氐	曲狄啇	氐	廿弟帝
dia			爹	
dian	真	+奠	典点	电店展
diao	刁	+吊	屌	匇
die	爹	枼		+叠
diy	丁		尒	定
diou	丢			
dou	兜都	+毒	斗	斗豆
doy	冬東		垂	冂东
du	叔	卖	丢	度
duo	多	夺	朵	辵
dvi	自	+兑		对
dvn	亯		屯	盾
dwn	耑		医	迷段
e	阿	戎	恶	厄咢恶
ei	（丂）	（丂）	（丂）	（丂）
en	恩	恩	恩	恩
er		儿而	尒耳	二
ey	奀			
fa	发	乏伐	厷	镸
fan	釆	凡	反	㔾
fay	方	方	方	放
fei	非	肥	匪	市弗
fen	分	贲	粉	分
fey	丰风封	夆	风	凤奉
fiao	-			
fo		弗	+斧	+尃
fou	+凫	+伏	缶否	+负
fu	夫	孚服畐	丕府	父付复

音节	阴平	阳平	上声	去声
ga	旮	汆	戛	尕
gai	实	+羊	改	丐
gan	干甘		仐耳	仐
gao	高羔	+皋	高	告
gay	冈		岦	岡
ge	戈哥	各革鬲	曷	个
gei			给	
gen	艮	企	–	–
gey	叓		臾	更
gou	勾	+冓	句	勾
goy	工弓公	+贡	巩	共
gu	㕣	+故	古谷骨	固
guo	呙郭	国	果	过
gvi	归圭龟	+坐	轨鬼	贵
gvn			衮	杢
gw	瓜		入	卦
gwi	乖		仐	怪
gwn	关官	+冠	目	毌雈
gwy	光		庚	迋
ha	杏	充	奇	–
hai	产	乡	每	亥害
han	甘	含函翕	罕	旱臾
hao	昊	亯	好	号
hay	夯	亍		巷
he	匃	禾合何河		贺隺
hei	黑			+燕
hen		奂	艮	长
hey	亨	亘		兇
hou	句	侯	区	后
hoy	共	工厷	昔	訇
hu	乎忽	爪胡	虎	互户
huo	砉	活	火	货或

音节	阴平	阳平	上声	去声
hvi	灰军	回	皇	卉会昔叀
hvn	昏	云		皀圂
hw	花	华咼		七画
hwi		褱		坏
hwn	在	不	爰	幻奂
hwy	荒	贲皇	帍	晃
i	一伊衣医壹	夷臣矣宜	乙以	乙义亦易恴益
ia	丫压	牙厓	亚	亚
ian	与曰	延严言炎彦	㫃贡奄匽	厌晏芙艳倠
iao	幺夭要	䍃	杳舀	要
iay	央	羊昜	羊养	羕
ie	耶	爷	也	业页夜
in	因肙垔音	㠯垔	尹引	印
io	育	+约		
iou	丝攸发	尤由斿	友有	又右幼
ioy	甫雈	邑	永甬	用
iu	令	于余臾鱼俞	与予雨禹	玉公禺预
iv	甲		-	月戉岳
ivn	昷	云匀	允	东孕
iwn	夗肙	元爰袁原	远	厉
iy	英赒	叕芦	杲	应
ja	加家	夹	甲贾	穴
jan	尖坚间肩兼	+荐	团佥柬	戈忻見建
jao	乔交焦	咼	交角臱	叫吾孝
jay	江亘将	+匠	屶	夂
je	妾皆	卩疌桀	罕	介戒届
ji	几击咠奇	及吉即急疾	己齐脊	无己芰季叕祭
jn	巾斤今金	+桊	収堇	尽进近
jou	丩	+求	九久酉	臼犹
joy	冋	+炅	冏	
ju	居	局匊昊	罕	巨句豕具
jv	厥	夬瓮	-	屈

音节	阴平	阳平	上声	去声
jvn	均車君		+夋	夋困
jwn	肙		卷	关隽
jy	青巠京	+晋	井	乑苟爭竞
ka	匇		卡	
kai	开		岂皆	氣
kan	邑		凥坎	看
kao	尻		考	靠
kay	康	亢		亢
ke	果科盍	亥壳	可	克客
kei	剋			
ken		肯		-
key	亢			
kou	匛		口	支
koy	空		孔	空
ku	窋哭		苦	库
kuo				広
kvi	亏	奎癸	兜	由
kvn	昆		困	困
kw	夸		会	垄
kwi			元	夬
kwn	宽		素	
kwy	匡	狂	乔	庚
la	立	旯	剌	巤
lai		来		而
lan	兰巛		览	-
lao	-	劳	老	务
lay	-	良郎	朗	浪
le	-			乐
lei	艻	畾	厽	厽
ley	果	-	冷	男
li	吏	秎厘离	李里	力立丽利戾栗
lia			兩	

音节	阴平	阳平	上声	去声
lian		连兼	众	廿东
liao	脊	尞	了	奈
liay		办	两	京
lie	劣	+㓒	谷	列
lin	-	林粦	亩	吝
liou	甾	充留	邢	六
liu		居	㐱吕	聿
liv				寽
liy		令灵夌	今	令
lo		+罢		
lou	匧	娄	叟	扇
loy	夆	龙	龙	-
lu	-	卢	卤	各鹿录
luo	畀	罗	畀	夅
lvn	-	仑	-	侖
lwn		亦	-	罓
m	-	-		-
ma	马	麻	马	骂
mai	+皿	埋	买	夾
man	旻	曼	两	曼
mao	亩	毛矛	卯	卯冒
may	龙	芒	莽	
mei	+殳	毐某眉	每美	术
men	杳	门		闷
mey	蒙	昍冡	孟	苎
mi	罗	弥迷	米	卝宓
mian		帠	免面	面
miao	豸	苗	小奈	妙
mie	乜			灭
min		民	皿闵	
miou				羿
miy		名明	冥	命

音节	阴平	阳平	上声	去声
mo	么	庥	亩	末莫
mou	–	其	某	木
mu		牟	母	目
n		–	–	–
na	–	拿	乃	月内
nai			乃	奈
nan	囡	男南	婪	主
nao	孬	牢	囟	闹
nay	壱	表	青	–
ne		厄		–
nei			耒	内
nen				肓
ney		㐆		
ni	隶	尼兒	尔	历屰匿
nian	与	年	反	念
niao		+蓼	鸟	尿
niay		良		+亮
nie	呈	臬		聂
nin		㐭		
niou	闵	牛	彑	㚢
niu			女	虑
niv			乇	
niy		宁	乡	另
nou				奎
noy		农		弄
nu		奴	虏	参
nuo		乳		若
nvn		–		
nwn			门	
o	（丌）	（丌）	（丌）	（丌）
ou	區	–	呂	区
+oy	+翡			

音节	阴平	阳平	上声	去声
pa	尸	尻		匋
pai	拍	非	囟	㡰
pan	夅	爿舟		乎
pao	尥	包	丞	色
pay	乓	旁	男	屮
pei	丕	咅		朩
pen	杏	盆		-
pey	平	朋	廾	並
pi	比	皮卑㲋	匹丕	启
pian	扁	便	品	片
piao	覀	覀	票	票
pie	氕		内	癶
pin	弁	步	品	甹
piy	乒	平屏		
po	皮	委	叵	白
pou	夯	匍	-	
+poy		+壴		
pu	卜	美	甫普	甫
qa	全	乍	王	洽
qan	千产佥	乞前	昔	欠
qao	肴	乔	亐	戈肖
qay	仓羌	尚	鱼	炏
qe	切	查	且	妾
qi	七其妻	老齐其奇	乞企攴	气韧弃亟
qn	钦亲	堇禽秦	㝷	㕣
qou	丘秋	囚求酋	氽	
qoy		殳		
qu	区	洰罡	曲取	去
qv	夬	去		雀
qvn	-	羨		
qwn	回	叉全泉	犬	券
qy	平青	青	顷	庆

音节	阴平	阳平	上声	去声
ran		夕	冉	
rao		尧	尧	尧
ray	昔	装	丟	走
re			若	热
ren		人	刃	壬
rey	扔	仍		
ri				日
ruo		柔		肉
roy	+茸	戎荣容	冗	
ru		如苗	羽辱	入
ruo		弱		若
rvi		-	弁	兖
rvn		-		闰
rw		皮		
rwn		员	耎	
sa	䒑		尒	风
sai	思			寒
san	三		伞	昔
sao	蚤		叟	少
say	桑		桑	丧
se		+屯		色
sen	罙			+甚
sey	声			+乘
si	厶司丝思斯	+氏	死	巳世四寺
sou	叟		手	寿
soy	松	从	从	尖
ssa	杀沙	言	爰	卅
ssai	网		包	晒
ssan	山彡册		闪	羔扇
ssao	尢	勺	少	召
ssay	方商	+尚	尚	上
sse	佘	舌	舍	立

音节	阴平	阳平	上声	去声
ssei		–		
ssen	申参身	丰	审	胥
ssey	升生	黾	省	圣
ssi	尸市失	十石时食	史矢	士示事市式是
ssou	收		守首	罒
ssoy				+宋
ssu	书赤	执	灸房	术戌
ssuo	芒		+所	朔
ssvi		言	水	岁
ssvn			隼	川
ssw	屌		耍	–
sswi	衰		甩	率
sswn	闩			–
sswy	双		爽	
su	禾	夙	+匋	束肃宫素
suo	夋		贞索	斥
svi	虽	育	–	豕
svn	孙		尹	舛
swi				+帅
swn		衣		祘
ta	也	+翕	仝	沓
tai	囼	台	呆	太泰
tan	仒	炎覃	兵	灰
tao	岁舀	兆匋	讨	套
tay	汤	坐唐	尚	冇
te		+忒		卞
tey	豆	夂朕		
ti	彷	辵	月	笫
tian	天	田	忝	–
tiao	兆	条	兆	佥
tie	卣		戈	帝
tiy	厅	廷亭	廴	–

音节	阴平	阳平	上声	去声
tou	凸	旻头	-	秃
toy	通	同垄	再	仝
tu	突	关	土	兔
tuo	乇钜	它	妥	宕
tvi	毛	杰	足	退
tvn	吞	屯豖	佘	-
twn	疕	团	-	-
u	巫烏屋	无吾吴	五午毋武無	兀勿戊敄
uo	咼		我	亞沃
vi	危威散	韦为垩	韦尾委	未屋畏胃
vn	昷	文	勾	问
vy	翁		-	瓮
w	乭	凵	瓦	瓦
wi	歪		岂	外
wn	弯	丸完	免宛	万
wy	九	亡王	芒	宀
xa	巳	夾叚		下夏
xan	山先	贤闲咸	显	见县臽
xao	肖枭肃	孝肴	小	交笑
xay	乡相香	羊	亯	向豸
xe	些	矛劦	写	乍射屑
xi	夕兮西希析奚	习庙昔息	走害	糸臬
xn	心辛	仐	-	杏
xou	休爹		丂	秀臭
xoy	凶兄	灭		-
xu	虍须	余	许	旭序胥畜
xv	穴	凹	彐	血
xvn	乖	巛旬寻		卂
xwn	宣	玄	哭	定
xy	兴星	亓刑	省	生幸
y		-	-	-
za	彩	匝杂	囿	

音节	阴平	阳平	上声	去声
zai	戋		产	再
zan	光	圓	昝	贷
zao	吉	半	枣	皂造
zay	辰		允	庄
ze	+耶	夆责		仄
zei		戚		+最
zen	+真		怎	-
zey	曾			蛍
zi	汝甾兹	+执	子朿	自字
zou	刍	+纣	走	奏
zoy	宗		总	众
zu	且	足矢	且	+助
zuo	乍	乍	左	坐
zvi	追		告	辛
zvn	寺		-	-
zwn	卣		-	衮
zwy				+状
zza	奓	乚	乇	乍
zzai	帝	宅	窄	在
zzan	台		斩展	占
zzao	尚	差	早	尔名
zzay	章		长	丈
zze	庶	折	者	这
zzei				-
zzen	贞	参		层
zzey	疋争		否	正
zzi	之支卮知	直	止只旨	至韦志质
zzou	舟州周	由	帚	叩
zzoy	中		走	重
zzu	朱者	亇	主	主
zzuo	旬	卣豖		+攵
zzvi	佳			叒

音节	阴平	阳平	上声	去声
zzvn	-		丵	
zzw	瓜		爪	
zzwi	-		曳	曳
zzwn	专		弯	专象
zzwy	庄		-	壮

由上表可以统计出，标案确立的基本音符为 1730 个。每个音节的音符，借助控制、转移，已不再超过 6 个。“三典”中“ì”的同音字最多（不含繁体字、异体字）为 92 个，而标案中“ì”的同音字只留下 45 个。标案同音字最多的是“xī”，共有字 59 个。

音符以外的标字，广义上说，均为由义符、音符组成的义音字。标案确立的音节，不区别声调 412 个，区别声调 1277 个；除了已经取消的轻声音节外，和现有的“三典”带音调的音节相比较，新增的为 63 个，减掉的 77 个，实际减少音节 14 个。

第6章

标　字

数千年的历史沉淀，传承下来的、字形不同的汉字到底有多少？东汉许慎的《说文解字》9353字，晋时吕忱的《字林》12824字，唐代孙强的增字本《玉篇》22561字，北宋司马光修的《类篇》31319字，清朝的《康熙字典》47035字；2010年版的《汉语大字典》60370字。2018年，华语教学出版社的《汉字海》，所收单字数达113546个，应是迄今为止中国收录汉字最多的巨无霸了。据说日本《今昔文字镜》收字高达16万，但其中包含了越南过去曾使用的、以汉字为原形孳乳仿造的喃字。

随着信息技术的飞速发展，美国硅谷的一些软件工程师和语言学家相互合作，尝试能“在世界上任何地方的任何电脑上处理任何文字文件”，并于1988年提出编制推行统一码（Unicode），吸纳汉语文化圈的中国、日本、韩国、越南和中国台湾等国家和地区的专家学者参与其中。到2020年，第13版的统一码中，收录的汉字达92856个。

从日常用字到通用规范汉字

汉语单字浩瀚，累积总数十万有余。但所谓繁体字、异体字、生僻字、意义相同或近似的字、讹字以及被淘汰的字等，占了绝大多数。

其实，殷商至今，每一个时期，使用频繁、字义稳定不变的核心汉字，不超过300个。在日常工作、学习、生活中，人们能用到的汉语单字数量也大体稳定，一般四五千字就基本够用，百度一下曹雪芹《红楼梦》的前80回，总字数73万有余，不同的单字只有4462个。有统计表明，《现代汉语常用字表》中的3500个汉字，占实用文字的99.48%。可以说，通用规范字以外的其他海量单字，日常的汉语学习、交流，很少涉及。

伴随着白话文的普及，汉语中复合词的使用频率越来越高。音译的外来词，又大多假借音相同或近似的字来记录，现在西文字母直接夹杂在汉语中使用的情况也不鲜见，如：X光、U盘、T台、AA制、IP地址、GDP、VIP等。社会发展到如今，汉字新增的势头已不再强劲。

2001年，《中华人民共和国国家通用语言文字法》颁行。为与之配套规范，2013年国务院公布实施《通用规范汉字表》，将社会通用字锁定为8105个，明确分为三级：

一级字表为常用字集，收字3500个，主要满足基础教育和文化普及的基本用字需要；

二级字表收字3000个，使用度仅次于一级字。一、二级字表合计6500字，主要满足出版印刷、辞书编纂和信息处理等方面的一般用字需要；

三级字表收字1605个，多是姓氏人名、地名、科学技术术语，还有中小学语文教材文言文用字中，未进入一、二级字表的、较通用的字，主要满足信息化时代与大众生活密切相关的专门领域用字需要。

标字的来源

为了区别已有的汉字，标案把依据规范选取、改变或新造后确定下来的汉字，称之为标准规范字，简称“标字”。标字的来源主要包括：

1.“三典”中的所有汉字，包括其中所列繁体字、异体字等，共约15000字（含《通用规范汉字表》所列8105个规范字），并以这些字为标准化的主要对象。

2.依据标准化需要，借用“三典”以外的一些既有汉字，如：《汉语大字典》《汉字海》《信息技术 中文编码字符集》等录入的汉字，各地方言用字，日本、韩国、越南、新加坡和中国台湾等地所使用的一些汉字，网络上可以查找得到的其他汉字。

3.按照标准化要求，借用指事、象形、会意、形声、笔画变换、部件增减等造字的基本方法，新造的汉字。

标字规范准则

1.标字的构成方式分三类：一为音符字，即基本音符单独成字。如：“求、马、林”等字。二为义音字，即“义符＋音符”合并成字，如：“枫、功、遂”等字。三为复合字。复合字有两种情形：

一种是，“义符＋音符＋一个或多个部件”共同组成的标字。如：“莅”

字，音符为“立”，其余为“艹、亻”复合而成；又如：“罽”字，音符为“炎”，其余为“罒、厂、刂”复合而成。值得注意的是，“行、髟、林、隹”等标字用作义符时，只能算一个义符，所组成的字如：“衡、鬏、梵、雒”等，就不能算复合字。

另一种是，“义符＋复合音符”共同组成的标字。如：“鹦”字的复合音符为“婴”，“澶”字的复合音符为“亶”，故而“鹦、澶”都是复合字，同理“珩、菜、喃、瘗、缴、湧”等也为复合字。

保留复合字的目的，是为了方便一些同音字的区别，多传承一些已有汉字，多保留些汉字的千变万化之美。

2. 取消一字多音的多音字（参见第 5 章《音符》），以方便汉字“见即能读”，成为名实相符的形声字。

3. 每个标字控制在 20 画以内。其中，每个音符、义符均不超过 10 画，每个标字（包括复合字）笔画总数不得突破 20 画。

字音、字形变化的一般考量

一个大的前提是，所有字形或字音的变化，尽量避免常用字及常用构词在使用时出现明显歧义。具体涉及每一个需要变化的字，究竟是留音变形好，还是留形变音好？音变、形变又该怎么个变法好？这都需要依据具体情况，斟酌而定。

1. 字音的考量。

留音有益于日常口语的传播。依照准则需有所变化的字，若为一级常用字、语气字、拟音字、方言字、音译字等常用口语字，多以留音为主。

一些留形可能会产生明显歧义的书面字、生僻字，留音优先。如：“趖”，音“suō”，义为移动、走得快，若改读音符“坐 zuò”音，便会与“坐”产生明显歧义，故选择变形留音，转入音近的“ssuō”（没转入“suō”，是为了给没有基本义符、字少的“ssuō”音节补入一个音符）。

一些义音字的义符、音符均可义、可音时，则依该字表音的音符读音。如：“码 mǎ”，音符“马 mǎ”，所以码仍读“mǎ”；“琴 cceñ”，音符“今 jñ”，所以琴改读“jñ”。

一些翻译用音译字如原字已经变音，则保留音，另外再选用合适的同音标字来替代，原则上不再造新字。如“裴 peí”，作中文姓氏用改读 feī，而作译音用字，如“裴多菲”的“裴”，则可用同音的标字，如“培”“音”等来替代。

当字音需要变化的时候：

首选音相近。音近主要指同音节声调之别、平舌音和翘舌音之别、前鼻音和后鼻音之别等，如：麻麻亮的“麻”，现为“mā”音，标字合并后为“má”音；再如“良”字，音“liaý”，它既是“liaý”音节的音符，也是“niaý”的音符，标字变音，改读“niaý”。

次选音同韵。考虑到诗词、歌赋、楹联等的押韵要求，字在留形变音时，押韵也是字音规范化的依据之一。

此外，多音字因不符合一字一音的规范化要求，处理时优先多音合并。若合并会产生明显歧义，不宜为公众接受，则将多音字拆分为不同音的两个、三个乃至更多的字。

2.字形的考量。

与留音相比，文字的留形更易于古今传承。因而凡属古文字、书面字、生僻字等，留形为主。不是十分常用姓名、地名等方面的专用字，也以留形为主。一些音相同而义重复、相近的生僻字，或在“三典”中只作组词用的字，如与同音节其他的字须共用同一个义符，优先考虑合并。

字越是生僻，留形的概率越高。一般而言，生僻字标准化的变化秩序为：优先音符的形相同，其次音符的形相近，再次音符的音相同，最后音符的音相近。

某些口语字、常用字，音的些许变化或方言化，如果不产生明显的歧义，也可以留形，如：械 xè→jè，则 zé→cé，副 fù→fú，射 ssè→xè，暂 zaǹ→zzaň，等等。

一些佛教音译字，经过历史的沉淀与岁月的洗礼，字形的传承反而比音的保留更易于为大众接受，如南无阿弥陀佛的“南无”，标案选择了留形变音，南无 nāmó→nańú。

凡需简化、变形的字（符），主要考量形似、变化之间的关联，或变化某一笔画形状，如红→红；或转换部件位置，如哄→⿱共口；或增减某一笔画，如快→快；或减省某些部分，如廪→⿱亠回；或取其轮廓、减省变化笔画部件，如孰→执；或启用原字的繁体字、异体字，如长 ccaý→長，等等，以降低识别难度。须变化常用的字或组字较多的义符、音符之际，尤是如此。

一些“三典”中已经“今作”的地名用字，原字若无其他常用义就不再保留。如：盩厔，今作周至，盩并入周；石砫，今作石柱，砫并入柱。

“三典”中有些音节没有一级常用字，字的数量也不多，音节内的所有字留形优先，可转入音符相同或形似的其他音节。

当然，汉字的标准化绝不是字的一味简化。一些字在转换音符时，也会因为音符笔画的增加，启用繁体字、异体字等原因，标准化后将会比现行汉字的笔画还多一些。如："礼→裡"、"苍→蒼"等。其实，在汉字演进的历史上，也不乏这样的先例。如："日"字，古文字为"θ"，隶书变为"日"，2画变成了4画，被沿袭至今；繁体的形声字"褲"本来写作"袴"，后来音符"夸"被表音更确切的"庫"所取代，"袴"变成"褲"，11画变成15画，因庫、褲同音，先辈们宁愿多写几笔，接受了这个俗字。

因此，尽管字的简化是主要趋势，但并不是唯一方向。适当的字形繁化，若能起到改善表意、表音，准确记录语言的效果，何乐而不为？犹如窈窕女郎，穿着少而性感的夏装，大家自然爱看；换上得体的春秋乃至冬装，依然令人赏心悦目。

字形变化的主要路径

1. 象形会意：用象形、会意的方法，新造一个字（或对已有汉字重新释义）来代替原字。如：蕊→弅，联→兼；燕→芡（同"光"），橘→匊（同"掬"）。

2. 增减笔画：通过增加或减少原字的某些笔画来代替原字。如：块→块，颓→颓，黑→黑，救→救。

3. 减省部件：通过减少原字的某些部件来代替原字（即借用原字的一部分来代替原字，也可称局部代整）。如：滹 hū→浮，僚→傣，鼻→鼻。

4. 变换笔画：通过改、换原字的某些笔画来代替原字。如：祥→祥，迫→迫，分 fen̈→分。

5. 改换部件：通过改、换原字的某些部件来代替原字。如：要→要，溃→沌，讽→讽。

6. 改换音符：保留义符、改换规范后的音符来代替原字。如：摆→掐，旧→旧，赶→趁，推→挓，信→佮。

7. 轮廓保留：保留原字的轮廓，增减并变化其中部分笔画、部件来代替原字。如：鹿→鹿，麻→麻，孰→孰。

8. 位置变动：通过变动部件、笔画位置来代替原字。如：哄 hoў→苔，咱→圊，铪→锫。

9. 杂体标准化：对行书、草书、隶书、篆书、甲骨文、金文以及一些用创意字、艺术体等来呈现的汉字，按标字的笔画要求进行适当整理后来代替原字。如：干（gan̈）→伞（篆体整理），兆→尒（甲骨文整理），就→犹（草书整理）。

10. 曾用字借用：借用繁体字、异体字、“三典”以外的生僻字、“二简字”等曾用字来代替某字。如：见→見 jaǹ，车→車 jvn̄，寡→丆，霸→奄，恧→悉，蔬→尗。

11. 同音节关联：同音节不同声调的音符围绕某一部件组成音符。如“ray”音节的阴平、阳平、上声、去声字，音符“昔、表、去、是”都共用部件“龷”，以示关联。

12. 同义字、近义字替代：如：海→海，黄→贳，软→耎，蠡→蚜，旸→易，曾→曽 zeȳ、冐 ceý。

新造标字启用了不少浩瀚汉字中包含的音符、义符，以利汉字大规模标准化整理时形的一致。标字启用的“三典”中没有的生僻字，其音义诠释主要参照《汉语大字典》《汉字海》的注音、解释，也有一些为网络上查找的结果。考虑到提高汉字辨识度、扭转部件使用失衡等问题，新造标字还为均衡各个笔画、部件的使用频率做了些许努力。

现行汉字推演为标字一览表

汉字要书写方便，传输快速，适应各种技术性处理，似乎越简越好。但如前所述，汉字还得易于区别，还得注重传承，还得赏心悦目，成为易于识别的语言，成为继往开来的使者，成为装饰门面的招牌、点缀生活的艺术。这就要求成千上万的汉字繁简适度、变化合理、书写顺当，易于为大众接受。尽量避免因简失据，降低汉字的辨识度、艺术性。因而，汉字的标准化之路，就是一条求简易、求区别、求传承、求接受，而又能赓续其艺术特征的破冰之旅。

标准化的路上，需要规范的汉字哪些不变，哪些该变，是变音，还是变形，抑或音形皆变，变向何方，落脚何处，标案通过《现行汉字推演为标字一览表》来一一呈现。

《现行汉字推演为标字一览表》中，所有拼音均按标准化后的《汉字注音法》注音，表中各栏所列汉字，主要以“三典”中的《新华大字典》（2015年第3版）为母本，《新华字典》（2020年第12版）、《现代汉语词典》（2016年第7版）为补充。

《现行汉字推演为标字一览表》中，各栏所表达的意思、各种符号所表达的含义如下。

1. 标字、音栏。栏中的汉字，为标准化后的汉字，简称“标字”；栏中的拼音，为标字的标准化读音，简称“标音”。

2. 原字、音栏。原字表示被标字替代的汉字，原音表示被标音替代的字音。原字、原音与标字音、义相同时不标注，有变化则注明。栏中原音，若表示的是原字的原音，字与音相连；若表示的是标字的原音，字与音用“，”隔开。

3. 合并字、音栏。表示栏中的字、音并入标字、标音。若多字同栏或多音同栏，字与字、音与音用“，”或借用其他符号（“-”“/ ”除外）隔开。栏中若既有合并字，又有合并音，字与音用“；”隔开。合并字若不是多音字，不标音；若是多音字与拼音相连，表示该音是前字的音（其他各栏亦如此）。

4. 转注栏。栏中若为拼音，表示原字已转入的音节。栏中的字与字若用“-”连接，表示前面的字为标字、原字、繁（异）体字或形似的字等，后面的为字义相同（含部分相同）、字义近似、或字形基本相似的字。

5. 标字诠释栏。栏中主要对“三典”以外的或新造的音符字进行解疑答惑。所有解释，要么来源于本书所列参考书目，要么来源于互联网，要么是作者依照造字基本原理、参照《标字基础义符（部件）规范表》作出的解释。标字若为新造的形声字，或“三典”以外且“音义未详”的形声字，像其他形声字一样，一般不再解释。一些合并字、音栏及转注栏里因表格狭小容纳不了的内容，也会放置在标字诠释栏中。

《现行汉字推演为标字一览表》中，各种标注的“符号”较多，所表达的含义也不同，分别说明如下。

“▵”。字前或音前标“▵”，表示“三典”中，仅《新华字典》里所有。如“▵玵”字。

“▿”。字前或音前标“▿”，表示“三典”中，仅《现代汉语词典》里所有。如“▿汫”字，“▿piè、▿tai̋、▿ccwí”等音。

“▵▿”。字前或音前标“▵▿”，表示“三典”中，为《新华字典》《现代汉语词典》所共有。如“▵▿昰”字。

“*”。字前标“*”，表示启用的是“三典”中的繁体或异体字。如音节“jaǹ”的“*見－见”。

“°”。字前上角标“°”，表示标字启用的是“三典”以外的文字或新造的字。如“°亩、°俺”等。

“▴”。字前标“▴”，表示为复合字。

“♩”。字前标“♩”，表示栏中的多音字，只合并该字的此一音。如音节

gé里的“♩夹”字。

“~”。标字后上角标“~”，表示该字为通用变调音符（只有“刁a、刁ei、刁o”这三个），声调可变而字符不变。

“+”。各音节的字母后标“+”，表示该音节为“三典”中没有、新增加的音节。如“ló+、swì+”等音。

“-”。若是各音节的字母后标“-”，表示该音节原为“三典”中的音节，已因空置而暂废。如“bo-、ḿ-、peǹ-”等音。若是字后连“-”，则表示前面的字与后面的字，字义完全或部分相同、相通、相似。“-”后面的字可能是一个，也可能更多，如：苗—昔，屌—豖屌，兊—兑锐悦；多数在同一栏，也可能在后面一栏，如：炯（标字、音栏）—烟（原字、音栏）。合并字、音栏中，“-”前为合并字，“-”后为标字或原字，如：溺—尿、缲—缫、琊—玡、萹—扁等。

“…”。标字、音栏的字后连“…”，表示标字的原有音、义不详或已经被改变、废除，如“刨…、卒…、矣…”等字；标字诠释栏中，最后一字连“…”，则表示栏中所诠释字的字义，只是按照所需、择要选取了一部分，其他的义因表格空间不足而被省略。如：“乇义草托地而生；衍义…”，省略了“乇 zzé义草叶”；“欶 shuò义吮吸；饮，喝…”，省略了“欶 sòu 古同嗽，咳嗽”。

“#”。字后连“#”，表示该字符为没有字义解释的纯音符。如“迷#、 亠#、七#”等。

“/”。“/”前面的字为纯词组用字或专用字（指地名、水名、山名、动植物名、器物名、人的姓与名，以及化学等科学技术领域专门用字）；“/”后面的为相关词汇或专用字说明。如：鹌/鹌鹑、蝣/蜉蝣，荥/地名、撖/姓、湁/人名，嫚/古女人名，羟/氢氧，羧/羧基，钯/化学，氘/化学，等等，以方便读者理解、把握。

“→”。“→”表示前面的合读音节字标案已废除，变化为“→”后的多音节词。如：甮→勿用，吋→英寸等。

另外，《现行汉字推演为标字一览表》中，与[日]、[韩]、[越]、[新]、（台）相随的字，分别表示日本、韩国、越南、新加坡等国和中国台湾地区才有用例的字；与[方]相随的为各地方言用字；与[音]相随的则为拟声字、译音字。这些字为数不少，表中标明的也不是那么周全，主要起些提示作用，方便读者对字符、字音变与不变的理解。

现行汉字推演为标字一览表

标字、音	原字、音	合并字、音	转注	标字诠释
ā				
°又丁~	啊	♩呵-啊；ɑ		通用变调音符，调变字不变
°阝又丁	阿			
°月又丁	腌			
	吖		iā	
	锕		ē	
á				
°又丁~	啊	♩呵▵▿♩嗄-啊		通用变调音符，调变字不变
ǎ				
°又丁~	啊	♩呵-啊		通用变调音符，调变字不变
à				
°又丁~	啊	♩呵-啊		通用变调音符，调变字不变
ɑ-				
	阿	♩阿-♩啊	ā	
	呵	♩呵-♩啊	ā	
	啊		ā	
ɑī				
矣#···	ǐ			
俟	sì	qí		
埃				
挨				
唉				
涘	sì			
娭				
欸		aǐ		
哀				
锿				
	哎		aì	
	嗳	嗳-哎	aì	
ɑí				
岩	iań			

标字、音	原字、音	合并字、音	转注	标字诠释
°揣	挨			
°骴	骙			
°碏	硙	△▽ví		
°皓	皑			
°瘖…	癌			
aǐ				
°妄	aī		妄-毐	妄义人无行
°诶	蔼			
°唛	嗳			
°矮	矮			
	毐		ú	
	欸		aī	
	霭		hē	
aì				
艾		ì		
°陔	隘			
哎	aī	嗳-哎		
砹		碍		
爱		▽恁-爱		
▽僾				
▽薆				
嗳		唉-嗳		
嫒				
瑷				
叆				
暧				
	△餲		hē	
	嗌		ì	
ān				
安				
°荽	àn	庵♩厂△▽♩广		荽义古书上的一种草
垵				

标字、音	原字、音	合并字、音	转注	标字诠释
桉				
氨				
胺	aǹ			
铵	aň			
°盇…	盦			
鸰	iaǹ	▿鹖，鹌		鹖-鴳。鹌/鹌鹑
頞	è			
鮟				
鞍		▵▿鞌-鞍		
	谙		ań	
	▿姶		hé	姶/姶婀
	▿腤		iñ	
ań				
°音…	谙añ			明白上面的交换，借指知悉
°揞	揞aň			
°暗	暗aǹ			
	▵玵		gañ	
aň				
°奄…	唵	▿咹-唵	奄-奄	似大把食物往口里塞
°俺	俺			
°埯	埯	垵-埯		
	铵		añ	
	揞		ań	
aǹ				
°厈…	黯		厈-岸	主干被遮，转指阴暗
°拆…	按			
岸				
°枂	案			
	犴		gañ	
	胺		añ	
	暗		ań	

标字、音	原字、音	合并字、音	转注	标字诠释
ɑō				
凹		▿w̄		
兕	sì			
▵▿坳	ɑò	坳-坳		
º熓	熬	▵▿熝		
ɑó				
敖		翱		放开翅膀旋转，喻盘旋飞行
傲	ɑò	▿慠-傲		
▿隞		▿♩嚣-隞		
嗸				
遨				
骜	ɑò			
嗷				
廒				
璈				
獒				
熬				
聱				
螯				
謷				
鏊	ɑò	鏖		鏊/鏊子
鳌				
ɑǒ				
夭	ɑò			
º拗	拗			
º媪	媪			
º袄	袄			
	▿鴁		ɑò	鴁/鸫鴁
ɑò				
º奥	奥			大户里的人，借指深奥
º隩	隩	iù		
º薁	薁	iù		

标字、音	原字、音	合并字、音	转注	标字诠释
°墺	▽墺			
°擙	拗			
°懊	懊			
°澳	澳			
°燠	燠iù	▽噢-燠		
°⿰奥鸟	▽⿰奥鸟aǒ			
	岙		aǒ	
	△▽垇		aō	
	坳		aō	
	奡		jaō	
	傲		aó	
	骜		aó	
	▽慠	慠-傲	aó	
	鏊		aó	
aȳ				
°尢	wȳ			尢义跛，曲脊、曲背，短小
°肮	肮			
aý				
卬				
昂				
▽枊	aỳ			
aỳ				
盎				
	▽枊		aý	
bā				
八				
扒				
叭				
朳				
°釟		捌		釟义冶金
巴		▽峇-巴；ba		
芭				

标字、音	原字、音	合并字、音	转注	标字诠释
吧		罢ba；ba		
岜				
弝	bà			
岊	jé			
杷	pá			
钯	bǎ			
疤				
蚆				
笆				
舥	pā			
羓				
粑				
齙	bà			
鲃				
	奤		bà	
bá				
º犮		qwň	犮-拔跋犬	犮bá又义犬跑的样子
茇				
拔				
绂	fú			
妭				
韨	fú			
º胈	胈			
袚	fú			
钹	bó			
跋				
º鼥	鼥			
鲅	bà	鲌-鲅		
魃				
▲菝				
bǎ				
º巳…	靶		巳-巴	似射击练习的标的物

标字、音	原字、音	合并字、音	转注	标字诠释
°把	把			
°戹	▿戹			
	钯		bā	钯/金属元素
bà				
°奄…	bā	霸		奄义大
°俺	爸			
°埯	坝			
°淹	灞			
°棯	把			
罢				
罴	pí			
▵▿耧-	耙			
	弝		bā	
	齙		bā	
	鲅		bá	
	鲌	鲌-鲅	bá	
ba-				
	巴		bā	
	吧		bā	
	罢		bā	
baī				
°拜…	▵▿拜baí			相互挥手作别，表示再见
掰		擘-掰		
掰	gé			
°蹳	▿蹳		[方]蹳	
	刣		baǐ	
baí				
白				
泊	pō	泺-泊		
柏	bò	檗-柏		
鲌	bó			
▴箔	bó			

标字、音	原字、音	合并字、音	转注	标字诠释
▲皛	xaǒ			
	△▽♩拜		baī	
baǐ				
百				
刡	baī			
佰		♩伯/大伯子		
º 挀…	摆		挀-拍	
*栢-	♩柏			
貊	mò			
▲弼	bì			
▲奭	ssì			
▲褲	ssì			
	捭		beī	
baì				
º 手#				
º 敗	败			
拜				
º 秤…	稗			
▲湃	paì			
	呗		beí	
	鞴		beì	
bai-				
	△▽啡		beí	
bañ				
º 玨…	jv́	颁	玨-珏	玉相授而分，借指授权发布
º 班	鋆			
班				
º 班	扳			
斑		▽斒-斑		
▲瘢				
般		bō		
搬				

标字、音	原字、音	合并字、音	转注	标字诠释
瘢				
	攽		feň	
baň				
°皮	版			板上契刻貌，转指印刷底板
°坡	坂			
°柀	板	舨-板		
°鈹	钣			
°蚾	蝂			
	阪		faň	
	昄		faň	
baǹ				
办				
°扐	扮			
°弁	瓣			
半				
伴				
▿坢				
拌				
泮	paǹ			
绊				
柈				
畔	paǹ			
靽				
	湴		peỳ	
baō				
包				
苞				
孢				
枹		fú		
°胞	胞			
飑	biaō			
炮				

标字、音	原字、音	合并字、音	转注	标字诠释
龅				
鲍	baò			
	剥		bō	
	煲		baǒ	
	褒		baǒ	
baó				
°乍…	薄		乍-保	凸显匕首刀刃，引申厚度薄
°泎	雹			
鸨	baǒ			
	▿飑		jaō	
baǒ				
宝				
°饱	饱			
保				
葆				
堡		bǔ，pù		
煲	baō			
褓				
褒	baō			
	鸨		baó	
baò				
°𠬝	fú			𠬝义治服
°艰	抱			
°𠬝刂	刨			
报				
赧	naň			
°貇	豹			
°㬥	曝			共在阳光下，转指事情显露
°𣿅	瀑			
°㷭	hoý	爆	(台)㷭	㷭/人名
暴		▿虣-暴		
▲襮	bó			

标字、音	原字、音	合并字、音	转注	标字诠释
	鲍		baō	
	趵		ssaó	
baȳ				
邦				
帮				
啷				
°浀	浜		[方]浜	
梆				
bay̌				
°旁	绑			用力捆绑貌
°榜…	榜			
°膀	膀	▿ba		
baỳ				
°夯	棒			立状，借指棒、强、好
°傍	傍			
°谤	谤			
°塝	塝		[方]塝	
°磅	磅			
°镑	镑			
°稖	棓			
°螃	蚌	蜯-蚌		
°艕	艕			
	玤		feȳ	
	棓		peí	
	蒡		paý	
	搒		paý	
	▿膀		bay̌	
beī				
°北	背		北-九	人肩负东西貌
°恷	悲			
°盃	杯			
卑				

标字、音	原字、音	合并字、音	转注	标字诠释
俾	bǐ			
郫	pí			
陴	pí			
萆	bì			
埤	pì			
捭	bɑǐ			
庳	bì			
婢	bì			
椑		pí		
碑				
睥	pì	▿bì		
鹎				
蜱	pí			
箄				
髀	bì			
	陂		pí	
	棓		foǔ	
beí+				
背	beì			
褙	beì			
beǐ				
北				
邶	beì			
beì				
贝				
呗	bei	▵▿呏；bɑì		呏-呗
狈				
浿				
棂				
钡				
°䘽	被			
▴贔	bì			

标字、音	原字、音	合并字、音	转注	标字诠释
°葡…	辈		葡-备	共用一部分，转指某一类人
*備	备			
°㤥-	惫			㤥义病，又同惫
𢶍	baì			
糒				
鞴				
倍		♩棓-倍		
蓓				
°𠏐	焙			
°𨪏	鐾			
	孛		bó	
	悖		bó	
	邶		beǐ	邶/古诸侯国名
	背		beí	
	褙		beí	
	琲		feī	
	碚		peí	
	鞁		pí	
	骳		pí	
bei-				
	呗		beì	
	臂		bì	
beñ				
奔		beǹ		
倴	beǹ			
°锛	犇			
锛				
	贲		feń	
	栟		biỳ	
beň				
本				
苯				

标字、音	原字、音	合并字、音	转注	标字诠释
砵	bō			砵/地名
	畚		bey̌	
beǹ				
°夲…	笨	♩夯-笨		本能受压，转指蠢、不聪明
°坋	坌	▿♩坋		
	奔		beñ	
	倴		beñ	
beȳ				
°崩-	崩			
°喸	嘣			
°绷	绷			
	伻		piý	
	祊		fɑȳ	
beý				
甭				
bey̌				
°奊…	奰bì		奊-矢	壮大貌
°缑	绷			
畚	beň			
	菶		feỳ	
	琫		feỳ	
	▿鞛	鞛-琫	feỳ	
	▿鞈	鞈-琫	feỳ	
beỳ				
°氺…	迸		氺-水	如水喷溅状
°绿	绷			
°鬆	鬔		[方]鬔	
°泵	泵			
°錶	镚			
°踃	蹦			
	蚌		feȳ	
	堋		peý	

标字、音	原字、音	合并字、音	转注	标字诠释
bī				
º毘	pí	逼	毘-笓	逼义捕虾竹器。迫人无退路
º芘-	蓖bì			
º屁	屄			
º锟	锶			
º笓	篦bì			
	鲾		fú	鲾/鱼名
bí				
º畀	鼻			
º淠	濞bì			
	荸		bó	
bǐ				
比				
仳	pǐ			
芘		pí		
吡		pǐ		
º彼…	彼			
庇	bì			
沘				
妣				
玭	pín			
钍	pī			
秕				
蚍	pí			
舭				
笔				
º郫	鄙			
滗	bì			
	匕		biě	
	佊		pí	
	俾		beī	

标字、音	原字、音	合并字、音	转注	标字诠释
bì				
币				
°闹	闭			
°⿰𧾷币	▿髮			
必				
佖				
邲				
苾				
咇				
闷				
泌				
驶				
珌				
▿柲				
毖				
祕	mì			
铋				
秘				
°⿱弜毛	⿱弜毛			
飶				
毕		毕		
陛				
°荜	荜			
°哔	哔			
°饆	饆			
猑				
怿	pī			
°𨐨	鞸			
梐				
°筚	筚	觱，篳		觱-筚，篳-筚
°跸	跸			
畀				

标字、音	原字、音	合并字、音	转注	标字诠释
淠	pì			
°裨-	裨	pí		
痹				
箅				
°敀	碧			石上青绿纹理，借指青绿色
°壁	壁			
°避	避			
°臂	臂	bei		
°璧	璧			
	庇		bǐ	
	诐		pí	
	贲		feń	
	萆		beī	
	庳		beī	
	婢		beī	
	△睥		beī	
	髀		beī	
	敝		biè	
	蔽		biè	
	弊		biè	
	皕		sù	
	奰		beì	
	愊		fú	愊/愊忆
	湢		fú	
	腷		fú	
	煏		fú	
	愎		fù	
	弼		bɑǐ	
	蓖		bī	
	篦		bī	
	滗		bǐ	
	辟		pì	

标字、音	原字、音	合并字、音	转注	标字诠释
	薜		pì	
	嬖		pì	
	襞		pì	
	躄		pì	
	濞		bí	
	▿奰		bey̌	
bian̄				
°⿱自力	mò		⿱自力-劤	劤义勤也
°⿺辶⿱自力	边			
°⿰纟⿱自力	编			
°⿱⺮⿱自力	笾			
°⿰革⿱自力	鞭			
	砭		fá	
	萹		biaň	
	煸		biaň	
	蝙		biaň	
	鳊		biaň	
	箯		pián	
bián+				
卞	biaǹ			
抃	biaǹ			
苄	biaǹ			
忭	biaǹ			
汴	biaǹ			
biaň				
扁		稨，藊		稨-扁，藊-扁
匾				
萹		bian̄		
堆	piaň			
惼				
°⿰贝扁	贬			
煸	bian̄			

标字、音	原字、音	合并字、音	转注	标字诠释
碥				
褊				
蝙	biañ			
▿艑	biaǹ			
鳊	biañ			
	乏		fá	
biaǹ				
°幵	遍，niań		幵-年	千不胜数，借指到处
°玶	辨			
°玶	辩			
°玶	辫			
变				
°佊	便			
	卞		bián	
	抃		bián	
	苄		bián	
	忭		bián	
	汴		bián	
	弁		piñ	
	郱		piñ	
	昪		piñ	
	缏		pián	
	▿艑		biǎn	
biaō				
°示	mó			示义细小
°骠	骠	骉		
°标…	标			
°脲	膘			
°烋	熛			
°铩	镖			
°瘆	瘭			
°凬	飙	猋		风呼啸而上，喻风大、急速

标字、音	原字、音	合并字、音	转注	标字诠释
º傣	儦			
º蔍	藨			
º彪	彪			
º漉	瀌			
º钀	鑣			
º穮	穮			
	杓		ssaó	
	飑		baō	
	摽		biaò	
	幖		piaō	
biaǒ				
表				
俵	biaò			
婊				
脿				
裱				
	褾		biaò	
biaò				
º褁	褾biaǒ			衣服上的绲边
º摽	摽	biaō		
º鳔	鰾			
	俵		biaǒ	
biē				
º秕	bǐ	瘪	秕-秕	秕义不成粟也，瘪谷
º憋	憋			
º鳖	鱉			
bié				
º另	蹩		蹩-剐别	手脚扭伤状
º别-	别			
	乩		zzá	
biě				
匕	bǐ			

标字、音	原字、音	合并字、音	转注	标字诠释
庀	pǐ			
牝	piǹ			
▿疕	bǐ	瘪		
°庀	麀ioū			
biè				
°㡀	bì			㡀义衣破的样子
°㢼-	别		㢼-别	
敝	bì			
黹	zzǐ			
▲蔽	bì			
▲弊	bì			
▿▲嫳	piè			
bin̄				
兵	biȳ			
宾				
*梹-	槟	biȳ		
▲傧				
▲摈	biǹ			
▲滨				
▲缤				
▲殡	biǹ			
▲镔				
▲髌	biǹ	膑-髌		
	邠		fen̄	
	玢		fen̄	
	彬		biȳ	
	斌		ǔ	
	濒		biȳ	
	豳		tvń	
biň+				
秉	biy̌			

标字、音	原字、音	合并字、音	转注	标字诠释
biǹ				
°丙	tiaň		丙-舑簟	丙义以舌鉤取也，舌貌
°痖	病biỳ			
°鬓	鬓			
	摈		biṇ̄	
	殡		bin̄	
	膑	膑-髌	bin̄	
	髌		bin̄	
biȳ				
°仌-	冰			
°彡	彬bin̄			
°汃	濒bin̄			
	并		biỳ	
	屏		piý	
	栟		biỳ	
	兵		bin̄	
	槟		bin̄	
biy̌				
丙				
邴				
°㐭	禀			似人向上呈递，转指报告
°饼	饼			
柄				
°敀	屏			
昺				
炳				
蛃				
°鞆		鞞	[日]鞆	鞆/地名
	秉		biň	
biỳ				
并		biȳ		
井	piý			

标字、音	原字、音	合并字、音	转注	标字诠释
帡	piý			
洴	piý			
骈	pian̍			
姘	pin̄			
栟	biȳ	ben̄		
°胼	胼pian̍			
跰	pian̍			
	病		bin̍	
	摒		piý	
bō				
°叐…	播，bá			手播撒状。叐义狗跑貌
°刻	剥	baō		
°抜-	拨			
°玻…	玻			
°钹…	钵		鈸-钹	
波				
菠				
啵	bo			
铍				
	砵		beň	
	哱		bó	
	饽		bó	
	趵		ssaó	
	♩般		ban̄	
	鲅		fā	
	蕃		fan̄	
	嶓		fan̄	
bó				
爻	iaó			
°佼	伯			
°洨	泊			
驳				

标字、音	原字、音	合并字、音	转注	标字诠释
°桜	iaó	♩柏，榑		桜义桷，方形椽子。榑/榑栌
°砹	iaó	礴/磅礴		砹，石名，石不平状
°钗	铂			
°舣	舶			
孛	▿bó	beì		
勃				
荸	bí			
悖	beì			
哱	bō			
饽	bō			
浡				
桲		po		
°脖	脖			
鹁				
馞				
▿▲葧				
▲渤				
°専#…			専-专	
°博	博			
°搏	搏			
°膊	膊	髆-膊		
°▲薄	薄	bò		
	帛		bò	
	▿瓟		ssaó	
	钹		bá	
	袯		fā	袯/袯襫
	亳		haó	
	艴		fó	
	鲌		baí	
	箔		baí	
	馎		fò	馎/馎饦
	镈		fò	

标字、音	原字、音	合并字、音	转注	标字诠释
	⿱朿大		cì	
	踣		peí	
	襮		baò	
bǒ				
ᵒ⿱亠疋…	跛	⿺尢皮-跛		腿脚残疾状
ᵒ⿱竹疋…	⿱竹跛	bò		
bò				
帛	bó			
ᵒ⿰扌帛	擘			
	柏		baí	
	薄		bó	薄/薄荷
	檗	檗-柏	baí	
	⿱竹跛		bǒ	
bo-				
	卜		bǔ	
	啵		bō	
bū-				
阜	fù			
埠	bù			
	逋		pǔ	
	庯		pǔ	
	晡		pǔ	
bú				
布				
⿰土布				
怖				
ᵒ⿰酉布	醭			
bǔ				
卜		bo		
讣	fù			
扑…	捕，pū			
卟		哺		卟/卟吩

标字、音	原字、音	合并字、音	转注	标字诠释
朴	pò	piaó，pō		
补				
	鹔		pǔ	
	堡		baǒ	
bù				
不				
芣	fú			
抔	poú			
吥				
罘	fú			
钚				
°笨	簿			
蚾	peī			
步				
陟	zzì			
埗				
▲骘	zzì			
部				
蔀				
篰				
	布		bú	
	坲		bú	
	怖		bú	
	♩埔		pǔ	埔/地名
	▿俌		pǔ	
	埠		bū	
	瓿		peí	
cā				
乂	ì			
刈	ì	▿苅-刈		
°扠	擦		扠-扠	
°叹	嚓	ccā		

标字、音	原字、音	合并字、音	转注	标字诠释
°砐	礤			
cá+				
°余…	察ccá			人在树上张望，引申仔细看
茶	ccá			
°梌	檫ccá			
▲搽	ccá			
cǎ-				
	礤		ccǎ	
caī-				
	偲		sī	
	猜		ccaī	
caí				
才				
°札	裁			
材				
财				
豺	ccaí			
caǐ				
采		caì		
彩				
寀				
睬				
踩				
caì				
°镸	菜			地里生长的油菜貌
°菒	蔡			
°缥	▿縩			
	采		caǐ	
can̄				
°歺	è		歺-歹	歺义列骨之残也
°奴…	餐，cań		奴-叡	奴义残穿、穿凿，残败
▲粲	caǹ			

标字、音	原字、音	合并字、音	转注	标字诠释
▲鬖				
▲璨	caǹ			
	参		ccan̄	
	骖		ccan̄	
cań				
ᵒ⿸厂子…	孱，iuǹ	ccaǹ	⿸厂子-孕	身体护着的孩子，转指弱小
ᵒ⿰亻⿸厂子	僝ccaǹ			
ᵒ⿰忄⿸厂子	惭			
ᵒ⿰氵⿸厂子	潺ccaǹ			
ᵒ⿰歹⿸厂子	残			
ᵒ㕙…	蚕			虫产卵貌，转指蚕
谗	ccań			
搀	ccan̄			
馋	ccań			
caň				
ᵒ参	穇			谷类穇子，会意
ᵒ惨	惨	▽憯-惨		
ᵒ篸	篸		[方]篸	
ᵒ黪	黲			
caǹ-				
	灿		ccaǹ	
	掺		ccan̄	
	孱		cań	
	粲		can̄	
	璨		can̄	
caō				
ᵒ尓			[方]尓	尓义不大不小的
ᵒ⿰扌尓	操			
ᵒ⿰米尓	糙			
caó				
ᵒ曹-	曹			
ᵒ嘈	嘈			

标字、音	原字、音	合并字、音	转注	标字诠释
°漕	漕			
°槽	槽			
°碏	碏			
°螬	螬			
°艚	艚			
caǒ				
草				
°慅		懆/懆懆		慅义寂静，心乱
caò				
°仌…	▿肏			
°耖	耖ccaò			
caȳ				
*倉-	仓			
*傖-	伧			
*蒼-	苍			
*滄-	沧			
°鶬	鸧		鸧-鶬	
*艙-	舱			
caý				
°戚…	藏			藏匿宝贝状
蕆	ccaň			
ccā				
臿				
插				
歃	ssà			
锸				
差		ccà，cī		
嵯	cuó			
溠	zzà			
瑳	cuō			
槎	ccá			
瘥	ccaì	cuó；▿差-瘥		

标字、音	原字、音	合并字、音	转注	标字诠释
艖				
鹾	cuó			
	叉		ccà	
	△▽扠		ccà	
	杈		ccà	
	喳		ccá	
	馇		ccá	
	碴		ccá	碴/胡子拉碴
	嚓		cā	
ccá				
查		zzā		
喳	ccā			
嵖				
馇	ccā	zza		
猹				
楂		zzā		
碴		ccā		
糌				
	叉		ccà	
	茬		ccà	
	茶		cá	
	搽		cá	
	垞		zzaí	
	槎		ccā	
	察		cá	
	檫		cá	
ccǎ				
º 巵…	礤cǎ		巵-石	石有槽痕不平整，引申粗石
º锯	镲			
º踞	蹅			
	衩		ccà	

标字、音	原字、音	合并字、音	转注	标字诠释
ccà				
叉		ccā，ccá		
°艾	ccaī	茬；ccā		艾义古草名；草芽
▵▿扠	ccā			
汊				
°岔	岔			
杈		ccā		
钗	ccaī			
衩		ccǎ		
	侘		zzaí	
	诧		zzaí	
	恎		zzaí	
	姹		zzaí	
	刹		ssā	
	差		ccā	
ccaī				
°斤…	猜caī			斤两不确定，引申推测
°折…	拆			
°近	差			
	钗		ccà	
ccaí				
°朱	kvǹ	kvň		朱义门橛，门限，旧居；困
柴				
	侪		qí	
	豺		caí	
ccaǐ-				
	踖		xí	
	茝		í	
ccaì-				
	虿		wǹ	
	▿♩差	差-瘥	ccā	
	瘥		ccā	

标字、音	原字、音	合并字、音	转注	标字诠释
ccañ				
参	cañ	ceñ		
掺		caǹ，ssaň		
°幓…	襜	幨-襜		
骖	cañ			
碜	cceń	伧ccen-碜		
	讪		ssañ	
	觇		zzaǹ	
	梴		iań	
	搀		cań	
ccań				
°单	单			甲骨文“单”字整理
°婵	婵			
°禅	禅	ssaǹ		
°蝉	蝉			
°廛-	廛			
°𬇙	瀍			
缠				
°蟾	蟾			
°躔	躔			
	鋋		iań	
	谗		cań	
	馋		cań	
	孱		cań	
	僝		cań	
	潺		cań	
	澶		liň	
	镡		tań	
	儳		tù	
	巉		tù	
	镵		tù	

标字、音	原字、音	合并字、音	转注	标字诠释
ccaň				
产				
°⿰讠产	谄			
°⿵门产	阐			
浐				
°⿰马产	骣	zzaǹ		
铲		♩刬-铲		
	⿱日山		ccaǹ	
	啴		daā	
	燀		daā	
	⿰革展		zzaň	
	蒇		caý	
ccaǹ				
°⿱日山	ccaň	♩刬/一刬	[方]一刬	⿱日山义日光照
°⿰扌⿱日山	羼			
°⿰忄⿱日山	忏			
°⿰火⿱日山	灿	caǹ	(台)⿰火⿱日山	⿰火⿱日山/人名
°⿰⿱日山页	颤			
°⿰革⿱日山	韂			
ccaō				
°⿱⺌丂	超			跨越障碍貌
°⿰扌⿱⺌丂	抄			
°⿰纟⿱⺌丂	绰			
°⿰火⿱⺌丂	焯			
°⿰钅⿱⺌丂	钞			
	吵		ccaǒ	
	怊		ssaò	
	弨		ssaò	
	剿		ccaó	
ccaó				
°⿱巛木…	巢			
°⿰⿱巛木刂	剿ccaō			

标字、音	原字、音	合并字、音	转注	标字诠释
°缲	缫saō	缲-缫		
°卓			卓-卓	
°淖-	潮			
朝				
▲嘲				
	晁		taó	晁/姓氏
ccaǒ				
°尛	炒			火上翻动状，会意
°吵	吵	ccaō		
°麨	麨			
ccaò-				
	耖		caò	
ccaȳ				
昌				
倡	▿ccaȳ	ccaỳ		
菖				
猖				
阊				
娼				
鲳				
	伥		ccaý	
ccaý				
°尝	常			堂内有物一二，引申平常
尝				
°嫦	嫦			
▲偿				
▲鲿				
*長	长			
*倀	伥ccaỳ			
*萇	苌			
*悵	怅ccaỳ			
°脹…	肠		脹-胀	

标字、音	原字、音	合并字、音	转注	标字诠释
	场		ccaў	
	倘	♩倘-徜	ssaỳ	
	徜		ssaỳ	
	裳		ssaỳ	
ccaў				
°氅	氅			羽毛大衣貌
°厂	厂			
场		ccaý		
°敞	敞			
砀	daỳ			
	张		zzaў	
	昶		ioў	
	惝		ssaỳ	
ccaỳ				
°昌	畅			阳光浴体，转指舒展、通达
°唱	唱			
°鬯	鬯			
	玚		iaý	
	怅		ccaý	
	韔		zzaў	
	倡		ccaȳ	
ccē				
车		▿伡-车		
库	ssè			
咔				
砗				
ccě				
°扯				
	尺		ccǐ	
ccè				
°坆…	撤		坆-梅坆	离开土地，转指退走
°彻	彻			

标字、音	原字、音	合并字、音	转注	标字诠释
°⿰氵攵	澈			
°⿱夫手	掣			
°⿰目攵	瞰			
	坼		ccì	
cceñ				
°臾	抻	抻-抻		两边拉伸，借指拉细、拉长
°⿰口臾	嗔			
°腴	瞋			
°⿰目臾	瞋			
	郴		cvñ	郴/地名
	绑		liń	
	芩		jñ	
	琛		señ	
ccefi				
臣				
°⿰阝臣	陈			
°⿰忄臣	忱			
▲嚚	iń			
尘				
°⿰氵尘	沉	沈-沉		
辰				
唇	ccvń			
°⿰氵辰-	▿漘ccvń			
宸				
晨				
蜃	sseǹ			
	梣		ceń	梣/树名
	⿰今鸟		ceń	
	谌		seǹ	
	煁		seǹ	
cceň-				
	跄	跄-踸		seǹ

标字、音	原字、音	合并字、音	转注	标字诠释
	碜		ccan̄	
	踸		seǹ	
cceǹ				
°匕	谶			
°趂	趁			
	衬		cuǹ	
	疢		huǒ	
	龀		hẁ	
	称		cceỳ	
	倷		qn̄	
	榇		qn̄	
ccen-				
	伧		ccan̄	♩伧/寒伧-寒碜
cceȳ				
°爯…	撑	牚-撑	爯-称	用手支撑貌
偁-	称			
°嗩	噌	ceȳ		
°瞷		瞠	(台)瞷	瞷/人名
	柽		sseỳ	
	蛏		sseỳ	
	琤		zzeȳ	
	铛		daȳ	
	赪		zzen̄	
	樘		taý	
cceý				
°丞…	乘		丞-承拯	借水乘船，喻用车船等代步
丞				
承				
▲巹	jň			
▲°惩…	憕			
°▲梃…	橙			
▲烝	zzeȳ			

标字、音	原字、音	合并字、音	转注	标字诠释
成				
郕				
诚				
城				
△▽宬				
宬				
珹				
晟		sseỳ		
盛				
铖				
呈				
郢	iy̌			
埕				
逞	ccey̌			
º浧-	澄	瀓-澄		
珵				
程				
裎		ccey̌		
酲				
鞓	tiȳ			
	枨		ceý	
	惩		ccey̌	
	塍		teỳ	
ccey̌				
º㣺…	惩cceý			似虫折腿，引申处罚
º骋	骋			
	逞		cceý	
	裎		cceý	
	庱		liý	
cceỳ				
º平…	牚，roy̌			斜撑貌，借指斜柱
º秤	秤	称-秤；cceǹ		

标字、音	原字、音	合并字、音	转注	标字诠释
°跒	蹭ceỳ			
ccī				
°乞…	痴			跪地拱手相求，转指迷恋
°吃	吃			
°肐	胵			
°盵	眵			
	郗		xī	
	绨		xī	
	瓻		xī	
	哧		ccì	
	鸱		dǐ	
	蚩		cī	
	嗤		cī	
	媸		cī	
	笞		taí	
	摛		lí	
	螭		lí	
	魑		lí	
ccí				
°尺	持			人手握貌，会意
°坭	墀			
°泥	池			
°迟	迟			
°弫	弛			
°驲	驰			
	坻		dǐ	
	茌		ssì	
	匙		ssì	
	漦		vì	
	篪		ccwī	
	踟		zzī	

标字、音	原字、音	合并字、音	转注	标字诠释
ccǐ				
尺				
°伬		侈，尺ccě-伬		伬义古记音符号
呎…	哆			呎→英尺
°豉	豉			
齿				
°恥	耻			
啮	niè			
	胣		tuō	
	褫		ccwī	
ccì				
斥				
坼	ccé			
°听	叱			
°彳斥	彳			
柝	tuò			
°鸼		鹇		鸼义小雀
°翨	翅			
跅	tuò			
赤				
郝	haǒ			
°侪…	傺	憏-傺		
哧	ccī			
赩	xì			
▲螫	ssì			
	佁		taí	
	眙		taí	
	饬		ssaȳ	
	抶		ssī	
	炽		zzǐ	
	敕		ssù	
	痓		zzì	

标字、音	原字、音	合并字、音	转注	标字诠释
	啻		dì	
	瘈		qì	
	瘛	瘛-瘈	qì	
ccoū				
º由	犨			牛鼻喘息貌
º抽	抽			
º痛	瘳			
	搊		zoū	
	▿筜		zoū	
	䌷		ioú	
ccoú				
仇		qoú		
º㤘	愁			
º雠	雠			
º荐	筹			刻有尺寸的小棍堆，喻筹码
º俦	俦			
º帱	帱	焘daò；daò		焘daò-帱daò
º悖	俦			
º畴	畴			
º酵	酬			醻-酬
º踌	踌			
	▵♩䌷	䌷-绸	coú	
	惆		coú	
	绸		coú	
	椆		zzoū	椆/地名
	稠		coú	
	裯		coú	
ccoǔ				
丑				
杻		nioǔ		
*田-	瞅	俶-瞅		
岨	niù			

标字、音	原字、音	合并字、音	转注	标字诠释
▲俞				
▲猡	nɑó	巎-猡		
ccoù				
臭				
殠				
ccoȳ				
充				
º 浺	冲	ccoỳ		
茺				
º 恱		憧		恱义心动
浺				
琉				
▿眆	ccoỳ			
º 罿	▿罿			
铳	ccoỳ			
º 舧	艟			
	忡		ccoý	
	狆		zzoȳ	
	涌		ioỳ	
	舂		ccoỳ	
	摏		ccoỳ	
	惷		ccoỳ	
ccoý				
虫				
º 蝩	重			千虫相叠，借指重复
º 忡-	忡ccoȳ			
	种		zzoȳ	
	崇		coý	
	漴		coý	
ccoy̌				
宠				

标字、音	原字、音	合并字、音	转注	标字诠释
ccoỳ				
º臿…	舂ccoȳ			用棍在臼中捣腾状
º揷	摏ccoȳ			
º悥	惷ccoȳ			
	冲		ccoȳ	
	▿腕		ccoȳ	
	铳		ccoȳ	
ccū				
出				
诎	qū			
邮				
拙	zzuō			
饳	duò			
屈	qū			
绌	ccù			
朏	feǐ			
º袖	jý	初；nà		袖义没有边饰的短衣；带襦
粜	tiɑò			
▴蓾	qū			
▴堀	kū			
	貙		qū	
	摴	摴-樗	kvī	
	樗		kvī	
ccú				
º豆	橱			放置豆子处，喻置物的家具
厨				
º鸱	雏			
º钜	锄			
º蚯	蜍			
▿▴幮				
▴蹰		躇-蹰		
	刍		zoū	

标字、音	原字、音	合并字、音	转注	标字诠释
	菆	菆-刍	zoū	
	鸲		zoū	
	除		cú	
	滁		cú	
	篨		cú	
ccǔ				
处		ccù		
°伆	储			
°杒	杵			
°尢…	础		疋-脚匹	树木的下面，转指根基
楚				
°齼	齼			
▲濋				
	楮		zzě	
	褚		zzě	
ccù				
°亍…		矗	亍-出	山高耸入云，转指高高耸立
°扸	搐			
°忈	怵	憷	[方]憷	
°犭	畜			
°觕	触			
°黜	黜			
	亍		haý	
	处		ccǔ	
	绌		ccū	
	柷		xoȳ	
	俶		ssū	
	諔		ssū	
	琡		ssū	
	滀		xù	
	歜		sǔ	
	斶		sǔ	

标字、音	原字、音	合并字、音	转注	标字诠释
ccuō				
▿辵	ccuò			
°[illegible]	戳			
°[illegible]	龊ccuò			
	逴		zzuó	
	踔		zzuó	
ccuò				
叕	zzuó			
剟	duō			
[illegible]	duō			
掇	duō	▿敠-掇		
惙				
啜		ccwì		
辍				
裰	duō			
醊	zzvì			
▲歠				
	▿辵		ccuō	
	娖		zú	
	龊		ccuō	
	婼		ruó	
	绰		zzuó	
	婥		zzuó	
ccvī				
°夂…	毳cvì		夂-久	体表的细毛状
°[illegible]	吹			
°[illegible]	炊			
ccví				
垂				
倕				
陲				
埵	duǒ			

标字、音	原字、音	合并字、音	转注	标字诠释
捶				
棰		♩椎，槌		
锤				
	♩圌		dwn̄	圌/地名
ccvn̄				
春				
堾				
瑃				
椿				
蝽				
鰆				
	輴		dvǹ	
ccvń				
°屯…	jv́	莼	屯-屯	漂浮的草，特指莼菜
°沌	淳			
°纯	纯			
°鸩	鹑			
°酏	醇			
	脣		cceń	
	▿漘		cceń	
	錞		xaý	
ccvň				
°蚕…	蠢，zaǒ			虫大而笨，转指愚蠢
ccw̄				
°风	daì	欻；huǒ	风-火	风义火发色；火发声
ccwī				
虒	sī	♩揣		虒/地名
搋				
鷉	tī			
褫	ccǐ			
篪	ccí			

标字、音	原字、音	合并字、音	转注	标字诠释
▿ccwí-				
	▿腄		ccwì	
ccwǐ				
°品	喘ccwň			
°揣	揣	圌；ccwì		
ccwì				
°耑	嘬			须上口开，转指咬、吃
°腨	膪	▿腄ccwí		
°踹	踹			
	圌	圌-♩揣	ccwǐ	
	揣		ccwǐ	
	啜		ccuò	
ccwn̄				
川				
圳	zzeǹ			
紃	xvń			
氚				
钏	ccwǹ			
°穿	穿			
ccwń				
°㕣…	iaň			㕣义山间泥沼地
°佁	传			
°抬	攒cwń			
°枱	椽			
铅	iań			♩铅/地名
船				
	▿圌	圌-篅	dwn̄	
	遄		dwn̄	
	篅		dwn̄	
ccwň-				
	舛		svǹ	
	荈		svǹ	

标字、音	原字、音	合并字、音	转注	标字诠释
	▿僢	▿僢-舛	svǹ	
	踳	踳-舛	svǹ	
	喘		ccwǐ	
ccwǹ				
串				
窜	cwǹ			
▴撺	cwn̄			
▴镩	cwn̄			
▴蹿	cwn̄			
	钏		ccwn̄	
ccwȳ				
º囱				囱义孔穴
º痌	疮			
º窗	窗			
	创		ccwỳ	
	扨		coý	
ccwý				
床				
º㖸-	噇		[方]噇	
º㡖	幢			
ccwy̌				
闯				
ccwỳ				
º㑊…	怆		㑊-仓	人手遮面，转指悲伤
º刅…	创	ccwȳ	刅-割	
º沧…	沧			
cé+				
则	zé			
厕	cè			
侧	cè	zzaī		
恻	cè			
测	cè			

标字、音	原字、音	合并字、音	转注	标字诠释
鲗	zeí	▵▿zé		
cè				
*冊-	册	coý		冊coý，义孔
°笧	策			
	厕		cé	
	侧		cé	
	恻		cé	
	测		cé	
	▿箣		cì	
ceì-				
	▿瓻		cvì	
ceñ-				
	参		cañ	
ceń				
岑				
涔				
梣	cceń	qń		
鹁	cceń			
ceȳ-				
	噌		cceȳ	
ceý				
°冐-	曾		曾-冐	种田的日子，喻以前的经历
°嵋	嶒			
°層	层			
°榴	枨cceý			
ceỳ-				
	蹭		cceỳ	
cī				
蚩	ccī			
嗤	ccī			
滍	zzì			
媸	ccī			

标字、音	原字、音	合并字、音	转注	标字诠释
	刺		cì	
	呲		cǐ	
	▿玼		cǐ	
	疵		cǐ	
	跐		cǐ	
	骴		cǐ	
	差		ccā	
	粢		cí	
cí				
°司…	辞		司-司	开口有平仄，借指言语
°询	词			
°祠	祠			
次	cì			
佽	cì			
茨				
瓷				
恣	zì			
粢	cī	zī		
趑	zī			
▿▲赍				
°茲	兹			
°慈	慈			
°磁	磁			
°鹚	鹚			
°糍	糍			
	茈		cǐ	茈/凫茈
	雌		cǐ	
cǐ				
此				
茈	cí	zǐ		
▿呰	zǐ	▿呰-呰		
呲	cī	龇；zī		呲zī-龇zī

标字、音	原字、音	合并字、音	转注	标字诠释
泚				
玼		▽cī		
赀	zī			
砦	zzaì			
眦	zì			
疵	cī			
胔	zì			
觜	zī			
訾	zī	zǐ		
跐		cī		
龇	zī			
雌	cí			
鮆				
骴	cī			
cì				
朿				
刺		cī		
洓	qì			
°⿰贝朿	赐			
棘	jí			
▲莿				
▲僰	bó			
▽▲箣	cè			箣/箣竹
	次		cí	
	佽		cí	
	伺		sī	
coú+				
°周…	裯ccoú			支撑起的床帐
°惆	惆ccoú			
°绸	绸ccoú	▵紬-绸		
°稠	稠ccoú			

标字、音	原字、音	合并字、音	转注	标字诠释
coù				
º 奏…	凑			似水汇在一起,转指聚集
º 辏	辏			
º 腠	腠			
coȳ				
匆				
º 茐-	葱			茐，葱的“二简字”
囱				
*悤-	聪		悤-聪匆	
▲骢				
▲璁				
▲熜				
	苁		coý	
	玐		coý	
	枞		coý	
	钬		coý	
coý				
从				
丛				
苁	coȳ	蓯		苁/苁蓉
扨	ccwȳ			
玐	coȳ			
枞	coȳ	zoȳ		
钬	coȳ			
º 宗	崇ccoý			
疭	zoỳ			
º▲淙	淙	潀ccoý		
	悰		zoȳ	
	琮		zoȳ	
	賨		zoȳ	
	潨		jù	

标字、音	原字、音	合并字、音	转注	标字诠释
cū				
°奀…	粗			丝大，转指粗。奀义兽迹
cú				
除	ccú			
滁	ccú			
篨	ccú			
	徂		qě	
	殂		qě	
cù				
°趸	蹴			踢踏貌
°侟	促			
°恇	▿慽			
°疩	▿瘄		[方]痉	
°颋	颇	蹙		
°酢	醋	♩酢		
	卒		cvì	
	猝		cvì	
	蔟		zú	
	簇		zú	
	踧		ssū	
cuō				
°丢	撮			用手工作，引申摘取、摘录
°掘	搓			
°硓	磋			
°跹	蹉			
	瑳		ccā	
cuó				
°兊…	矬		兊-兕	人坐凳上如小儿，转喻矮
°铳	锉cuò			
°瘊	痤			痤/痤疮
	嵯		ccā	
	瘥		ccā	

标字、音	原字、音	合并字、音	转注	标字诠释
	鹾		ccā	
	酇		zaǹ	
cuǒ				
°关…	脞			大上面的两小人，转指细小
°挨	挫cuò			
cuò				
°茔	厝		[方]厝	将衣物堆放入柜，借指放置
°措	措			
°锆	错			
	剒		xí	
	棤		xí	
	莝		zuò	
	挫		cuǒ	
	锉		cuó	
cvī				
°崔	崔			
°鄀	酅xī			
°催	催			
°摧	摧			
°獕	▿獕			
°缯	svì			
°蠸	蠵xī			
°觹	觿xī			
	衰		sswī	
	缞		sswī	
	榱		sswī	
cvǐ				
°岩	皠			草染白霜，借指洁白
°淆	漼			
°瑎	璀			
cvì				
卒	cù	猝-♩卒		

标字、音	原字、音	合并字、音	转注	标字诠释
倅				
谇	svì			
萃				
悴				
啐				
崒	zú			
淬				
䌣				
晬	zvì			
*脺	脆	膵	脺-膵	膵/膵脏
▿[illegible]	ceì			
碎	svì			
▿睟	svì			
瘁				
窣	sū			
粹				
翠				
	毳		ccvī	
cvn̄				
村		邨-村		
°[illegible]	[illegible]cceñ			
°茇	皴			
	踆		jvǹ	
cvń				
存				
°[illegible]	蹲		[方]蹲	
cvň-				
	▿刌		cvǹ	
	忖		cvǹ	
cvǹ				
寸				
▿刌	cvň			

标字、音	原字、音	合并字、音	转注	标字诠释
忖	cvň			
衬	cceǹ			
酎	zzoù			
	吋			吋→英寸
cwn̄				
汆				
	撺		ccwǹ	
	镩		ccwǹ	
	蹿		ccwǹ	
cwń-				
	酂		zaǹ	
	攒		ccwń	
cwǹ				
°氽…	爨		氽-赤	烧火的灶貌
°篡	簒			
	窜		ccwǹ	
dā				
*荅-		dá		
°剳-	劄zzá			
搭				
嗒		tà		
溚	dá			
锴				
瘩	dá	疸-瘩；da		
褡				
鞳	tà			
	哒		dǎ	
	耷		dà	
	▿膪		dà	膪/肥膪膪
	哒		dá	
dá				
达				

标字、音	原字、音	合并字、音	转注	标字诠释
亣	tà			
荙				
垯	da			
挞	tà			
哒	dā			
闼	tà			
溚	tà			
绔	da			
硔		tǎ		
鈂				
跶	da			
鞑				
	打		dǎ	
	怛		daǹ	
	妲		daǹ	
	炟		daǹ	
	笪		daǹ	
	靼		daǹ	
	沓		tà	
	答		dā	
	♩溚		dā	溚/地名
	瘩		dā	
	阘		tá	
dǎ				
打		dá		
咑	dā			
dà				
大		daì		
汏				
杕	dì			
軑	daì			
耷	dā	▿膪		

标字、音	原字、音	合并字、音	转注	标字诠释
da-				
	垯		dá	垯/圪垯
	繨		dá	
	跶		dá	
	疸	疸-瘩	dā	
	瘩		dā	
daī				
呆		♩待-呆		
	呔		daǐ	
daí+				
带	daì			
嵽	dié			
殢	tì			
螮	dì			
daǐ				
歹				
°迈	逮	daì		
*吙-	呔daī			
	傣		taì	
daì				
弋	ì			
°式	戴			
代				
°代…	待,ì		代-行	
杙	ì			
甙				
鸢	iwn̄			
𫓧	ì			
°䘝	ì	襶		䘝义衫，黑衣
°蚮-	蟘tè			
▲垈				
▲岱				

标字、音	原字、音	合并字、音	转注	标字诠释
▲玳				
▲贷				
▲垈	jaǹ			
º▲岱	tè	怠		岱义失常
▲袋				
▲紟				
º▲黛	黛	黱-黛		
	大		dà	
	轪		dà	
	诒		taí	
	骀		taí	
	迨		taí	
	绐		taí	
	殆		taí	
	带		daí	
	埭		nī	
	逮		daǐ	
	逮		nī	逮/叇逮
dan̄				
丹				
º仴…	儋			
º抍…	担			
▲栴	zzan̄			
单		ssaǹ		
倬	daǹ			
郸				
墠	ssaǹ			
掸	ssaǹ			
啴	ccaň			
殚				
燀	ccaň			
磾	dí			磾/人名

标字、音	原字、音	合并字、音	转注	标字诠释
瘅		daǹ		
禅				
箪				
觯	zzì			
	眈		dań	
	耽		dań	
	酖		dań	
	聃		raň	
	甀		zzan̄	
dań+				
°冘	iń	ioú	冘-犹	冘义行进
统	daň			
眈	dan̄			
鸩	zzeǹ			
耽	dan̄			
°髧…	▿髧daǹ			
酖	dan̄	zzeǹ		
daň				
°黕	黕			烟囱里的烟，借指乌黑
°撣…	掸	▿担-掸		
°膽	胆			
	统		dań	
	疸		daǹ	
	赕		iań	
	▿崴		xań	
	亶		liň	
daǹ				
旦				
但		♩亶-但		
担				
怛	dá	惮		惮、怛义都含畏惧、害怕
°沮		澹		沮义蔬菜放水稍煮后再加工

标字、音	原字、音	合并字、音	转注	标字诠释
°弫	弹			
组	zzaǹ			
妲	dá			
炟	dá			
疸	daň			
疍		蛋		
笪	dá			
靼	dá			
°夹…	诞，taó		夹-套	张腿复制，引申新生命出生
°唊	啖	▿啕-唊		
°浃	淡			
°氦	氮			
°脥	膻			
	僤		daō̄	
	瘅		daō̄	
	萏		xaǹ	
	▿躭		dań	
	憺		zzaō̄	
	▿贉		tań	
	禫		tań	
daō				
刀				
忉				
叨		daó，taō		
▵▿汈				
°氘	jī	氘/化学	氘-刉	刉义刺杀，断切、割…
舠				
鱽				
daó				
到	daò			
倒	daò			
捯				

标字、音	原字、音	合并字、音	转注	标字诠释
	叨		daō	
daŏ				
导				
°祒	祷			
°跱	蹈			
岛				
°偒	倒			
捣				
daò				
°旨…	纛			羽毛织的饰物、旗帜
°佾	盗			
°悄	悼			
°道	道			
°稍	稻			
	到		daó	
	倒		daó	
	帱		ccoú	
	♩焘	焘-帱	ccoú	
daȳ				
当				
珰				
铛		cceȳ		
裆				
蛸				
筜				
daў				
党				
傥	taў			
谠				
°挡-	挡	daỳ		
榄				
镋	taў			

标字、音	原字、音	合并字、音	转注	标字诠释
daỳ				
°当	当			十分合手，转指合适、恰当
°垱	垱			
°洁	荡	凼		
°档	档			
宕		▵▿taǹ		
菪				
°凼…	凼	氹		
	砀		ccaÿ	
	挡		daÿ	
	璗		taỳ	
dē-				
的	dī, dí, dì	底de；de		底de-的de
菂	dì			
°啲…	嘚，dī			啲义少许，若干
dé				
°亩	▿嘚dè			网撒的十分开，转指炫耀
°▴德				
	得		deí	
	锝		deí	
dè-				
	▿嘚		deí	
de-				
	地		di	
	的		deī	
	底	♩底-♩的	deī	
	得		deí	
	膩		tvī	
deī-				
		嘚	deí	
deí+				
°导			导-得碍	导又义止也

标字、音	原字、音	合并字、音	转注	标字诠释
得	dé	de，deǐ		
锝	dé			
▲嘚	deī	▿dè		
deǐ-				
	得		deí	
deǹ				
°屯…	扽			固定一头，用力拉另一头貌
°炖	炖dvǹ			
°砘	砘dvǹ			
°钝	钝dvǹ			
°顿	顿dvǹ	dú		
deȳ				
°⿱癶口	噔			沉重的脚步声
登				
°⿰火⿱癶口	灯			
°⿰王⿱癶口	璒			
°⿰钅⿱癶口	镫			
▲簦				
▲蹬		deỳ		
dey̌				
°寺…	等			立于寸土，转指等待
°⿰石寺	磴deỳ			
°秲	戥			
deỳ				
°⿱癶儿	凳			屁股下的无靠椅，转指凳子
°⿰⿱癶儿阝	邓			
°⿰山⿱癶儿	嶝			
°⿰氵⿱癶儿	澄			
°⿰目⿱癶儿	瞪			
°⿰钅⿱癶儿	镫			
	磴		dey̌	
	蹬		deȳ	

标字、音	原字、音	合并字、音	转注	标字诠释
dī				
°氐…	°啲		[方]啲	手掌上的纹，喻少许、若干
°仾	低			
°坻	堤			
°抵	提			
	氐		dǐ	
	羝		dǐ	
	的		dē	
	磾		dɑn̄	
	嘀		dí	
	滴		dí	
	镝		dí	
	鞮		ssì	
dí				
°曲	迪			曲目诱人，借指引导
°浀	涤			
°笛	笛			
狄				
荻				
逖	tì			
髢				
°啇	嫡			堂屋中的女人，借指正妻
°嘀	嘀	dī		
°滴	滴dī			
°敵	敌			
°镝	镝	dī		
°蹢	蹢			
	的		dē	
	籴		rù	
	頔		ioú	
	觌		dú	
	髢		dì	

标字、音	原字、音	合并字、音	转注	标字诠释
	翟		rǔ	
dǐ				
氐		dī		
邸				
诋				
坻		ccí		
茋		zzǐ		
抵				
底				
泜	zzī			
柢				
°胝	胝zzī			
祗	zzī			
砥				
鸱	ccī			
羝	dī			
跃	zzī			
骶				
dì				
°廿	髢	dí	廿-也	丝发混合，转指假发
°坔	地	▿墬-地；de		
°弔#…			弔-吊弔	
弟				
第				
▴悌	tì			
▴递				
▴绨	tí	tì		
▴娣				
▴睇				
▴鹈	tí			
帝				
谛				

标字、音	原字、音	合并字、音	转注	标字诠释
蒂				
啻	ccì			
递	tí			
婂				
缔				
琋				
禘				
碲				
	玓		ssaó	玓/玓瓅
	杕		dà	
	的		dē	
	菂		dē	
	棣		nī	
	螮		daí	
	踶		ssì	
diǎ				
°爹…	嗲		爹-谷	长辈膝下开口，借指撒娇声
dian̄				
°真	巅			十字架在上面，转指顶端
°掮	攧			
°滇	滇			
°瘨	癫			
°颠	颠			
	▵战	战-掂	diaǹ	
	掂		diaǹ	
	傎		zen̄	
	蹎		zen̄	
dian̗+				
°奠…	奠diaǹ			抬棺貌，借指祭祀逝者
dian̆				
典				
▵▿掶	tian̆			

标字、音	原字、音	合并字、音	转注	标字诠释
倎	tiaň			
淟	tiaň			
晪	tiaň			
觍	tiaň	靦tiaň-觍		
°腆	腆tiaň			
碘				
点				
°踮…	跕			
diaǹ				
电				
°佃…	佃			
°坔	甸			
店				
掂	diaň	△敁-掂		
惦				
°玷	玷			
°屇…	垫		屇-臀殿	床上睡人的草席，转指铺垫
°淀	淀			
殿				
°簟	簟			
▲癜				
	阽		zzaǹ	
	坫		zzaǹ	
	扂		liú	
	钿		tiań	
	琔		diỳ	
	靛		diỳ	
	奠		diań	
diaō				
刁				
°汈	凋			
叼				

标字、音	原字、音	合并字、音	转注	标字诠释
汈				
°彡	*彫	*琱		用刀刻画
°矴	碉			
°豹	貂			
°鲂	鲷			
°雉	雕			
diaó+				
吊	diaò			
铞	diaò	♩铫		
diaǒ				
屌		♩鸟-屌		
diaò				
°匇…	掉			包裹下落，会意
°询	调			
°钩	钓			
	吊		diaó	
	铞		diaó	
	蓧		tiaó	
	寫		niaǒ	
diē				
°爹	爹			似长胡须的父亲
°跢	跌	▿跕-跌		
dié				
°枼…	iè	迭	枼-叶	树木年复一年，引申轮流
谍				
堞				
揲		ssé		
▿惵				
喋		zzá		
渫	xè			
屧	xè			
媟	xè			

标字、音	原字、音	合并字、音	转注	标字诠释
楪				
牃				
碟				
蝶				
艓				
蹀				
鲽				
	垤		zzì	
	咥		zzì	
	绖		zzì	
	耋		zzì	
	螲		zzì	螲/螲蟷
	昳		ssī	
	瓞		ssī	
	崻		dɑí	
	叠		diè	
	氎		diè	
diè+				
º叒…	ruò	叠	叒-若	三手相叠，喻累积、重复
º毲	氎dié			
diȳ				
丁				
仃				
订	diỳ			
圢	tiỷ			
叮				
饤	diỳ			
玎				
盯				
町		tiỷ		
钉		diỳ		
疔				

标字、音	原字、音	合并字、音	转注	标字诠释
耵				
酊		diy̌		
靪				
diy̌				
°尒…	鼎		[韩]尒-尔	三足鼎貌，借指鼎
°宩	顶			
	酊	diȳ		
diỳ				
定				
萣				
啶				
琔	diaǹ			
°腚	腚			
碇				
锭				
靛	diaǹ			
	订		diȳ	
	饤		diȳ	
	钉		diȳ	
	铤		tiý	
dioū				
丢				
铥				
doū				
°兜…	兜			肩负网兜，引申装东西的包
°蔸	蔸			
°篼	篼			
都		dū		
嘟	dū			
	𠯿		zoǔ	
doú+				
毒	dú			

标字、音	原字、音	合并字、音	转注	标字诠释
碡	zzoú			
doǔ				
斗				
阧		陡-阧		
抖				
枓				
钭		toǔ		
蚪				
doù				
°斗…	斗			拳头交织，转指对打
°⿰女斗	妒dù			
°枓	杜dù			
°⿰月斗	肚dù			
°钭	钍dù			
豆				
剅	loù			
逗		♩读-逗		
饾				
°脰	脰			
痘				
⿱穴豆				
⿰礻豆	ssù			
	酘		meī	
	窦		dú	
doȳ				
冬				
佟	toý			
咚				
峒	toý			
终	zzoȳ			
柊	zzoȳ			
氡				

标字、音	原字、音	合并字、音	转注	标字诠释
▲螽	zzoȳ			
*東-	东			
*崬-	岽			
º鶇	鸫		鶇-鸫	
*蝀-	蛛			
doy̌				
º垩	董			反复察量土地，转指督查
º慬	懂			
doỳ				
º円…	iwń	硐	[日]円-圆	窑洞貌
º侢	侗			
º怬	恫			
º泗	洞			
º肥	胴			
东…	动，doȳ			车轮不停运转貌，引申动
冻				
栋				
胨				
	垌		toý	
	峒		toý	
dū				
º叔…	豖			手持棍棒点染，会意
º屐	冢		[方]冢	
º督	督			
	都		doū	
	嘟		doū	
	阇		zzě	
dú				
卖…	独；maì			头顶皇冠，转指唯一
读				
渎				
椟				

标字、音	原字、音	合并字、音	转注	标字诠释
觌	dí			
牍				
赎	ssú			
犊				
窦	doù			
°髌	髑			
°黩	黷			
▲读				
	毒		doú	
	顿		deǹ	
dǔ				
°圡…	堵		圡-土	用土填，引申阻挡、堵塞
°⿰贝圡	赌			
°⿰月圡…	肚			
°⿰目圡	睹			
°⿱⺮圡	笃			
dù				
度		duó		
渡				
镀	duó			
°蝮…	蠹			
踱	duó			
	芏		tǔ	
	杜		doù	
	肚		doù	
	钍		doù	
	妒		doù	
	斁		zé	
duō				
多				
哆		咄		哆/哆嗦
栘	í			

标字、音	原字、音	合并字、音	转注	标字诠释
廖	í			
°黟	黟ī			
	剟		ccuò	
	埾		ccuò	
	掇		ccuò	
	△敠	敠-掇	ccuò	
	裰		ccuò	
duó				
夺		▽敓-夺		
°泽	泽		[方]泽	
°铎	铎			
	度		dù	
	踱		dù	
duǒ				
朵				
°郲	奲	鬌-奲		
垛				
哚				
躲				
	埵		ccví	
duò				
°尮	堕			几案下行，喻坠落、掉下来
°刴	剁			
°垜	垛			
°惰	惰	▽媠-惰		
°驮	驮			
°柮	柮		[方]柮	
°舵	舵；mù	杕△▽柁-舵		
°跥	跺			
	饳		ccū	
	▽柂		tuō	

标字、音	原字、音	合并字、音	转注	标字诠释
dvī				
°自				自义聚土
°垍-	堆			
°饳	▿馆			
dví+				
兑	dvì			
侻	tuō	tvì		
挩	tuō			
帨	ssvì			
棁	zzuō			
dvì				
对				
°肘…	队		肘-兑市	
怼		憝		
	兑		dví	
	祋		meī	
	敦		dvň	
	錞		xaý	
	镦	♩镦-♩錞	xaý	
	碓		zzvī	
dvň				
°亯…	吨		亯-享	似地秤称重，引申重量单位
°堷…	墩			
°揞	撴		[方]撴	
*愔-	惇			
*敨-	敦	dvì		
°碚	礅			
°锫	镦	驐-镦		
°踣	蹲			
	蹾		dvǹ	
dvň				
°丆	▿不	𣥉		不/不子，矮木头

标字、音	原字、音	合并字、音	转注	标字诠释
°盹	盹			
dvǹ				
盾				
遁				
楯		ssvň		
輴	ccvn̄		dvǹ	
°腯	腯tú			
°踲		蹾dvn̄	踲-遁	
	囤		tvń	
	沌		tvń	
	炖		deǹ	
	砘		deǹ	
	钝		deǹ	
	顿		deǹ	
dwn̄				
耑				
圌	ccví	▿ccwń		圌ccwń-篅
遄	ccwń			
猯	twn̄			
端				
颛	zzwn̄			
篅	ccwń			
dwň				
°矦…	短		矦-侯	箭矢冲高受限，转指距离小
dwǹ				
°㡭#				
°㡭-	檵jì			
断				
▴簖				
段				
塅				
缎				

标字、音	原字、音	合并字、音	转注	标字诠释
瑖				
椵				
煅				
碫				
锻				
ē				
阿				
屙				
婀		▿妸-婀		
锕	ā			
é				
º戕	额			用戈比头顶，借指额头
º俄	俄			
º诫	讹			
º莪	莪			
º哦	哦			
º峨	峨			
º娥	娥			
º锇	锇			
º鹅	鹅			
º蛾	蛾			
	▿吪		hẁ	
	囮		hẁ	
	涐		uǒ	
	睋		uǒ	
ě				
º恶…	恶			心难受欲呕吐状
è				
厄				
苊				
º逅	遏			
扼				

标字、音	原字、音	合并字、音	转注	标字诠释
呃		呝-呃；e		
°饱		饿	[方]饱	饱义已饱了还勉强吃
°殑	噩			
轭				
°咢			咢-锷	咢义争辩，击鼓而歌
鄂				
谔				
萼				
愕				
遌				
崿				
°腭	腭			
碍				
鹗				
锷				
颚				
鳄				
恶		ù		
噁				
	垩		ià	
	姶		hé	
	阏		iū	
	堨		hē	
	颏		ɑn̄	
e-				
	呃		è	
eī				
°㕦~	欸	ê̄		通用变调音符，调变字不变
eí				
°㕦~	欸	ế		通用变调音符，调变字不变
eǐ				
°㕦~	欸	ê̌		通用变调音符，调变字不变

标字、音	原字、音	合并字、音	转注	标字诠释
eì				
°丏~	欸	ề		通用变调音符，调变字不变
en̄				
恩				
蒽				
°嗯		姆m̄		嗯/女人名用字
	奀		eȳ	
eń+				
°恩…	呣ḿ	嗯ńý，唔ńý	♩嗯-♩唔	心里不相信，表疑问
eň+				
°恩…	嗯y̌	ň		心里不大相信，表出乎意料
eǹ				
°恩…	呣	嗯ǹỳ	恩-思	用心回应，表示答应
°摁	摁			
eŕ				
儿				
而				
陑				
耏		nɑì		
洏				
栭				
恧	niù			
輀				
胹				
鸸				
鲕				
eř				
°尒-	尔			
苶	nié			
°迩	迩			
耳				
聑	er̀			

标字、音	原字、音	合并字、音	转注	标字诠释
佴	eṙ	naì		
咡	eṙ			
饵				
洱				
弭	mǐ			
⿰马耳				
珥				
铒				
eṙ				
二				
弍		贰	弍-二	
竺	zzú			竺/姓氏/天竺
▲⿰木弍				
	刵		eř	
	佴		eř	
	咡		eř	
eȳ				
奀	eñ			
	△▽鞥		hé	
fā				
发				
祓	bó			
酦		pō		
鲅	bō			
▽▲筏	feì			
fá				
乏				
º⿰乏刂	罚			
砭	biañ			
窆	biaň			
覂	fey̌			
伐				

标字、音	原字、音	合并字、音	转注	标字诠释
▿㕹	fa			
垡				
阀				
筏				
fǎ				
º厺…	砝，qù		厺-去	压秤盘的重物，引申砝码
*浛-	法			
fà				
º镸#…			镸-长	
º髟	biāo	发		髟义头发长而下垂的样子
º琺	珐			
fā				
	▿㕹		fá	
fān				
º釆	biǎn	biàn	釆-辨	釆义兽爪；辨别，兽爪分开
番		pān		
º翻	翻			
▴蕃		bō，fán		
▴墦	fán			
▴幡				
▴嶓	bō			
▴缯	fán			缯/缯帑
▴璠	fán			
º▴膰	膰fán			
▴燔	fán			
▴磻	pán			
▴镭	fán			
▴鷭	fán			
▴藩				
▴蹯	fán			
	帆		fán	

标字、音	原字、音	合并字、音	转注	标字诠释
fań				
凡				
芃	peý	蘩		芃/芃芃
帆	fan̄			
°⿰火凡…	烦			
°⿰纟先	繁			
矾				
钒				
°⿱⺮凡…	樊, peý		⿱⺮凡-篷	
梵	faǹ			
	汜		faǹ	
	蕃		fan̄	
	墦		fan̄	
	缙		fan̄	
	璠		fan̄	
	膰		fan̄	
	燔		fan̄	
	镭		fan̄	
	鹬		fan̄	鹬/鸟名
	蹯		fan̄	
fan̆				
反				
阪	ban̆			
返				
昄	ban̆			
眅	faǹ			
faǹ				
°㔾	jé	xan̄	㔾- 卩	㔾义同 卩，瑞信也；姓氏
°⿰饣巳	饭			
犯				
*汜-	泛	faǹ		
°⿰贝巳	贩			

标字、音	原字、音	合并字、音	转注	标字诠释
°犯	▿嬔		[方]嬔	
▴范				
	畈		faň	
	梵		fań	
faȳ				
方				
邡				
坊				
芳				
枋				
昉	fay̌			
牥				
祊	beȳ			
钫				
蚄				
雱	paȳ			
鲂	faý			
▴堃	kvn̄			堃/人名
faý				
°方#				
°防	防			
°坊	坊			
°妨	妨			
°肪	肪			
°房	房			
	鲂		faȳ	
faý̌				
°方	访			由外入里问候，引申探询
°仿	仿	彷-仿		
°纺	纺			
°舫	舫			
	昉		faȳ	

标字、音	原字、音	合并字、音	转注	标字诠释
fɑỳ				
放				
feī				
非				
剕	feì			
菲				
悱	feǐ			
啡				
𬴂				
°⿰非飞	飞			
绯				
°婔…	妃		婔-斐	
琲	beì			
棐	feǐ			
斐	feǐ			
°腓	腓feí			
扉				
蜚		feǐ		
裴	peí			
翡	feǐ			
霏				
鲱				
feí				
°肥	肥			
°淝	淝			
°蜰	蜰			
	腓		feī	
feǐ				
匪				
°⿰讠匪	诽			
°⿱艹匪	菲			
榧				

标字、音	原字、音	合并字、音	转注	标字诠释
篚				
	朏		ccū	
	悱		feī	
	棐		feī	
	斐		feī	
	翡		feī	翡/翡翠
	蜚		feī	
feì				
°市	fú	韨-市		
芾		fú		
°吠-	吠			
°肺	肺			
旆	peì			
▲霈	peì			
°芾	废			似在封井，转指放弃、废弃
°沸	沸			
°费	费			
°铈	镄			
°痱	痱			
	狒		fó	狒/狒狒
	剕		feī	
	▿箥		fā	
feṅ				
分				
邠	biṅ			
芬				
坋	feǹ			
吩				
汾	feń			
纷				
玢		biṅ		
氛				

标字、音	原字、音	合并字、音	转注	标字诠释
攽	bān			
豮				
酚				
棼	fén			
雰				
▲棻				
	朆			朆→勿曾
fén				
贲	bì	bēn		
偾	fèn			
°墳	坟		坟-墳	
愤	fèn			
濆				
°燌	焚		燌-焚	
豮				
°鼢	鼢	蚡-鼢		
鲼	fèn			
	汾		fēn	
	棼		fēn	
fěn				
粉				
fèn				
°分…	分			有力量分门别类，引申职权
°份	份			
°汾	瀵			
°忿	忿			
°畚	奋			
°粪	粪			
	坋		fēn	坋/地名
	偾		fén	
	愤		fén	
	鲼		fén	

标字、音	原字、音	合并字、音	转注	标字诠释
feȳ				
丰		酆-丰		酆/地名/酆都
沣				
玤	bɑỳ			
蚌	beỳ			
风				
沨				
枫				
砜				
疯				
封				
葑	heỳ			
葑		feỳ		
崶				
犎				
	峰		feý	
	烽		feý	
	锋		feý	
	蜂		feý	
feý				
º夆				夆义逆、抵触，遇、相逢
峰	feȳ			
逢				
浲				
烽	feȳ			
锋	feȳ			
蜂	feȳ			
▲缝				
	冯		mǎ	
fey̌				
º夃			夃-内	内同蹂义践踏。[日]夃-宿
º讽	讽			

标字、音	原字、音	合并字、音	转注	标字诠释
	覂		fá	
	唪		feỳ	
feỳ				
凤				
°纲	缝			
奉				
俸				
莑	beǐ			
唪	feǐ			
琫	beǐ	▿鞛，▿鞛-琫		
	覅			覅→勿用
	葑		feȳ	
	赗		maò	
fiaō-				
	覅			覅→勿要
fó				
弗	fú			
佛		fú		
刜	fú			
茀	fú			
拂	fú			
狒	feì			
怫	fú			
绋	fú			
氟	fú			
砩	fú			
艴	fú	bó		
鲱	fú			
fǒ+				
斧	fǔ			
fò+				
°専	fū		専-敷	専又同布，布散

标字、音	原字、音	合并字、音	转注	标字诠释
傅	fù			
馎	bó			
溥	pǔ			
缚	fù			
赙	fù			
镈	bó			
foū+				
凫	fú			
°敀	敷			
foú+				
伏	fú			
茯	fú			
洑	fú	fù		
栿	fú			
袱	fú			
foǔ				
缶				
否				
桮	beī			
foù+				
负	fù			
°媍	妇fù		媍-妇	
蝜	fù			
fū				
夫		fú		
伕				
芙	fú			
呋				
玞				
°肤	肤			
砆				
鈇				

标字、音	原字、音	合并字、音	转注	标字诠释
蚨	fú			
趺		跗-趺		
°麸	麩			
	柎		fù	
	稃		fú	
	孵		fú	
	▿痡		pǔ	
	鄜		fú	鄜-富
	敷		foū	
fú				
孚				
俘				
郛				
莩				
垺				
°捊…	扶	榑-扶		捊义聚集，用手捧，击
浮				
琈				
桴				
殍	piaǒ	莩piaǒ-殍		
罦				
稃	fū			
蜉				
孵	fū			
服		fù		
菔				
鵩				
箙				
°畐				畐义充满，又同幅
副	fù			
匐				
幅				

标字、音	原字、音	合并字、音	转注	标字诠释
愊	bì			
湢	bì			
富	fù	鄗-富		
辐				
º腷	腷bì			
煏	bì			
福				
蝠				
鍢	bī			
	夫		fū	
	芙		fū	芙/芙蓉
	蚨		fū	
	市		feì	
	芾		feì	
	弗		fó	
	佛		fó	
	刜		fó	
	茀		fó	
	拂		fó	
	怫		fó	
	绋		fó	
	氟		fó	
	砩		fó	
	艴		fó	
	鲱		fó	
	伏		foú	
	茯		foú	
	洑		foú	
	栿		foú	
	袱		foú	
	凫		foū	
	苿		bù	

标字、音	原字、音	合并字、音	转注	标字诠释
	罘		bù	罘/罘罳
	苻		fù	
	符		fù	
	宓		mì	
	绂		bá	
	韨		bá	
	祓		bá	
	枹		baō	
	涪		peí	
	幞		pú	
	襆		pú	
	黻	黻-市	feì	
fǔ				
°珏	赋fù			如金似玉，转指天资、天赋
°抚	抚			
°辅	辅			
釜		鬴-釜		
▲滏				
府				
俯				
°腑	腑			
腐				
	甫		pǔ	
	▿郙		pǔ	
	脯		pǔ	
	蜅		pǔ	
	簠		pǔ	
	黼		pǔ	
	㕮		fù	
	拊		fù	
	斧		fǒ	
	頫		taó	頫/人名

标字、音	原字、音	合并字、音	转注	标字诠释
fù				
父		fǔ		
㕮	fǔ			
汷				
付				
附				
苻	fú			
拊	fǔ			
咐				
驸				
柎	fū			
▿袝				
符	fú			
鲋				
复				
愎	bì			
°腹	腹			
蝮				
鳆				
馥				
▴覆				
	讣		bǔ	
	赴		pū	
	负		foù	
	蝜		foù	蝜/蝜蝂
	妇		foù	
	阜		bū	
	服		fú	
	洑		foú	
	副		fú	
	富	冨-富	fú	
	赋		fǔ	

标字、音	原字、音	合并字、音	转注	标字诠释
	傅		fò	
	缚		fò	
	赙		fò	
gā				
旮				
°佫	伽			
°咯	嘎	♩咖，呷-嘎		咖/咖喱
	夹	♩夹-♩胳	gé	
	胳		gé	
	戛		gǎ	
gá				
°夵	iaň	taō		夵义物上大下小
尜				
°嗏	嘎	噶		
°轹	轧			
	钆		zzá	
gǎ				
°戛	戛gā	já		手压鼓面，转指终止声音
°嘎	嘎	生-嘎		
	尕		gà	
gà				
尕	gǎ			
°尬	尬			
gaī				
°亥	陔			人上台阶走高，转指层、级
°读	该			
°赅	赅			
°衔	街jē			
	荄		haì	
	垓		haì	
	晐		haì	

标字、音	原字、音	合并字、音	转注	标字诠释
gaí+				
°羊	reǹ		羊-羊羊	羊义言稍甚，较长、大的羊
羑	ioǔ			
盖	gaì	gě		
gaǐ				
改				
°脊	胲			
gaì				
丐				
°阝丐	隑	戤-隑	[方]隑	
°芐	芥			
°沔…	溉		沔-沔	
°杚…	概			
钙				
	匄		wý	
	盖		gaí	
gan̄				
干		澉-干		
邗	hań			
讦	jé			
°[尢干]		尴/尴尬		[尢干]义股也
扞	haǹ			
▿忓				
犴	aǹ			
闬	haǹ			
奸	jan̄			
玕				
杆				
旰	gaǹ			
°肝	肝			
矸				
虷		han̄		

标字、音	原字、音	合并字、音	转注	标字诠释
竿				
衎	kaǹ			
酐				
靬	qań			
▵▿骭	gaǹ			
甘				
邯	hań			
苷				
坩				
泔				
绀	gaǹ			
▵玵	ań			
柑				
疳				
蚶	hañ			
gaň				
°仐…	擀，jiñ	▿扞-擀	念-今	似人用棍棒推拉碾压
°栓…	杆			
°悆	感			
°秢	秆			
°趁	赶			
°亘#				
敢				
°鲶	鳡			
▴撖	haǹ			撖/姓氏
▴阚	kaǹ			
▴澉				
▴橄				
	笴		kě	
gaǹ				
°仐…	干；jañ	jaǹ		篆体的“干”整理
°钔	赣			

标字、音	原字、音	合并字、音	转注	标字诠释
	旰		gaṅ	
	△▽骭		gaṅ	
	绀		gaṅ	
	硆		qà	
	淦		jṅ	
gaō				
高				
鄗	haò			
滈	haò			
°膈	膏			膈kaò-犒蒿
熇	hè			
镐	haò			
篙				
翯	hè			
羔				
禚	zzuó			
糕				
	皋		gaó	
	槔		gaó	
	睾		gaó	睾/睾丸
	▽櫜		naȳ	
gaó+				
皋	gaō	睾		
槔	gaō			
皞	haò			
gaǒ				
°高	▽暠	haò		城墙上的亭子，借指明亮
°蒿	藁			
°搞	搞			
°缟	缟			
°槁	槁			
°镐	镐			

标字、音	原字、音	合并字、音	转注	标字诠释
°稿	稿			
	杲		iǒ	
gaò				
告				
郜				
诰				
梏	gù			
牿	gù			
锆				
鹄	hú	gǔ		
°腤	膏			
箬				
gaȳ				
冈		岗-冈		
刚				
掆-	扛			
纲				
棡				
°肕	肛			
钢				
°缸	缸		缸-錮	
	江		goȳ	江/姓氏
	杠		gaỳ	
	矼		goȳ	
	釭		goȳ	
	罡		zzeỳ	
	堽		zzeỳ	
gaỹ				
°岦	岗			山口遮蔽处，转指值勤位置
°譜	讲jaỹ			
°湈	港			
	甿		kaỳ	

标字、音	原字、音	合并字、音	转注	标字诠释
	舤		kaỳ	
gaỳ				
*岡	戇		岡-冈	体型如山，转指憨厚、傻楞
棡-	杠	gaȳ		
º鋼	钢		鋼-钢	
	埲		jaỳ	
	箮		geỳ	
gē				
戈				
º圪	圪			
º线	纥			
º疙	疙			
哥				
º剨	割			
歌				
º鸹	鸽			
▵▿镉				
	仡		qǐ	
	咯		gé	
	饹		gé	
	▿格	♩格-咯	gé	
	胳		gé	
	袼		gé	袼/袼褙
	搁		gé	
gé				
各	gè			
▿佫	hè			
茖				
垎	hè			
咯	gē	▿格gē；luò		
饹	gē	le		
阁				

标字、音	原字、音	合并字、音	转注	标字诠释
格				
辂	lù			
胳	胳	夹gā；gē,gā		
硌	gè	luò		
铬	gè			
袼	gē			
貉	hé	haó，mò		
骼				
▲搁		gē		
革		jì		
缂	kè			
鬲		lì		
隔				
塥				
嗝				
滆				
槅				
°膈	膈	gè		
鹝	ì			
镉				
翮	hé			
▲虉	ì			
	阁		hé	
	蛤		hé	
	颌		hé	
	⿰犭哥		baī	
	葛		gě	
	⿰钅葛		gě	⿰钅葛/缪⿰钅葛
gě				
°曷…	各		曷-曷	用匕来遮挡日光，转指特别
°葛	葛	gé		
°⿰车曷	⿰车葛gé			

标字、音	原字、音	合并字、音	转注	标字诠释
	个		gè	
	合		hé	
	哿		kě	
	舸		kě	
	盖		gaí	
gè				
个		gě		
°虲	虼			
	各		gé	
	硌		gé	
	铬		gé	
	膈		gé	
geǐ				
给		jǐ		
geñ				
°艮	耕geȳ			手扶犁状，借指耕作
°根	根			
°跟	跟			
geń				
°企…	哏			口足变异，转指言行滑稽
geň-				
	艮		gey̌	
geǹ-				
	亘		heý	
	艮		iń	
	茛		iń	
geȳ				
°夬	更			变动的人手，引申改换
庚				
°耒灬	羹			
▲赓				
▲鹒				

标字、音	原字、音	合并字、音	转注	标字诠释
	耕		geñ	
	▿嗄		geỳ	
	浭		geỳ	
	▿缅		heý	
geỷ				
º臾…	艮geň		臾-臾	人耍嘴皮子，转指语言滑稽
º坱	埂			
º咉	哽			
º梾	梗	颈		
º聅	耿			
º鉠	鲠			
	绠		geỳ	
	硝		keň	硝/地名
geỳ				
更				
▿嗄	geȳ			
浭	geȳ			
绠	geỷ			
甦	sū			
筻	gaỳ			
粳	jȳ			
	堩		heý	
	暅		heý	
goū				
勾		♩句；goù		
º佝		佝		佝义身体弯曲
芶	goǔ			
沟				
钩				
	枸		jù	
	缑		hoú	
	耩		goú	

标字、音	原字、音	合并字、音	转注	标字诠释
	篝		goú	
	韝		goú	
goú+				
冓	goù			
遘	goù			
媾	goù			
觏	goù			
斠	jaò			
搆	goū			
耩	jaǐ			
篝	goū			
韝	goū			
goǔ				
°匂	耇，baò		匂-匈	卷缩成团，转指年老
°苟	苟			
°岣	岣			
°狗	狗			
°枸	枸			
°笱	笱，iň		[方]笱	笱义笑貌
	茍		goū	
goù				
°夠	够，baò		夠-抱	包裹人刚好，喻达到需要量
°诟	诟			
°垢	垢			
°构	构			
°购	购			
°雊	雊		[音]雊	
	勾		goū	
	茩		hoù	
	姤		hoù	
	冓		goú	
	遘		goú	

标字、音	原字、音	合并字、音	转注	标字诠释
	媾		goú	
	觏		goú	
	彀		meī	
goȳ				
工				
功				
邛	qoý			
江	gaȳ			
红				
玒	hoý			
攻				
矼	gaȳ			
釭	gaȳ			
豇	jaȳ			
虹	hoȳ			
▲筇	qoȳ			
弓				
芎	xoȳ			
躬				
公				
忪	soȳ	zzoȳ		
°龚	恭			
°宂…	宫		宂-容	
蚣				
	邦		goỳ	邦/人名
	供		goỳ	
	鹀		goỳ	
	龚		goỳ	
	堪		goỳ	
	肱		hoý	
	觥		gwȳ	觥/器物名

标字、音	原字、音	合并字、音	转注	标字诠释
goý+				
贡	goỳ			
唝	goỳ	hoỷ		
篢	loỷ			
goỷ				
巩				
°巩	拱			
°巩	汞			
蛩	qoý			
跫	qoý			
銎	qoý			
	珙		goỳ	
	栱		goỳ	
	碶		goỳ	碶/地名
goỳ				
共				
邛	goȳ			
供		goȳ		
珙	goỷ			
栱	goỷ			
鹕	goȳ			
碶	goỷ			
龚	goȳ			
铁	hoý			
衹	hoý			
▲堞	goȳ			
▲廙	ì			
▲潩	ì			
	贡		goý	
	唝		goý	
gū				
°佔	箍			勒紧桶口貌

标字、音	原字、音	合并字、音	转注	标字诠释
°[illegible]	辜			
°佔	估			
°苫	菇			
°呫	咕			
°[illegible]	孤			
°[illegible]	姑			
°[illegible]	轱	毂-轱		
	蛄		gǔ	
	酤		gǔ	
	苽	苽-菰	gw̄	
	呱		gw̄	呱/呱呱
	軱		gw̄	
	罛		gw̄	
	菰		gw̄	
	觚		gw̄	
	沽		gǔ	
	鸪		gǔ	
	骨		gǔ	
	蓇		gǔ	
gú+				
故	gù			
°昝	瞽gǔ			
gǔ				
古				
估	gù			
诂				
怙	hù			
岵	hù			
沽	gū	汩		汩/汩汩
牯				
°胋	臌	胋		胋/地名
祜	hù	嘏		祜、嘏之义均是福

标字、音	原字、音	合并字、音	转注	标字诠释
鸪	gū			
▿眡				
罟				
钴				
蛄		gū，蛊		
*羖-	羖			
酤	gū			
º▲鼓	鼓			
▲盬				盬/盬子
▲鹽				
谷		瀔；iù		瀔今作谷
郤	xì			
峪	iù			
绤	xì			
º胳	股			
鹆	iù			
骨		gū		
蓇	gū			
搰	hú			
馉				
榾				
鹘		hú		
	贾		jǎ	
	鹄		gaò	
	毂		meī	
	縠		meī	縠/縠树
	穀		meī	
	瞽		gú	
gù				
固				
*個…	雇		個-个	
堌				

标字、音	原字、音	合并字、音	转注	标字诠释
崮				
涸	hé			
锢				
痼				
°颐	顾			
鲴				
	♩估		gǔ	估/估衣
	故		gú	
	梏		gaò	
	牿		gaò	
guō				
呙				
埚				
涡				
蜗	gw̄			
缑	gw̄			
锅				
郭				
廓	kuò			
漷	huǒ			
*椁-	椁guǒ			
	♩过		guò	过/姓氏
	引		kuò	
	△啯		guó	
	蝈		guó	
	崞		xaǒ	
	聒		ssé	
guó				
国				
掴		gwī		
△啯	guō			
帼				

标字、音	原字、音	合并字、音	转注	标字诠释
涸				
腘				
蝈	guō			
	虢		liv̀	虢/地名/姓氏
	㶁		liv̀	
	馘		huò	
guǒ				
果				
倮	luǒ			
馃				
骒	kè			
裸	gwǹ			
锞	kè			
夥	huǒ			
蜾				
裹				
粿				
髁	kē			
	椁		guō	
guò				
过		guō		
挝	zzw̄			
檛	zzw̄			
gvī				
归		皈-归		
岿	kvī			
圭				
邽				
刲	kvī			
诖	gẁ			
闺				
绀	gẁ			

标字、音	原字、音	合并字、音	转注	标字诠释
珪		瑰		
°烓	规			
恚	hvì			
硅				
铑	jī			
畦	qí			
▿罣	gẁ			
筀	gvì			
跬	kvǐ			
觟	hẁ			
鲑		xé		
龟		qoū		
°龝	龞			
	妫		ví	妫/地名/姓氏
	傀		kvǐ	
	庪		gvǐ	
gví+				
°圭	gvī			圭义半截，碎屑、小段
°桂	桂gvì			
gvǐ				
轨				
匦				
°晷	晷			
鬼				
°谠…	诡，kvì		谠-媿愧	
蒐	soū			
嵬	ví			
庪	gvī	vǐ		
磈	kvǐ			
	氿		joǔ	
	宄		joǔ	
	庋		zzī	

标字、音	原字、音	合并字、音	转注	标字诠释
	佹		vī	
	垝		vī	
	姽		vī	
	癸		kví	
	▿𣪘	𣪘-簋	iń	
	簋		iń	
gvì				
贵				
º匮-	柜	kvì		匮kvì义不足、缺少
⿰阝贵	tví			
⿰月贵	tví			
遗	vì			
▵▿阓	hvì			
º⿰足贵	跪			⿰足贵tví义跌倒
º⿰鱼贵	鳜			
⿰酉贵	hvì			
	炅		joý	
	刿		ssvì	
	⿰鱼岁		ssvì	
	刽		hvì	
	桧		hvì	
	炔		jv́	炔/姓氏
	桂		gví	
	筀		gvī	
gvň				
衮				
滚				
º⿰纟衮	绲			
º⿰车衮	辊			
磙				
	鲧		xì	

标字、音	原字、音	合并字、音	转注	标字诠释
gvǹ				
°杰…	棍		杰-士	木质棒，会意
gw̄				
瓜				
°劀		刮，劀-刮		劀义割也
苽	gū	菰-苽		
坬	gū	w̄		
呱		gū，gw̌		
軱	gū			
胍				
畖	w̄			
罛	gū			
°鴚	鸹			
觚	gū			
	苦		ssé	
	栝		ssé	
	骟		guō	
	缟		guō	
gw̌				
°冎-	寡			
°刐	剐			
	呱		gw̄	
gẁ				
卦				
*掛-	挂			
褂				
	坬		gw̄	
	诖		gvī	
	绁		gvī	
	▿罣		gvī	
gwī				
乖				

标字、音	原字、音	合并字、音	转注	标字诠释
	掴		guó	
gwǐ				
°丫			[方]丫	丫义踝骨
°拃	拐			
gwì				
怪				
	夬		jv́	
gwn̄				
关				
°佚	矜			♩矜-鳏、瘝
°规	观			
官				
倌				
菅	jan̄			
涫	gwǹ			
逭	hwǹ			
琯	gwň			
棺				
辖	gwň			
	纶		luń	
	冠		gwń	
	蔻		gwń	
	莞		wń	
	瘝		zzaò	
	鳏		zzaò	
gwń+				
°冠	wń		冠-刓	冠义圆削也
冠	gwn̄	gwǹ		
蔻	gwn̄			
gwň				
*目#…	ǐ		目-以	
倡	sì			倡/姓氏

标字、音	原字、音	合并字、音	转注	标字诠释
菅	ǐ			
°馆	馆			
°痯	痯			
耜	sì			
°管	管			
°䲘	䲘			
	莞		wń	
	筦		wń	
	琯		gwn̄	
	輨		gwn̄	
gwǹ				
毌				
贯				
°盥	盥			
▲掼				
▲惯				
°雚	观			似重檐的高大建筑
°灌	灌			
°瓘	瓘			
°爟	爟			
°鹳	鹳			
°罐	罐			
	丱		mì	
	冠		gwń	
	涫		gwn̄	
	祼		guǒ	
gwȳ				
光				
垙				
咣				
洸				
珖				

标字、音	原字、音	合并字、音	转注	标字诠释
桄				
𫐐				
°胱	胱			
觥	goȳ			
gwy̌				
°⿸广兵	广			共用的场所，借指宽大
°⿰犭兵	犷			
gwỳ				
°⿺辶光	逛			来回走貌，转指散步、闲游
°⿰木⿺辶光	桄			
hā				
°⿱大口…	hẁ			⿱大口义喧哗，大口
°⿰口⿱𠆢口	哈			
°⿰钅⿱𠆢口	铪			
há				
°⿱大儿	哈hà			走路时腿外张弯曲，会意
°⿰虫⿱大儿	蛤	♩虾-蛤		
hǎ				
°⿱大⿶凵口	哈	畣		口伸展得很大，转指呵斥
hà-				
	哈		há	
haī				
°⿱亠⿸丆大	咍		⿱亠⿸丆大-亥	见人生产，转指惊异
°⿰口⿱亠⿸丆大	咳	♩嗨		
haí				
°乡	还			半躺的人张口，转指尚可
°⿰子乡	孩			
	骸		haì	
haǐ				
°每#…			每-每	
°海-	海			
°酶	醢			

标字、音	原字、音	合并字、音	转注	标字诠释
	▿浬			浬haǐlǐ→海里
	胲		haì	
	▿炱		taí	
haì				
亥				
劾	hé			
荄	gaī			
垓	gaī			
阂	hé			
骇				
核	hé	hú		
晐	gaī			
氦				
胲	haǐ			
欬	kaì			
痎	jē			
骸	haí			
害				
嗐				
犗	jè			
han̄				
°甘	顸		[方]顸	管线粗、直径大貌
°憨	憨			
°酣	酣			
°鼾	鼾			
	犴	♩犴-狎	han̆	
	▿狎		han̆	
	蚶		gan̄	
han̗				
含				
浛				
琀				

标字、音	原字、音	合并字、音	转注	标字诠释
晗				
焓				
颔	haǹ			
函				
菡	haǹ			
峆				
涵				
°翕	寒			羽毛遮蔽门窗，借指寒冷
°滃	xý	瀚，汗	（台）鎗	滃/人名。汗/可汗
°翰	翰haǹ	韩		
	邗		gan̄	邗/地名
	邯		gan̄	邯/地名
	虷		gan̄	
	崴		xań	
haň				
罕				
°哻-	喊	嘝，♩阚-嘝		
▿猂	han̄	犴han̄-猂		
	熯		haǹ	
haǹ				
旱				
垾				
捍				
悍				
°浫		汗		浫/地名
焊				
睅				
▴熯		haň		
°㬎	暵			夫子头顶烈日，转指暴晒
°㨔	撼			
°㦖	憾			
°㵄	汉			

标字、音	原字、音	合并字、音	转注	标字诠释
▴熯				
	扞		gañ	
	闬		gañ	
	菡		hań	
	颔		hań	
	撖		gaň	
	翰		hań	
	瀚		hań	
haō				
昊	haò			
°蒖	蒿			
°撄	zè	薅	[方]薅	撄义支也
°嗅	嚆			
淏	haò			
haó				
°[亠口]#				
°亳	号			
亳	bó			
毫				
豪				
▴壕				
▴嚎		嗥	[音]嗥	
▴濠				
*▴蠔	蚝			
	貉		gé	
haǒ				
好				
	郝		ccì	郝/姓氏
haò				
号				
°浩	浩	灏，▿澔-浩		
°娐	好			

标字、音	原字、音	合并字、音	转注	标字诠释
枵	xaō			
鸮	xaō			
º旴	皓	颢		
º粍	耗			
	昊		haō	
	淏		haō	
	鄗		gaō	
	滈		gaō	
	镐		gaō	
	皞		gaó	
haȳ				
夯				
haý				
亍	ccú			
行		▿衖；heý▿haỳ		衖衖/行院
º舡	航			
▴绗				
▴珩	heý			
▴桁	heý			
▴鸻	heý			
	▿亢	亢-吭	kaý	
	吭		kaý	
	迒		kaý	
	杭		kaý	
	颃		kaý	
haỳ				
巷		▿衖，xaỳ		衖-巷xaỳ
	沆		kaỳ	
	▿行		haý	
hē				
º匃…	呵，gaì	诃-呵	匃-丐	口齿张开，转指哈气、斥责
曷	hé			

标字、音	原字、音	合并字、音	转注	标字诠释
°蚼	蘁		[方]蘁	
▲偈	jé			
▲堨	è			
▲喝				
▲馉	hé	△aì		
▲猲	hè	▽xē		
▽▲愒	hè	kaì		
▲楬	jé			
▲暍	iē			
▲揭	qè			
▲碣	jé			
▲鹖	hé			
▲褐	hè			
▲羯	jé			
▲鞨	hé			
▲霭	aǐ			
	嗬		hé	
hé				
禾				
▽诉		龢		
和		hè, huó, huò		
盉				
合		gě		
匼	kē			
郃				
拾	ssè			
弇	iaň			
饸				
阁	gé			
姶	è			
骀				
龛	kaň			

标字、音	原字、音	合并字、音	转注	标字诠释
盒				
祫	xɑ́			
秴	huō			
蛤	gé			
颌		gé		
翕	xī			
跲	jɑ́			
▲滂	iɑň			
▽▲嫎	ɑn̄			
▲噏	xī			
▲潝	xì			
▲歙	xī	ssè		
▲熻	xī			
△▽▲鞥	eȳ			
何				
荷		hè		
▲嗬	hē			
河				
菏				
	♩纥		qǐ	纥/回纥
	齕		qǐ	
	劾		hɑì	
	阂		hɑì	
	核		hɑì	
	曷		hē	
	餲		hē	
	鹖		hē	
	鞨		hē	
	盍		kē	
	阖		kē	
	涸		gù	
	貉		gé	

标字、音	原字、音	合并字、音	转注	标字诠释
	翮		gé	
hè				
°贠	peí		贠-倍	贠义同倍，传说河神名
°垎	壑			
贺				
°隺		霍		
隺	jý			
°唯	吓	♩喝		
°脽	▿脽huò	臛-脽		
°烾	爟huò			
鹤				
	和		hé	
	▿佫		gé	
	垎		gé	
	荷		hé	
	▿愒		hē	
	猲		hē	
	褐		hē	
	赫		heì	
	熇		gaō	
	翯		gaō	
heī				
°黒	黑			囱里烟和烧焦物，转指黑色
°嘿	嘿	♩嗨-嘿		
°锞	镙			
heì+				
°赤…	赫hè			烧草火旺，借指盛大、显著
heń				
°臭	痕			鱼鳞明显，借指痕迹
°楧	横heý			
衡	heý			
▲蘅	heý			

标字、音	原字、音	合并字、音	转注	标字诠释
heň				
°艮	嗷hm			口有怨言，转指不满
°很	很			
°狠	狠			
	詪		iń	
heǹ				
°㖃	啈heỳ	heȳ		拂袖制止貌，喻发狠、禁止
°悵	恨			
heȳ				
亨				
哼		hy		
°脖	脖			
	啈		heǹ	
heý				
亘	geǹ			
萓	hwń			
垣	iwń			
恒				
咺	xwn̄	xwň		
峘	hwń			
洹	hwń			
姮				
桓	hwń			
晅	xwň			
貆	hwń			
▲埂	geỳ			
▲▽絙	geȳ			
▲㮓	geỳ			
	♩行		haý	行/道行
	珩		haý	
	桁		haý	
	鸻		haý	

标字、音	原字、音	合并字、音	转注	标字诠释
	横		heń	
	衡		heń	
	蘅		heń	蘅/杜蘅
heỳ				
º兇…	横，xoȳ		兇-凶	人不讲理貌，引申粗暴
	啈		heǹ	
	葑		feȳ	葑/地名
hm-				
	噷		heň	
hoū				
º句…	齁			鼻息声
hoú				
侯		hoù		
候	hoù			
堠	hoù			
喉				
猴				
缑	goū			
睺				
锿				
瘊				
篌				
糇				
	骺		hoù	
hoǔ				
º区…	吼		区-四	张大口呼喊貌，会意
	▿犼		koy̌	
hoù				
后				
郈				
茩		goù		
垕		厚-垕		

标字、音	原字、音	合并字、音	转注	标字诠释
逅				
姤	goù			
鉤	xɑỳ			
鮜				
骺	hoú			
	侯		hoú	
	堠		hoú	
	候		hoú	
	鲎		xv́	
hoȳ				
°共…	轰		共-共	炮口冲天，转指炮声等
°哄	哄	吽		
°烘	烘			
	訇		hoỳ	
	薨		meỳ	
hoý́				
°工	黉			伸展、成长之天地，喻学校
°芏	荭	渀-荭，♩蕻		
°红	红			
°虹	虹	jɑỳ		
°厷…	弘		厷-肱宏	大声唤貌，转指光大
吰				
闳				
°汯		洪		汯义水流回旋
宏				
°弦-	彋			彋/弸彋
纮				
°肱	肱goȳ			
°鸩…	鸿		鸩-雄	
鈜				
竑				
翃				

标字、音	原字、音	合并字、音	转注	标字诠释
▲郄	qè	xì		
°▲浤-	泓			
▲𬭎				
	玒		goȳ	
	缸		goȳ	
	铁		goỳ	
	硔		goỳ	
hoy̌				
°巷…	哄			部件位移
	唝		goý	
hoỳ				
訇	hoȳ			
°⿰讠訇	讧			
°⿱艹訇	蕻		[方]蕻	
°⿰口訇…	哄			
鞫	jū			
	澒		jaȳ	
hū				
乎				
呼				
°⿰氵乎-	滹			
°⿰女乎	hú	嫭hù	⿰女乎-媩	⿰女乎/古女子用名
轷				
烀				
忽				
唿				
▿⿰犭忽				
惚				
淴				
锪	huō			
	戏		xì	
	⿰巾无		ú	

标字、音	原字、音	合并字、音	转注	标字诠释
	▿沕		ù	沕/地名
	昒		ù	
	曶		ù	
	糊		hú	
hú				
°爪…	和			摊开牌状，意取胜
°壶	壶			
°狐	狐			
°弧	弧			
°枛	槲			
°胍	斛			
胡				
葫				
猢				
湖				
瑚				
煳				
鹕				
蝴				
糊		hū，hù		
醐				
	▿嘝			嘝→蒲式耳
	▿扫		rì	
	囫		ù	
	核		haì	
	搰		gǔ	
	鹘		gǔ	
	鹄		gaò	
	縠		meī	
	鬶		meī	鬶/鬶觫
hǔ				
虎				

标字、音	原字、音	合并字、音	转注	标字诠释
唬				
猇	xaō			
°滮-	浒			
琥				
虤	iań			
hù				
互				
冱				
枑				
°䲦	䨼			
°鲄	䨼			
户		鄠-户		
护				
沪				
昈				
戽				
°扈	瓠			
扈				
	怙		gǔ	
	岵		gǔ	
	祜		gǔ	
	笏		ù	笏/器物名
	楛		kǔ	
	嫭		hū	
	糊		hú	
huō				
砉	hw̄，xū	豁		
*剨…	劐		*剨-騞	
°捇	擭			
°啫	嚄	▿huò		
騞				
	秴		hé	

标字、音	原字、音	合并字、音	转注	标字诠释
	锪		hū	
huó				
活				
°萿	kuò	藿		萿义麋舌草
	和		hé	
	佸		ssé	
huǒ				
火				
伙				
钬				
疢	cceǹ			
	漷		guō	漷/地名
	夥		guǒ	
huò				
°㑚	货			手上变化的,借指出售的物品
°㖪	嚯			
°㹢	获	獾	[音]獾	獾/獾狮狓
°㳲	濩			
°㬸	臒			
°锬	镬			
°蝬	蠖			
或				
彧	iù			
棫	iù			
惑				
°祓	祸			
▿罭	iù			
蜮	iù			
▿筬	iv̀	篗-筬		
▿鰔				
馘	guó			
	和		hé	

标字、音	原字、音	合并字、音	转注	标字诠释
	谍		jé	
	▿臛	臛-臛	hè	
	霍		hè	
	藿		huó	
	矐		hè	
	燿		hè	
	▿嚄		huō	
	豁		huō	
hvī				
灰				
诙				
咴				
恢				
军…	麾，jvn̄			有顶的指挥车，引申指挥
挥				
珲		hvń		
晖				
°翚	徽			
辉				
翚				
	㧑		ví	
	虺		ù	
	虺		ù	
	袆		ví	
	隳		sví	
hví				
回				
茴				
徊	hwí			
洄				
蛔				
鮰				

标字、音	原字、音	合并字、音	转注	标字诠释
	痏		ioǔ	
hvǐ				
°皇…	诲hvì			教人明白开窍，意劝导
°惶…	悔			
毁				
	虺		ù	
hvì				
卉				
°讳	讳			
°浒		汇		浒义波涛声，水波纹
°秼…	秽			
会				
刽	gvì			
郐	kwì			
荟				
哙	kwì			
狯	kwì			
浍		kwì		
绘		▿缋-绘		
桧		gvì		
°赊	贿			
烩				
°彗	彗	篲/王篲		草编的扫帚状
°嘒	嘒			
°慧	慧			
°槥	槥			
°错	鏏vì			
°叀…	晦		叀-专	日光被遮蔽，转指不明亮
°蕙	蕙			
惠		僡、憓-惠		
°穗	穗svì	繸-穗		
▴谌				

标字、音	原字、音	合并字、音	转注	标字诠释
▽▲潓				
▲橞				
▲蟪				
	哕		ssvì	
	翙		ssvì	
	诲		hvǐ	
	恚		gvī	
	硊		vī	硊/地名
	喙		zzwǹ	
	△▽阓		gvì	
	溃		kvì	
	殨	殨-溃	kvì	
	⿰酉贵		gvì	
hvn̄				
昏				
惛				
阍				
婚				
棔				
°⿰月昏	荤			
碈				
hvń				
°芸	魂			漂浮云空的寄托，引申精神
°⿰饣云	馄			
°沄	浑	混-浑		
	♩珲		hvī	珲/地名
hvǹ				
°皀	jí	bī		皀义稻谷的香气；粒，一粒
°⿰讠皀	诨			
°⿰氵皀…	混		⿰氵皀-滗	
圂				
溷				

标字、音	原字、音	合并字、音	转注	标字诠释
慁				
hw̄				
花		化、华-花		
°⿰氵花		♩哗		⿰氵花义水也
	砉		huō	
hẃ				
华		hẁ		
哗				
骅				
桦	hẁ			
晔	iè			
烨	iè			
铧				
°⿱冎八	划	搳、♩豁-♩划		用骨质般锐器分开东西
°⿰犭⿱冎八	猾			
°⿰氵⿱冎八	滑			
°⿰鱼⿱冎八	鲭			
hẁ				
°七#…			七-化	
化				
°⿰七刂	划	hwi		
°⿰讠七	话			
龀	cceǹ			
▽▲吪	é			
▲囮	é			
画				
婳				
	华		hẃ	
	桦		hẃ	
	觟		gvī	
hwí				
°⿱一不	踝		⿱一不-不	似脚背上凸起的关节

标字、音	原字、音	合并字、音	转注	标字诠释
°怺	怀			
°泺	淮			
°柝	槐			
°秝	穮			
	徊		hví	
hwì				
坏				
hwi-				
	划		hẁ	
hwn̄				
°在	瓛hwń			朝堂上的玉，会意
°诨	讙			
°狌	貛			
°驻	驩			
°欣	欢			
hwń				
°不	鬟			女人头上的发结貌
°还	还			
°困	圜			
°闲	闤			
°泝	澴			
°宋	寰			
°纤	缳			
°妖	嬛	xwn̄		
°环	环	镮-环		
°轿	轘	hwǹ		
°鸹	鹮			
	♩郇		xvń	郇/姓氏
	萓		heý	
	峘		heý	
	洹		heý	
	桓		heý	

标字、音	原字、音	合并字、音	转注	标字诠释
	貆		heý	
	绾		wń	
	萑		zzvī	
	锾		hwň	
	瓛		hwn̄	
hwň				
°爰	锾hwń		爰-爰	上下手平衡，借指重量单位
°缓	缓			
	爰		iwń	
hwǹ				
幻				
°拗…	擐		拗-拗	
°忽	患			
奂				
换				
唤				
涣				
°奂…		宦		奂义围墙，院墙
焕				
痪				
	浣		wń	
	睆		wń	
	鲩		wń	鲩/鱼名
	逭		gwn̄	
	豢		jwǹ	
	镮		hwń	
hwȳ				
荒				
塃				
慌				
	肓		wý	肓/膏肓

标字、音	原字、音	合并字、音	转注	标字诠释
hwý				
°贲-	黄			
°渍	潢			
°琐	璜			
°碛	磺			
°锁	鐄			
°瘠	癀			
°蛱	蟥			
°箦	簧			
皇				
凰				
隍				
惶				
喤				
徨				
湟				
媓				
瑝				
煌				
锽				
蝗				
篁				
兟	hwỳ			
艎				
鳇				
hwy̌				
°帍	hwȳ	幌		帍义巾。似檐下的帷幔招牌
°䜣	谎			
°怖	恍			
	晃		hwỳ	
hwỳ				
晃		hwy̌		

标字、音	原字、音	合并字、音	转注	标字诠释
滉				
º皝	皝			
	䤧		hwý	䤧/人名
hy-				
	哼		heȳ	
ī				
一		▵▿弌-一		
伊				
咿		噫		咿/咿唔/咿呀
洢				
衣		ì		
依				
铱	xī			
º浓		漪		浓/水名
▿桪				桪/移桪
扆	ǐ			
铱				
裔	ì			
医				
º欧	欹	猗-欹		
▿▴嫛				
▴嫕	ì			
▴鹥				
▴翳	ì			
▴繄				
壶	壹			
º揖	揖			
º饐	饐ì			
º殪	殪ì			
º▿曀	曀ì			
	祎		ví	
	椅		qí	

标字、音	原字、音	合并字、音	转注	标字诠释
	夥		duō	夥/地名
í				
夷				
荑		tí		
º遈	遗			
咦				
姨				
º胰	胰			
痍				
º匜…	匜		匜-颐	似盥洗舀水的器具
茝	ccaǐ			
º饳	饴			
º怄	怡			
宧				
º贩	贻			
颐				
º昃…	彝		昃-疑贤	匕、矢护佑，转指法度
肄	ì			
º觞	▿鬌			
疑				
▴儗	ì			
▴薿	nǐ			
▴嶷				
宜				
º倌		仪		
谊	ì			
º揎…	移			
º楦		椸		楦/地名
º箮	簃			
	圯		sì	
	沂		jǐn	
	诧		tuō	

标字、音	原字、音	合并字、音	转注	标字诠释
	迤		tuō	
	▿柂		tuō	
	▿虵		tuō	
	诒		taí	
	眙		taí	
	栘		duō	
	庈		duō	
	♩蛇	蛇-迤	tuō	
ǐ				
乙				
°乙	已			
°乞…	矣			乞为厶乙合文，义同某
°杚…	椅			
钇				
°虼…	蚁，ià	▿蛾-蚁		虼义虫声
以				
似…	倚，sì			
苡				
姒	sì			
	佁		taí	
	尾		vǐ	
	苢		gwň	
	迤		tuō	
	舣		ì	
	酏		iě	
	扆		ī	
	剀		kaǐ	
	旖		qí	
	踦		qí	
	觭		qí	
ì				
°乙	异			心思溢出，喻惊奇，不同

标字、音	原字、音	合并字、音	转注	标字诠释
°亿	亿			
°艺	艺			
°忆	忆			
°叱	呓	▿寱-呓		
°疙	疫			
义				
°刈	劓			
议				
°扠	抑			
°仪	役			
°驭	驿			
°纹	绎			
°钗	轶			
°忞	懿			
舣	ǐ			
亦				
佡		佚		佡/解佡
弈				
奕				
°奕…	燚			
°翜	翼			
易				
°诱	译			
埸				
°逷		逸	逷-逖	逷义远也
▿晹				
°殷	毅			
裼	tì	xī		
蜴				
°忘	意			立于心中的想法，借指愿望
°萿	薏			
°综	缢			

标字、音	原字、音	合并字、音	转注	标字诠释
°脍	臆			
°熗	熠			
°锪	镱			
°瘥	癔			
益				
谥	ssì			
嗌		aì		
溢				
缢				
镒				
鹢		▿鷁-鹢		
螠				
	乂		cā	
	刈		cā	
	艾		aì	
	▿苅	苅-刈	cā	
	弋		daì	
	杙		daì	
	钇		daì	
	仡		qǐ	
	屹		qǐ	
	衣		ī	
	裔		ī	
	邑		ioý	
	挹		ioý	
	悒		ioý	
	▿唈	唈-悒	ioý	
	浥		ioý	
	裛		ioý	
	枍		xī	
	怿		zé	
	峄		zé	

标字、音	原字、音	合并字、音	转注	标字诠释
	敎		zé	
	佾		qɑō	
	泆		ssī	
	昳		ssī	
	诣		zzǐ	
	鮨		zzǐ	
	柶		sì	
	勯		sì	
	食		ssí	
	独		zzwì	独/林独
	羿		mioù	
	翊		lì	
	翌		lì	
	谊		í	
	肄		í	
	儗		í	
	蓺		noù	
	廙		goỳ	
	潩		goỳ	
	瘗		jɑ́	
	鹝		gé	
	虉		gé	
	嫕		ī	
	翳		ī	
	饐		ī	
	殪		ī	
	▿噎		ī	
iɑ̄				
丫				
吖	ɑ̄	♩呀，♩哑		♩呀-♩哑
°鸺	鸭			
压		iɑ̀		

标字、音	原字、音	合并字、音	转注	标字诠释
°拞	押			
	垭		ià	
	椏		ià	
	鸦		iá	
	▿♩雅	雅-鸦	iá	
iá				
牙				
邪	ié			
伢				
讶	ià			
芽				
迓	ià			
呀	ia			
岈				
玡		琊-玡		
砑	ià			
鸦	iā	▿雅iā-鸦		
蚜				
▴铘	ié			
*厓…	衙		厓-崖	靠土堆而建的房，借指官署
堐				
崖				
涯				
睚				
iǎ				
°亜	雅，ià	疋-雅		对称有序貌，寓合规、不俗
°哑	哑	痖-哑		
ià				
亚				
垩	è			
垭	iā			
挜				

标字、音	原字、音	合并字、音	转注	标字诠释
娅				
椏	iā			
°轭	轧			
氩				
▲壶	kvň			
	压		iā	
	讶		iá	
	迓		iá	
	砑		iá	
	揠		iaň	
	猰		qì	
ia-				
	呀		iá	
ian̄				
°与…	腌			用盐、酒等腌制貌
°邬	鄢			
°坞	墕	iaǹ		
°阏	阉			
°沩	漹			
°妫	嫣			
°焉	焉			
°囙…	咽	iaǹ	囙-因	口中出气通道，会意
°洄	淹	♩渰-淹		
°胭	胭			
°烔-	烟			
	恹		iaǹ	
	殷		in̄	
	崦		iaň	
	阏		iū	
	湮		in̄	
	燕		iaǹ	

标字、音	原字、音	合并字、音	转注	标字诠释
iań				
延				
埏		ssañ		
綖				
梴	ccañ			
烻	iaǹ	ssañ		
鋋	ccań			
蜒				
筵				
严				
°쯔	盐			
俨	iaň			
酽	iaǹ			
言				
▵菩		♩芫/芫荽		
唁	iaǹ			
狺	iń			
訚	iń	阎		訚/訚訚
°涪…	沿，xvǹ			涪，疑似训
°婄		妍		婄/古女人名
°碚-	研	擎-研		
詈	lì			
雪	zzà			
炎				
倓	tań			
剡	iaň	ssaǹ		
郯	tań			
菼	taň			
▿埮	tań			
掞	iaǹ	ssaǹ		
惔	tań			
琰	iaň			

标字、音	原字、音	合并字、音	转注	标字诠释
棪	iaň			
睒	ssaň			
赕	daň			
焱	iaǹ			
扊	iaň			
锬	tań			
▲罽	jì			
▲瀱	jì			
彦	iaǹ			
谚	iaǹ			
喭	iaǹ			
°楌		檐		楌/古树名
颜				
	闫		sañ	
	阽		zzaǹ	
	岩		aí	
	♩铅		ccwń	铅/地名
	虤		hǔ	
iaň				
°⿱日乚	iaǒ			⿱日乚义望远
°⿰彳⿱日乚	衍			
°⿰目⿱日乚	眼			
°⿱亘贝	⿱夵贝iń			祭祀用鼎貌，转表恭敬
寅	iń			
▲演				
▲缤				
▲戭				
奄				
掩				
崦	iañ	巘		崦/崦嵫
晻				
罨				

标字、音	原字、音	合并字、音	转注	标字诠释
º匽				匽义藏匿，隐居…
郾				
偃				
堰	iaǹ			
揠	ià			
鶠				
蝘				
º鼴	鼹		*鼴-鼹	
	沇		ivň	
	兖		rvì	
	兲		tiañ	
	俨		iań	
	弇		hé	
	渰		hé	
	剡		iań	
	琰		iań	
	棪		iań	
	扊		iań	扊/扊扅
	厣		iaǹ	
	魇		iaǹ	
	黡		iaǹ	
	甗		w̌	
iaǹ				
厌				
º讠厌	谳			
恹	iañ			
厣	iaň			
º压	黡iaň			
压	iè			
魇	iaň			
餍				
º晏		晏		晏义日出清明，又同安

标字、音	原字、音	合并字、音	转注	标字诠释
宴				
°硍	砚	研-砚		
°苂…	燕，gwȳ	iañ	苂-光	燕子飞翔形
°⿰讠苂	讌			
°⿰女苂	嬿			
°⿰苂欠	焰	▿焖-焰		
艳				
滟				
°倠	svī			倠/倠丑/仳倠
雁				
▲赝				
	⿰贝延		xaǹ	⿰贝延/地名
	咽		iañ	
	彦		iań	
	谚		iań	
	喭		iań	
	唁		iań	
	烻		iań	
	验		niaǹ	
	掞		iań	
	⿰安鸟		añ	
	▿⿰晏鸟		añ	
	堰		iaň	
	焱		iań	
	墕		iañ	
	酽		iań	
iaō				
幺		▵▿么-幺		
吆				
夭				
°⿺辶夭…	邀	▿徼-邀		
饫	iù			

标字、音	原字、音	合并字、音	转注	标字诠释
妖				
要				
堧				
喓				
崾	iaò			
°腰	腰			
	约		ió	
iaó				
°窑		窑；ioú		窑义瓦器，转指烧制瓦缶处
谣				
摇				
徭				
遥				
猺				
媱				
瑶				
飖				
鹞	iaò			
繇	zzoù			
鳐				
	爻		bó	
	尧		raó	
	侥		raǒ	
	峣		raò	
	肴		xaó	
	垚		tǔ	
	轺		ssaò	
	姚		taó	
	珧		taó	
	铫		taó	
	陶		taó	

标字、音	原字、音	合并字、音	转注	标字诠释
iaǒ				
杳				
°遧-	窅			遧义远貌
舀				
慆	taō			
°嗂…	咬, daṅ		嗂-啖	
▲䅖	taǒ			
	窈		ioù	
iaò				
°覞	xaṅ	要		覞义登高
°曜	曜			
°燿	耀			
	疟		niẁ	
	药		ió	
	钥		iẁ	
	▿袎	袎-靿	ioù	
	靿		ioù	
	[illegible]		iaō	
	鹞		iaó	
iaȳ				
央				
怏	iaỳ			
咉		iaў		
泱				
殃				
鸯				
秧				
鞅		iaỳ		
iaý				
羊				
佯				
垟				

标字、音	原字、音	合并字、音	转注	标字诠释
徉				
庠	xaý			
洋				
烊		iaỳ		
蛘				
°昜…	旸		昜-阳	旭日升起阳光普照的样子
*陽	阳			
*揚	扬			
*瑒	玚	ccaỳ		
*楊	杨			
°颺	飏			
*煬	炀			
°鍚	钖			
*瘍	疡			
iaў				
°芈	reň			芈义刺，捯
°佯	仰	△卬-仰		
°氧	氧			
°痒	痒			
养				
°漭…	瀁			
	呹		iaȳ	
iaỳ				
°羕-	羕			
°漾-	漾			
°樣	样		樣-样	
°瀁	恙			
	怏		iaȳ	
	鞅		iaȳ	
	烊		iaý	
iē				
耶		ié		

标字、音	原字、音	合并字、音	转注	标字诠释
倻				
揶	ié			
°啷…	xé	噎；ié	啷-耶	啷义声也。啷ié-耶ié
椰				
	掖		iè	
	暍		hē	
ié				
爷				
	邪		iá	
	铘		iá	
	耶		iē	
	揶		iē	
iě				
也				
°池	冶			
灺	xè			
酏	ǐ			
°虵…	liě	野	野-埜	虵为佛经音译用字
iè				
业				
邺				
°枼	叶			
页				
°谒	谒			
°唄…	咽		唄-啧	
顼	xū			
夜				
掖		iē		
液				
°腋	腋			
	曳		zzwì	
	拽		zzwì	

标字、音	原字、音	合并字、音	转注	标字诠释
	晔		hẃ	
	烨		hẃ	
	馌		kē	
	靥		iaǹ	
iñ				
因				
茵				
洇				
骃				
絪				
姻				
氤		▿烟-氤		
铟				
裀				
º㐆	iň			㐆义归依，转身，又同隐
º阥	阴			
º肙	膺iȳ			
殷		iň，iañ		
º▴荫	荫	iǹ		
▴溵				
º垔				垔义堵塞
鄄	jwǹ			
諲				
堙				
闉				
湮		iañ		
甄	zzeñ			
歅				
禋				
音				
愔				
喑				

标字、音	原字、音	合并字、音	转注	标字诠释
°脂	▿脂an̄			
歆	xn̄			
窨	in̍	xvn̄		
in̍				
艮	gen̍			
诅	hen̆			
莨	gen̍			
垠		圻-垠		
琅				
硍				
银				
龈		龂-龈		
▴簋	gvǐ	▿毁-簋		
°垩			垩-淫	垩义贪求
°吟	吟			
淫				
▴霪	霪			
	狺		ian̍	
	訚		ian̍	
	崟		jn̄	
	寅		ian̆	
	夤		ian̆	
	鄞		qn̍	
	蟫		tan̍	
	嚚		ccen̍	
in̆				
尹				
°讶	▿谶			
°阴	隐			
°饵	饮	▿歓-饮；in̍		
°纼	▵▿缰		[方]缰	
°栣	檃			

标字、音	原字、音	合并字、音	转注	标字诠释
º痵	瘾			
引				
吲				
纼	zzeǹ			
矧	sseň			
蚓		螾-蚓		蚓/蚯蚓
靷				
	殷		in̄	
iǹ				
印				
茚				
º㥯	慭			
鲫				
	饮		iň	
	荫		in̄	
	胤		iẏ	
	▿垽		jn̄	
	窨		in̄	
iō				
育		iù		
堉	iù			
喅				
淯	iù			
	哟		ió	
ió+				
约	iv̄	iaō		
药	iaò			
哟	iō	io		
io-				
	哟		ió	
ioū				
º丝				丝义微小，隐也，妙也

标字、音	原字、音	合并字、音	转注	标字诠释
幽				
▲畿	jī			
攸				
莜	ioú			
滺	ioú			
悠				
°发	忧			
°俊	优			
°郯	▿鄾			
°耧	耰			
	呦		ioù	
	麀		biě	
ioú				
尤				
犹				
疣				
鱿				
▲莸				
▲嵇	jī			
由		繇-由		
邮				
伷	zzoù			
岫	xoù			
油				
䌷	ccoū			
柚				
铀				
頔	dí			
蚰				
舳	zzú			
鲉				
▿斿				

标字、音	原字、音	合并字、音	转注	标字诠释
游		圝-游		
蝣				
	尢		wȳ	
	莜		ioū	莜/莜麦
	滧		ioū	
	▿楢		qoú	
	輶		qoú	
	猷		qoú	
	蝤		qoú	
ioǔ				
友				
°黝	黝			
有				
侑	ioù			
囿	ioù			
洧				
宥	ioù			
珛	xoù			
焇	hví			
铕	vǐ			
痏	vǐ			
鲔	vǐ			
	酉		joǔ	
	槱		joǔ	
	卣		zwn̄	
	羑		gaí	羑/地名
	莠		xoù	
	牖		pǔ	
ioù				
又		▵▿有-又		
°议	诱			
驭	iù			

标字、音	原字、音	合并字、音	转注	标字诠释
°釈	釉			
°叙	鼬			
右				
佑				
°枯…	柚		枯-枯	
祐				
幼				
呦	ioū			
窈	iaǒ			
蚴				
靿	iaò	▿袎-靿		
	侑		ioǔ	
	囿		ioǔ	
	宥		ioǔ	
	狖		xȳ	
ioȳ				
°聿	拥			
庸				
▲鄘				
▲墉				
▲慵				
▲镛				
▲鳙				
°隺	壅			鸟飞高受限，借指阻塞
°馆	饔			
雍				
°雁	臃			
▲澭				
	佣		ioỳ	
	痈		ioỳ	
	邕		ioý	
	▿噰		ioý	

标字、音	原字、音	合并字、音	转注	标字诠释
	澭		ioý	澭/水名
ioý				
邑	ì			
挹	ì			
悒	ì	▿唈-悒		
浥	ì			
邕	ioȳ			
裛	ì			
▿▴噰	ioȳ			
▴澭	ioȳ			
	喁		iù	
	颙		iù	
ioy̌				
永				
咏				
泳				
栐				
昶	ccay̌			
甬				
俑				
勇				
埇				
涌		ccoȳ		
姛	toy̌			
恿				
蛹				
踊				
鲬				
▴湧				
ioỳ				
用				
佣		ioȳ		

标字、音	原字、音	合并字、音	转注	标字诠释
炾				
痈	ioȳ			
▲窬	niỳ			
iū				
º令…	迂；biȳ			人绕水而行，喻绕弯、曲折
於		ū		
▲阏	è	iaṉ		
▲淤				
▲瘀				
	吁	iú		
	纡	iú		
iú				
于		♩於-于		
邘				
讦	xū			
吁	iù	iū, xū		
纡	iū			
玗				
盱	xū			
盂				
盱	xū			
º虖…	虞，xū			虖义虎吼
竽				
余				
馀				
狳				
骖	tú			
梌	tú			
悆	iù			
稌	tú			
畬				
艅				

标字、音	原字、音	合并字、音	转注	标字诠释
臾		舆		臾/须臾
谀				
萸				
庾	iǔ			
°腴	腴			
瘐	iǔ			
鱼				
渔				
°惫	愚			
▲蓟	jì			
俞				
郇	ssū			
隃	ssù			
揄				
愉				
嵛				
逾				
猃	iǔ			
渝				
瑜				
榆				
°腧	腧ssù	俞ssù-腧		
觎				
毹	ssū			
▿歈				
输	toū			
窬				
褕				
蝓				
	与		iǔ	
	玙		iǔ	
	欤		iǔ	

标字、音	原字、音	合并字、音	转注	标字诠释
	旟		iǔ	
	予		iǔ	
	伃		iǔ	伃/倢伃
	妤		iǔ	
	禺		iù	
	隅		iù	
	喁		iù	喁/喁喁
	嵎		iù	
	髃		iù	
	舁		joù	
	娱		ú	
	雩		kvī	
iǔ				
与		iú，iù		
屿				
玙	iú			
欤	iú			
旟	iú			
▿鲉	xù			
予		iú		
伃	iú			
°讶	语	iù		
芧	xù			
°字	宇			
妤	iú			
杼	zzù			
雨		iù		
°窬	窳			
禹				
偊				
鄅				
瑀				

标字、音	原字、音	合并字、音	转注	标字诠释
踽	jǔ			
齲	qǔ			
▽▲斶	zzǔ			
	伛		qū	
	羽		rú	
	俣		ú	
	圄		ú	圄/囹圄
	敔		ú	
	铻		ú	
	齬		ú	齬/龃齬
	圉		xỳ	
	庾		iú	
	瘐		iú	
	貐		iú	貐/猰貐
iù				
玉				
°荳	芋			
°玊…	域			
°闺	阈			
珏	jý			
°玶	豫			
钰				
°▲御	御			
°谷…	誉		谷-去	开口称赞貌
°郄	郁			
°浴	浴			
°狱	狱			
°欲	欲			
°裕	裕			
禺		iú，oǔ		
隅	iú			
遇				

标字、音	原字、音	合并字、音	转注	标字诠释
喁	iú	ioý		
嵎	iú			
寓				
耦	oǔ			
颙	ioý			
髃	iú			
预				
蓣				
澦				
	与		iǔ	
	驭		ioù	
	吁		iú	
	聿		liù	
	谷		gǔ	
	峪		gǔ	
	鹆		gǔ	
	饫		iɑō	
	妪		oū	
	雨		iǔ	
	育		iō	
	堉		iō	
	淯		iō	淯/水名/地名
	昱		lì	
	煜		lì	
	语		iǔ	
	彧		huò	
	棫		huò	
	▿罭		huò	
	蜮		huò	
	▿䴬		xv̄	
	菀		wň	
	悆		iú	

标字、音	原字、音	合并字、音	转注	标字诠释
	谕		rì	
	喻		rì	
	愈		rì	
	♩尉		vì	尉/尉迟
	蔚		vì	蔚/地名
	熨		rì	
	粥		rì	
	鬻		rì	
	矞		joy̌	
	潏		joy̌	
	遹		joy̌	
	燏		joy̌	
	鹬		joy̌	
	毓		lioú	
	隩		ɑò	
	薁		ɑò	薁/蘡薁
	▿噢		ɑò	
	燠		ɑò	
iv̄				
°甲…		曰		口中发出的声音。甲/甲由
°⿰矢甲	矱			
°⿰寻甲	彟			
	约		ió	
iv̌-				
	哕		rě	
iv̀				
月				
刖				
抈				
°⿰忄月	悦	说-悦		
°⿵门月…	阅		间-闲	
玥				

标字、音	原字、音	合并字、音	转注	标字诠释
钥		iaò		
°笴…	乐			会意竹箫，转指乐器、音乐
°戉…	粤		戉-钺	
△▽娍				
钺				
°笩	龠			
越				
°跋		跃	跋-越	跋义轻也，走貌
°黓	▽黦			
▲樾				
岳				
°湉	iǹ	瀹		滓谓之湉
°焐	爚			
°箬	籥			
	轫		ù	
	♩栎		lè	栎/地名
	▽篗		huò	
	鸑		qwň	
	籰	籰-篗	huò	
iv̄n				
°昷	晕	ivǹ		日光与雾气形成的光环
°赆	赟			
	缊		vn̄	
	氲		vn̄	
	煴		vn̄	
	韫		vn̄	
	颙		jvn̄	
ivń				
云				
芸				
沄				
妘				

标字、音	原字、音	合并字、音	转注	标字诠释
纭				
耘				
酝	ivǹ			
匀				
昀				
盷	tiań			
畇				
	员		rwń	
	郧		rwń	
	涢		rwń	
	筼		rwń	
	筠		jvn̄	
	鋆		jvn̄	
ivň				
允				
º 阭		陨		阭义高，石
吮	ssvň			
狁				
沇	iaň			
º ⿰歹允	殒			
ivǹ				
º ⿱车儿	运			人驾驶车，会意，借指运输
º ⿱东灬	熨	煴-熨		
º ⿰音允	韵			
孕				
º ⿰氵孕	蕴			
	员		rwń	
	郓		jvn̄	
	恽		jvn̄	
	晕		ivn̄	
	酝		ivń	
	愠		vn̄	

标字、音	原字、音	合并字、音	转注	标字诠释
	缊		vn̄	
	韫		vn̄	
iwn̄				
°夗	iwǹ			夗义身子侧卧弯曲的样子
苑	iwǹ			
帵				
怨	iwǹ			
眢				
鸳				
°箢	箢			
°冞…	冤		冞-渊	米沉川，转指屈枉、不合算
渊				
	鸢		daì	
	涴		wň	
	鹓		wň	
	痌		jwn̄	
	蜎		jwn̄	
iwń				
元				
刓	wń			
阮	rwň			
芫				
抏	wń			
园				
沅				
°纭	缘			
妧		wǹ		
朊	rwň			
▿衍	ˊiwǹ			
鼋				
爰				
谖	xwn̄			

标字、音	原字、音	合并字、音	转注	标字诠释
援				
湲				
媛		iwǹ		
瑗	iwǹ			
曼	hwň			
煖	xwn̄			
袁				
猿				
°榬		橼/枸橼		榬义络丝器具，钟磬架，姓氏
辕				
原				
塬				
源				
骠				
嫄				
螈				
羱				
	员		rwń	
	圆		rwń	
	垣		heý	
	♩圜	圜-圆	rwń	
iwň				
远				
°莛	薳vǐ			
iwǹ				
°𠩄…	院		𠩄-原	围起来的单元、部分
°⿰土𠩄	垸			
°⿱𠩄心	愿			
	苑		iwn̄	
	怨		iwn̄	
	▿衍		iwń	
	掾		zzwǹ	

标字、音	原字、音	合并字、音	转注	标字诠释
	媛		iwń	
	瑗		iwń	
iȳ				
英				
媖				
瑛				
º䳾		鹰		䳾义古书上的一种鸟，继䳾
锳				
霙				
º贝贝	º賏			賏义颈项上的装饰物
婴				
罂				
▲䙬				
▲撄				
▲嘤				
▲缨				
▲璎				
▲樱				
▲鹦				
▲瘿	iy̌			
	应		iỳ	
	莺		iý	
	萤		iý	
	膺		iñ	
	▿鹰	鹰-♩应	iỳ	
iý				
º夃	赢		夃-赢	又，夃-贾gǔ
º汈…	瀛			
盈				
º蛁	蝇			
▲楹				
º▲籯-	籝			

标字、音	原字、音	合并字、音	转注	标字诠释
°茾#				
茔				
茕	qoý			
°荽	羸			
°茔	迎			
°背	liaó			
荦	luò	跞luò		
荧				
荥		濙；xý		荥/地名
莹				
莺	iȳ			
萤				
营				
蓥	iȳ			
萦				
蓥				
▲滢				
▿▲瑩				
	濴		roý	
iy̌				
杲	gaǒ			
°彰	影			
°颕	颖			
	郢		cceý	郢/地名
	颍		qy̌	
	瘿		iȳ	
iỳ				
应		▿膺；iȳ		膺-应iȳ
°晾	映			
°膺	胤iǹ			
°硫	硬			
	媵		teý	

标字、音	原字、音	合并字、音	转注	标字诠释
jā				
加				
伽				
°⿱十加	佳		⿱十加-嘉	
茄				
㚙				
泇				
迦				
珈				
枷				
痂				
笳				
袈				
跏				
°⿸广⿱十加	麚			
嘉				
家		ja		
镓				
稼	jà			
	夹		já	
	浃		já	
	梜		já	
	▿筴		já	
	葭		xá	
	猳		xá	
já				
夹		jā		
郏				
荚				
浃	jā			
梜	jā			
铗				

标字、音	原字、音	合并字、音	转注	标字诠释
颊				
蛱				
▿筴	jā			
▴瘗	ì			
	恝		qì	
	戛		gā	
	跲		hé	
jǎ				
甲				
岬				
狎	xá			
柙	xá			
°胛	胛			
钾				
翈	xá			
贾		gǔ		
°價	假		價-价	
檟		▿榎-檟		
	斝		zzoù	斝/古器皿名
	△▿嘏		gǔ	
	瘕		xá	
jà				
°宊…	假, roy̌			人在家，喻休假。宊义长毛
°佽	价			
°驮	驾			
°妴	嫁			
°杴	架			
	稼		jā	
ja-				
	家		jā	
jan̄				
尖				

标字、音	原字、音	合并字、音	转注	标字诠释
°柍	櫼			
°尖	煎			
坚				
悭	qaṉ			
鲣				
间		jaǹ		
涧	jaǹ			
瞷	jaǹ			
锏	jaň	jaǹ		
裥	jaň			
肩				
°狷	艰	▿囏-艰		
掮	qań			
°焆	熸			
兼				
蒹				
搛				
慊	qaǹ	qè		
嗛	qaň			
缣				
磏	qaṉ	liań		
鹣				
鳒				
	戋		jaǹ	戋/戋戋
	浅		jaǹ	
	笺		jaǹ	
	溅	♩濺-♩浅	jaǹ	
	饯		jaǹ	
	奸		gaṉ	
	歼		qaṉ	
	监		jaǹ	
	菅		gwṉ	

标字、音	原字、音	合并字、音	转注	标字诠释
	渐		jaǹ	
	犍		jaǹ	
	鞬		jaǹ	
	湔		qań	
	缄		xań	
	瑊		xań	
	鞯		jań	
jań+				
荐	jaǹ			
鞯	jan̄			
jaň				
团				
°茵	茧	趼-茧		
°涃…	瀽		涃-窦	[方]瀽
°箘	简			
°奂…	剪；qan̄	翦-剪	奂-签	人持剪刀貌。奂又义皆也
°倹	俭			
°剣-	剑jaǹ			
°涣	减			
°换-	捡			
°検	检			
°瞼	睑			
°硷	碱		碱-硷	
柬				
谏	jaǹ			
揀-	拣			
瑓	liaǹ			
暕				
鰊	liaǹ			
▲襕	lań			
▲籣	lań			
	枧		xaǹ	

标字、音	原字、音	合并字、音	转注	标字诠释
	笕		xaǹ	
	揃		qań	
	谫		qań	
	翦		qań	
	鬋		qań	
	锏		jaṅ	
	裥		jaṅ	
	戬		jý	
	蹇		saì	
	謇		saì	
jaǹ				
戋	jaṅ			
戋				
饯				
浅	jaṅ	溅jaṅ		溅jaṅ-浅jaṅ
栈	zzaǹ			
贱				
笺	jaṅ			
践				
▴溅		▿浒	[越]浒	浒/地名
▴篯				
°攸	箭			用竹制箭，会意，转指箭
°趏	僭			
监		jaṅ		
鉴				
▴槛				
*見-	见			
*俔…	件，qaǹ		俔-伣	
°涀		渐		涀/古水名
°艦	舰			
建				
健				

标字、音	原字、音	合并字、音	转注	标字诠释
楗				
毽				
犍	jañ	qań		
º腱	腱			
键				
踺				
鞬	jañ			
	间		jañ	
	涧		jañ	
	瞷		jañ	
	锏		jañ	
	荐		jań	
	垡		daì	
	剑		jaň	
	谏		jaň	
jaō				
º夰	gaǒ	haò		夰义分散，放纵轻佻貌…
º骄	骄			
º娇	娇			
º桥	椒			
º轿	镠			
奡	aò			
交				
佼	jaǒ			
郊				
茭				
恔	jaǒ	xaò		
峧				
洨	xaó	浇		洨/水名
姣				
珓	jaò			
º胶	胶			

标字、音	原字、音	合并字、音	转注	标字诠释
皎	jaǒ			
▿⿵风交	baó			
䴔				
蛟				
筊	jaǒ			
跤				
鲛				
°⿱隹大	焦			让草木失去水分变硬、脆
°⿰亻⿱隹大	僬			
°⿱艹⿰亻⿱隹大	蕉			
°⿰山⿱隹大	嶕			
°⿰火⿱隹大	燋			
°⿰石⿱隹大	礁			
°⿰⿱隹大鸟	鷦			
°⿰酉⿱隹大	醮jaò			
	艽		joǔ	艽/秦艽
	教		jaò	
jaó				
°冋	嚼			用口磨碎，会意
°⿰矢冋	矫	jaǒ		
jaǒ				
°⿱亠乂	搅			似木棍搅拌，借指拌匀搅拌
°⿰⿱亠乂刂	剿			
°⿰饣⿱亠乂	饺			
°⿰犭⿱亠乂	狡			
°⿰纟⿱亠乂	绞			
°⿰钅⿱亠乂	铰			
角				
埆	qv̀			
桷	jv́			
°腒…	脚			
▵⿱白方		皦		皦，姓氏。洁白方正，喻清白

标字、音	原字、音	合并字、音	转注	标字诠释
敫				
▲撽	qaò			
▲徼		jaò		
▲缴		zzuó		
▲璬				
▲檄	xí			
▲躈	qaò			
	侥		raǒ	
	佼		jaō	
	恔		jaō	
	皎		jaō	
	筊		jaō	
	挢		qaó	
	矫		jaó	
	湫		qoū	
jaò				
叫				
°茚	藠			
°吿…	嚼	噍-嚼	吿-舌	
°轱	轿			
°窖	窖			
°晧	觉			
▲滘		潡-滘		
°孝	较			人比谁老，转指对比
°敩	教	jaō		
°椄	校			
°晐	爵			
	䠞			䠞→只要
	峤		qaó	
	珓		jaō	
	窌		maǒ	
	斠		goú	

标字、音	原字、音	合并字、音	转注	标字诠释
	酵		xɑó	
	儌		jɑǒ	
	醮		jɑō	
	△爝		jý	
jɑȳ				
江				
茳				
澒	hoỳ			
º亖…	疆			田野之外，引申边际、边境
º佪	僵			
º苗	姜			
º缅	缰			
º砸	礓			
将		qɑȳ		
▽螿				
鳉				
	豇		goȳ	
	浆		jɑỳ	
jɑý+				
匠	jɑỳ			
jɑy̌				
º丬		膙		肢体因摩擦而产生硬坨状
º茷	蒋			
奖				
桨				
	讲		gɑy̌	
	耩		goú	
jɑỳ				
º夂	zzǐ			夂义从后至也
º夅…	犟	强-犟	夅-降	
º妆	将			
▲降				

标字、音	原字、音	合并字、音	转注	标字诠释
▲埲	gaỳ			
▲逄	paý			
▲浲				
▲绛				
º▲浆	浆	糨-浆，jaȳ		
º▲酱	酱			
	匠		jaý	
	虹		hoý	
	弶		jȳ	
jē				
º△亥	揭；aī			似人掀开遮羞布，转指打开
º接	接			
º铵	▿镙		[方]镙	
皆				
*階-	阶			
喈		嗟		喈/喈喈
湝				
楷				
锴	kaǐ			
*稭-	秸			
	节		jé	
	疖		jé	
	结		jé	
	痎		haì	
	街		gaī	
jé				
º卩…	孑		卩-节	卷缩样，引申孤单
节		jē		
疖	jē			
º卭	竭			
º▲劼	劫			
º▲沽	洁			

标字、音	原字、音	合并字、音	转注	标字诠释
°▲绯	结	jē		
▲栉	zzì			
▲蛣		蛐		蛐/石蛐
°疌…	截	疌qè/姓氏	疌-捷	手拦住不让走，转指阻拦
倢			倢-婕捷	
捷				
寁	zaň			
婕				
睫				
箑	ssà			
桀				
*傑-	杰			
谍	huò			
榤				
磔	zzé			
	讦		gaṅ	
	岊		bā	
	劼		jí	
	诘		jí	
	拮		jí	
	桔		jí	
	袺		jí	
	颉		jí	
	鲒		jí	
	契		qì	
	絜		qì	
	偈		hē	
	楬		hē	
	碣		hē	
	羯		hē	

jě

°罕#…

标字、音	原字、音	合并字、音	转注	标字诠释
°娝	姐	▿毑		毑/媎毑
解		jè，xè		
▴蘳	xè			
▴嶰	xè			
▴獬	xè			
▴廨	xè			
▴檞				
jè				
介				
价		家je；je		
芥				
▿岕				
玠				
炌	kaì			
界				
疥				
蚧				
齘	xè			
骱				
戒				
诫				
悈				
械	xè			
届				
°偺	借			
°萻	藉	jí		
	唶		xí	
	解		jě	
	犗		haì	
	褯		xì	
je-				
	价		jè	

标字、音	原字、音	合并字、音	转注	标字诠释
	家	♩家-♩价	jè	
jī				
几				
仉	zzaǒ			
讥				
叽		咭-叽		
饥				
°乩	基			
°妀…	姬			
玑				
机				
°肌	肌			
礼				
矶				
°罓	羁			
°杋	积			
°鸠	鸡	▿要-鸡		
虮	jǐ			
°屃	屐			
靰				
击				
°圪	墼			
°汢	激			
°笸	箕			
°粘	齑			
°咠	qì			咠义附耳私语声，谗言
葺	qì			
戢	jí			
缉				
楫	jí			
辑	jí			
°稓		稽		稓义禾苗稠密

标字、音	原字、音	合并字、音	转注	标字诠释
º竒-	奇	觭		似单腿立，转指单、不成双
º剞	剞			
º徛	徛jì			
º犄	犄	掎		
º畸	畸			
	芨		jí	
	圾		jí	
	乩		zzá	
	其		qí	
	萁		qí	
	期		qí	
	錤		qí	
	枅		kaī	
	笄		kaī	
	脐		qí	
	跻		qí	
	唧		jí	
	鿏		gvī	
	赍		maì	
	嵇		ioú	嵇/姓氏
	禝		zé	
	畿		ioū	
jí				
及				
伋				
芨	jī			
圾	jī			
吸	xī			
岌				
汲				
级				
极				

标字、音	原字、音	合并字、音	转注	标字诠释
▿扆				
º 𢼄	集			
笈				
吉				
劼	jé			
佶				
诘		jé		
拮	jé			
姞				
桔	jé			
袺	jé			
喆	zzé			
颉	xé	jé		
▿蛣	qī			
º 髻	髻jì			
鲒	jé			
▲擷	xé	襭-擷		
▲缬	xé			
即				
º 莭…	蕺		莭-节	
唧	jī			
堲				
º 節…	籍		節-节	
鲫	jì			
急		▿仮-急		
湸				
疾				
蒺				
嫉				
	亟		qì	
	殛		qì	
	革		gé	

标字、音	原字、音	合并字、音	转注	标字诠释
	棘		cì	
	戢		jī	
	楫		jī	
	辑		jī	
	嵴		jǐ	
	瘠		jǐ	
	鹡		jǐ	鹡/鹡鸰
	蹐		jǐ	
	耤		xí	
	踖		xí	
	藉		jé	
jǐ				
己				
芑	qǐ			
圮	pǐ			
屺	qǐ			
纪		jì		
玘	qǐ			
杞	qǐ			
°麂	麂			
鱾				
▲跽	jì			
°斉	几		斉-齐	横竖变化不齐，意不确定
°剂	剂jì			
°挤	挤			
°济	济	jì		
脊				
嵴	jí			
瘠	jí			
鹡	jí			
蹐	jí			
	虮		jī	

标字、音	原字、音	合并字、音	转注	标字诠释
	给		geǐ	
	掎		jī	
	戟		nì	
jì				
°旡			旡-炁	旡义打嗝儿
°讯	计			
°宊	寄			
°纨	绩			
炁	qì			
既				
▲厩	jòu			
▲塈				
▲概				
▲暨				
▲蔇				
°㔾…	迹			自己记忆中的，借指做过的
°记	记			
°阝己	际			
°忌	忌			
°艾	系			手系带子，喻打结、扣上
°伎	伎			
°技	技			
°叟	寂			
°继	继			
°妓	妓			
季				
°俸…	偈		俸-悸	[音]偈
悸				
°罗		冀；cè	罗-稷	罗cè义清晰
谡	sù			
°骤	骥			
稷	jì			

标字、音	原字、音	合并字、音	转注	标字诠释
°⿱癶示	祭	zzaì		
°⿰氵⿱癶示	漈			
°⿰禾⿱癶示	穄			
°⿸疒⿱癶示	瘵zzaì			
°⿰鱼⿱癶示	鰶			
	▿齐		qí	
	剂		jǐ	
	荠		qí	
	▿哜		qí	
	济		jǐ	
	霁		qí	
	鲚		qí	
	纪		jǐ	
	跽		jǐ	
	芰		zzī	
	垍		zì	
	洎		zì	
	勣		zé	
	觊		kaǐ	
	徛		jī	
	惎		qí	
	蓟		iú	
	鲫		jí	鲫/鱼名
	鬐		jí	
	罽		iań	
	瀱		iań	
	檵		dwǹ	
jī̄n				
巾				
°⿰月巾	筋			
°旆…	peí	旌	旆-旆	旆义泛指旌旗…
斤				

标字、音	原字、音	合并字、音	转注	标字诠释
䜣	xn̄			
圻	qí			
忻	xn̄			
沂	í			
昕	xn̄			
炘	xn̄			
斫	zzuó			
钘				
颀	qí			
旂	qí			
靳	jǹ			
▿▴垽	iǹ			
今				
芩	qń			
º汵…	gaǹ	津；hań, ceń		汵-淦、涵；汵ceń义池
约				
妗	jǹ			
钤	qań			
衿				
矜		qń		
衾	qn̄			
梣	cceǹ	sseǹ		
金				
唫	jǹ			
崟	iń			
淦	gaǹ			淦/水名/姓氏
	琜		liù	
	禁		jń	
	襟		jń	
jń+				
º䇊	禁jǹ	jn̄		不准砍伐林木，引申禁令
º噤	噤jǹ			

标字、音	原字、音	合并字、音	转注	标字诠释
°襟	襟jīn			
jǐn				
°収	仅	廑-仅；jìn		手比划长短，引申限制范围
°帑	锦			
紧				
°警	警jǐ			
°堇	堇			
°谨	谨			
°墐	墐jìn			
°馑	馑			
°瑾	瑾			
°觐	jìn			
°槿	槿			
°殣	殣jìn			
	尽		jìn	
	沯		cceý	
jìn				
尽		jǐn		
荩				
浕				
赆				
烬				
进				
琎				
近				
°泝…	浸			
	仅		jǐn	
	劲		jỳ	
	妗		jīn	
	晋		jý	
	搢		jý	
	溍		jý	溍/古水名

标字、音	原字、音	合并字、音	转注	标字诠释
	缙		jý	
	瑨		jý	
	唫		jn̄	
	祲		qň	
	靳		jn̄	
	禁		jń	
	噤		jń	
	墐		jň	
	觐		jň	
	殣		jň	
joū				
°ㄐ#…			ㄐ-纠	
°抖		揪		抖义束也
°闫	阄			
纠				
°杣-	樛			
°鸣	鸠			
*虯	虬qoú			
°髟	鬏			
赳				
	▿氿		joǔ	
	究		joú	
	啾		qoū	
joú+				
°求…	究joū		求-求	探测水性，借指推求
°救	救joù			
joǔ				
九				
▿氿	joū			
艽	jaō		韭	
犰	qoú			
氿		gvǐ		

标字、音	原字、音	合并字、音	转注	标字诠释
宄	gvǐ			
°玑	玖			
朹	qoú			
久				
°匛…	柩，joù		匛-柩柩	
灸				
疚	joù			
酉	ioǔ			
酒				
°栖	ioǔ	槱-栖		
joù				
臼				
°旧	旧			
舁	iú			
桕				
裒	poú			
舅				
▲舃	xì			
▲潟	xì			
°扰	就			浪子贴尤物，转指凑近
°优	僦			
°崁	嵙			
°咎	咎			
°鹫	鹫			
	疚		joǔ	
	柩		joǔ	
	救		joú	
	厩		jì	
joȳ				
°冋			冋-冂	冋义远界也
诇	xoỳ			
苘	qȳ			

标字、音	原字、音	合并字、音	转注	标字诠释
坰				
泂	joy̌			
𬳶				
䌹	joy̌			
扃				
joý+				
炅	joy̌	gvì		
煛	joy̌			
joy̌				
冏				
º囧		窘	囧-冏	
迥-	迥			
*炯-	炯			
矞	iù			洞口外之景，转指祥瑞彩云
▲谲	jv́			
▲潏	iù			
▲遹	iù			
▲燏	iù			
▲鐍	jv́			
▲鹬	iù			
	炅		joý	
	煛		joý	
	泂		joȳ	
	䌹		joȳ	
	颎		qy̌	
jū				
居				
倨	jù			
据				
崌				
琚				
椐				

标字、音	原字、音	合并字、音	转注	标字诠释
°腒	腒			
裾				
踞	jù			
	且		zū	
	苴		qě	
	岨		qě	
	狙		zū	
	♩沮		qě	沮/水名
	砠		qě	
	罝		qě	
	疽		zū	
	趄		qě	
	雎		qě	
	車		jvn̄	
	拘		jù	
	泃		jù	
	驹		jù	
	跔		jù	
	鮈		jù	鮈/鱼名
	挶		jú	
	▿梮		jú	
	锔		jú	
	俱		jù	
	掬		jú	
	鞠		jú	
	娵		qǔ	
	▿㪺		mù	
	鞫		hoỳ	
jú				
局				
挶	jū			
▿梮	jū			

标字、音	原字、音	合并字、音	转注	标字诠释
焗				
锔		jū		
°匊…	橘；jū	桔-橘	匊-掬	橘子貌。匊义满握，捧起
菊				
掬	jū			
鞠	jū			
°麹	麴qū			
°狊				狊义犬视，鸟张两翅，兽名
阒	qù			
湨				
鶪				
jǔ				
°⿱龹干	矩			手执尺与规，喻规则、法度
°⿰口⿱龹干	咀			
举				
°⿰氵⿱龹干	沮			
°⿰齿⿱龹干	龃	钽-龃		
▲榉				
	弆		qù	
	柜		jù	
	莒		liǔ	
	筥		liǔ	
	枸		jù	
	蒟		jù	
	椇		jù	
	踽		iǔ	踽/踽踽
jù				
巨				
讵				
苣		qǔ		
拒				
岠				

标字、音	原字、音	合并字、音	转注	标字诠释
柜	jǔ			
炬				
钜				
秬				
粔				
距				
句				
劬	qú			
拘	jū			
▿响	xǔ			
泃	jū			
驹	jū			
姁	xǔ			
枸	jǔ	goū		
昫	xù			
朐	qú			
°钩	锯		鉤-钩	
鸲	qú	鸜-鸲		
竘	qǔ			
跔	jū			
鮈	jū			
▲蒟	jǔ			
°豖	iň	聚		豖义众立的样子
°剢	剧			
°㧻	据			
°逐	遽			
°涿	澽			
°钅豖	镰			
°酉豖	醵			
▲濛	coý			
具				
俱		jū		

标字、音	原字、音	合并字、音	转注	标字诠释
惧				
椇	jǔ			
犋				
飓				
	沮		qě	
	▿葅		qě	
	倨		jū	
	踞		jū	
	虡		xū	
	窭		loú	
	屦		loú	
	瞿		qú	
jv̄				
°𠩺…	撅		𠩺-斥	尾上翘，引申翘起
°⿰木𠩺…	橛jv́			
厥	jv́			
▲劂	jv́			
▲蕨	jv́			
▲噘				
▲濒	jv́			
▲镢	jv́	镬-镢		
▲蹶	jv́	jv̌		
	屫		qɑó	
jv́				
夬	gwì	孓		孓/孑孓
°伕		♩角，♩脚		
决				
诀				
抉				
°呋		♩嚼/咀嚼		呋义鸟叫声，方言骂
°狭		獗/猖獗		狭义兽走也
驶				

标字、音	原字、音	合并字、音	转注	标字诠释
°绬	绝			
玦				
炔	gvì	爝		炔gvì/姓氏
砄				
°眏-	矍			眏义惊视，顾盼不定
°玦	爵			
鴃				
袂	meì			
觖				
°斍-	觉			
°挍	攫			
°猤	玃	▿蠼-玃		
	珏		iù	
	倔		jv̀	
	掘		jv̀	
	崛		jv̀	
	桷		jaǒ	
	厥		jv̄	
	劂		jv̄	
	蕨		jv̄	
	灍		jv̄	
	橛		jv̄	
	镢		jv̄	
	蹶		jv̄	
	傕		hè	傕/人名
	谲		joy̌	
	鐍		joy̌	
	噱		xv́	
	钁	钁-镢	jv̄	
jv̌-				
	蹶		jv̄	

标字、音	原字、音	合并字、音	转注	标字诠释
jv̀				
°屈			屈-厈	屈义持
°倔	倔	jv́		
°掘	掘jv́			
°崛	崛jv́			
jvn̄				
均				
筠		ivń		
鋆		钧; ivń		
*車-	车jū			
*軍-	军			
▲*鄆-	郓ivǹ			
▲*惲-	恽ivǹ			
▲*褌-	裈kvn̄			
▲*皸-	皲	龟-皲		
君				
莙				
▿宭	qvń			
珺	jvǹ			
𬱟	ivn̄			
鲪				
	菌		jvǹ	
	麇		jvǹ	
jvň+				
°⿱尹又	捃jvǹ			用手拾取貌
°⿰⿱尹又阝	郡jvǹ			
jvǹ				
°夋	qvn̄			夋义倨
俊		隽▿寯-俊		
▿捘	zvǹ			
悛	qwn̄			
峻				

标字、音	原字、音	合并字、音	转注	标字诠释
馂				
狻	swn̄			
浚		xvǹ		
骏				
逡	qvn̄			
晙				
朘	jwn̄			
焌				
畯				
竣				
踆	cvn̄			
▲葰		suǒ		
囷	qvn̄			
菌		jvn̄		
腘				
°麕	麇jvn̄		*麕-麇	
	郡		jvň	
	捃		jvň	
	珺		jvn̄	
jwn̄				
°肙	iwn̄			肙义小虫，空
捐				
狷	jwǹ			
涓				
绢	jwǹ			
娟				
琄	xwǹ			
°散	蠲			
焆				
睊	jwǹ			
鹃				
罥	jwǹ			

标字、音	原字、音	合并字、音	转注	标字诠释
锠	xwn̄			
痟	iwn̄			
蛸	iwn̄			
	圈		jwǹ	
	朘		jvǹ	
	镌		jwǹ	
jwň				
卷				
绻	qwň			
婘	qwń			
棬	qwn̄			
锩				
蜷	qwń			
	▿帣		jwǹ	
jwǹ				
°关	卷			夫子之墨，转指试卷、书卷
°佚…	倦			
°困	圈	jwn̄		
▿帣		jwň		
▿弮	qwn̄			
桊				
眷				
豢	hwǹ			
鲞	xɑy̌			
隽				
槜	zvì			
镌	jwn̄			
	狷		jwn̄	
	绢		jwn̄	
	睊		jwn̄	
	罥		jwn̄	
	鄄		in̄	

标字、音	原字、音	合并字、音	转注	标字诠释
jȳ				
°青	菁			绿植、阳光，喻最美好的
°腈	腈			
°睛	睛			
°精	精			
°鼱	鼱			
▿*巠…	坙	晶	巠-坙	用水打磨的矿物，转指水晶
*剄-	刭jy̌			
*陘-	陉xý			
*莖-	茎			
*涇-	泾			
°经	经	jỳ	經-经	
*娙-	婭xý			
京				
倞	jỳ	liaỳ		
勍	qý			
°荥	荊			
惊				
猄				
弶	jaỳ			
綡	liaý			
椋	liaý			
辌	liaý			
°麖	麖			
鲸				
▴璟	jy̌			
	旌		jn̄	
	鶄		qȳ	
	粳		geỳ	
	兢		kè	
jý+				
晋	jǹ			

标字、音	原字、音	合并字、音	转注	标字诠释
鄑	zī			
搢	jǹ			
溍	jǹ			
缙	jǹ			
瑨	jǹ			
戬	jaň			
jy̌				
井				
阱				
°恄	憬			
汬				
°昇	景			
肼				
°瓶	颈			
	刭		jȳ	
	儆		jỳ	
	璥		jỳ	
	璟		jȳ	
	警		jň	
jỳ				
▿圣…	竟，jȳ			不停工作，转指自始至终
劲		jn̄		
陉	xý			
径				
▿弪				
迳			迳-径	迳/地名/人名
娙	xý			
°胫	胫			
痉				
苟#…	goǔ			
敬	敬			
▴儆	jy̌			

标字、音	原字、音	合并字、音	转注	标字诠释
▲璥	jy̌			
º爭…	靖；zzeȳ		爭-争	用手安抚，会意
º淨-	净			
º埩	竫			
º靜-	静			
竞				
º境	境			
º獍	獍			
º镜	镜			
	经		jȳ	
	倞		jȳ	
	婧		qȳ	
	靓		niaỳ	
kā				
º刅	擖			刀刮貌
º呁	咖	咔，喀		♩咖/咖啡
kǎ				
卡				
佧				
拤	qá			
咔		♩咯		♩咔/咔叽
胩				
kaī				
开				
邢	xý			
º拼…	揩			
岍	qaɑ̄n			
枅	jī			
钘	xý			
笄	jī			
▲锎				

标字、音	原字、音	合并字、音	转注	标字诠释
kaǐ				
岂…	恺，qǐ		岂-恺	
剀				
凯				
垲				
闿				
桤	qī			
觊	jì			
铠				
𫖮	ǐ			
°皆	慨			比承诺，引申豪爽、不吝啬
°蒈	蒈			
°楷	楷			
	锴		jē	
kaì				
°氣…	忾		氣-气	气得发火，引申愤怒
	炌		jè	
	欬		haì	
	▿愒		hē	
kān				
°旵…	刊		旵-甚	言上布匹，转指刊载、发表
°勘	勘			
°堪	堪			
°戡	戡			
	看		kàn	
	龛		hé	
	嵁		sèn	
kǎn				
°凥	砍			刀口劈树桩貌
侃				
坎		槛-坎，▿轗		轗/轗轲-坎坷
莰				

标字、音	原字、音	合并字、音	转注	标字诠释
崁	kaṅ	▿嵌-崁		
	欿		xaṅ	
	顑		xań	
kaṅ				
看		kan̄		
°⿰土看	墈		[方]墈	
°⿰石看	磡		[方]磡	
°⿰目看	瞰			
	衎		gan̄	
	崁		kaň	
	▿嵌	嵌-崁	kaň	
	阚		gaň	
kaō				
尻				
kaǒ				
考				
拷				
洘				
栲				
烤				
▿⿱⺮考				
kaò				
°⿱𠂉非	靠			背靠背状
°⿰牜⿱𠂉非	犒			
°⿰火⿱𠂉非	燺	▿焅-燺		
°⿰钅⿱𠂉非	铐			
kaȳ				
°康	康			房主手中之物齐梁，喻富足
°⿰土康	⿰土康		nī	
°慷	慷			
°槺	槺		nī	
°糠	糠			

标字、音	原字、音	合并字、音	转注	标字诠释
°鲵	鲵		nī	
	闶		kaỳ	
kaý				
°亢…	扛			肩担重物貌
°迒	迒haý			
°吭	吭haý	▿亢-吭		
°杭	杭haý			
°颃	颃haý			
kaỳ				
亢				
伉				
抗				
▿囥				
闶		kaȳ		
沆	haỳ			
炕				
畂	gaý̌			
钪				
航	gaý̌			
kē				
°果	苛			颗粒细小，引申细碎、烦琐
°棵	棵			
°稞	稞			
°窠	窠			
°颗	颗			
科				
蝌				
盍	hé			
▵▿搕				
嗑		▿嗣kè；kè		嗣kè-嗑kè
馌	iè			
阖	hé			

标字、音	原字、音	合并字、音	转注	标字诠释
溘	kè			
榼				
磕				
瞌				
	▿眈	眈-坷	kě	
	坷		kě	
	呵		kě	
	珂		kě	
	柯		kě	
	轲		kě	
	泂		pań	泂/古地名
	砢		kě	
	钶		kě	
	疴		kě	
	匼		hé	
	颏		ké	
	髁		guǒ	
ké				
°亥…	颏	kē	亥-女	人脸凸显下部，转指下巴
°刻	刻kè			
°咳	咳			
壳		qaò		
壳	qv̀			
	搭		kè	
kě				
可		kè		
°河	渴			
坷		▿眈；kē		眈-坷kē
呵	kē			
岢				
珂	kē			
柯	kē			

标字、音	原字、音	合并字、音	转注	标字诠释
轲	kē			
炣				
砢	kē			
钶	kē			
疴	kē			
哿	gě			
笴	gaň			
舸	gě			
齁	qā			
kè				
克				
°诓	课			
氪				
兢	jȳ			
客				
揢	ké			
°愘-	恪	▿窸-恪		
	可		kě	
	▿齁	♩齁-♩嗑	kē	
	刻		ké	
	骒		guǒ	
	锞		guǒ	
	缂		gé	
	嗑		kē	
	溘		kē	
keī				
剋				
keň				
肯				
°埥		垦	[方]埥	埥义污垢
掯	keǹ			
°愭	恳			

标字、音	原字、音	合并字、音	转注	标字诠释
啃		龈-啃		
碃	gey̌			
*褃-	裉keǹ			
keǹ-				
	掯		keň	
	裉		keň	
keȳ				
°亢#			亢-抗	
°坑	坑			
°吭	吭			
°⿰石亢	硁		[音]硁	
°钪	铿		[音]铿	
koū				
°匜	抠			
°⿰弓匜	弫			
°⿰目匜	眍			
	扤		koy̌	
koǔ				
口				
koù				
°攴	pū			攴义轻轻击打
°⿰口攴…	叩			
°⿰元攴	扣			用手扣帽子状
▲寇				
▲蔻				
*▲簆	筘			
	彀		meī	
koȳ				
空				
倥		koy̌		
埪				
悾				

标字、音	原字、音	合并字、音	转注	标字诠释
崆				
硿		koỳ		
箜				
koy̌				
孔				
扎	koū			
▿犼	hoǔ			
°⿱孔心	恐			
	倥		koȳ	
koỳ				
°空…	空			移除洞穴里的土，引申腾出
°控	控			
°鞚	鞚		koȳ	
	硿		koȳ	
kū				
°⿱穴古	窟			山中洞穴，会意
°⿰木⿱穴古	枯			
°⿰骨⿱穴古	骷			
哭				
	矻		qǐ	
	刳		kw̄	
	堀		ccū	
	圐		kù	
kǔ				
苦				
楛		hù		
kù				
库		圐-库		圐/圐圙-库伦
裤				
°⿰酉库	酷			
	绔		kw̄	
	喾		xv́	

标字、音	原字、音	合并字、音	转注	标字诠释
kuò				
°広	阔		広-广	范围宽广，会意
°拡-	扩		舌-昏	
°弦	弡guō			
°纮	括			
°蛫	蛞			
	♩适		ssé	适/人名
	栝		ssé	
	▿筈		ssé	
	逜		sí	
	廓		guō	
	鞟		xaỳ	
kvī				
亏				
°亐…	盔			
圩	ū			
°窍…	窥			
雩	iù			
▴琽	tū			
▴樗	ccū	拷-樗		
	刲		gvī	
	岿		gvī	
	悝		lǐ	
kví				
奎				
°奎	夔			
喹				
烇	kvǐ			
蝰				
癸	gvǐ			
葵				
揆				

标字、音	原字、音	合并字、音	转注	标字诠释
骙				
暌		櫆		櫆义北斗星
戣				
睽				
	逵		noù	
	馗		ssoǔ	
	隗		kvǐ	
	魁		kvǐ	
kvǐ				
°兒	魁kví			头脑明白的人，转指为首的
°傀	傀	gvī		
°陒	隗	vǐ		
°愧	愧kvì			
	頍		zzī	
	跬		gvī	
	炷		kví	
	磈		gvǐ	
kvì				
°岜	匮			
°芭	蒉			
°忚	愦			
°饳	馈			
°沘	溃	殨-溃；hvì		
°袘	禯		[方]禯	
°聉	聩			
°笆	篑			
	愧		kvǐ	
	喟		vì	
kvn̄				
昆				
°堒…	坤			
娓				

标字、音	原字、音	合并字、音	转注	标字诠释
琨				
焜				
鹍				
锟				
醌				
鲲				
	堃		faȳ	
	裈		jvn̄	
	髡		ù	
kvň				
°困	pian̄			困义唾弃和斥责声
°捆	捆			
	悃		kvǹ	
	阃		kvǹ	
	壸		ià	
kvǹ				
困				
悃	kvň			
阃	kvň			
kw̄				
夸				
刳	kū			
洿	ū			
绔	kù			
姱				
kw̌				
°会	ivň			会义大，高
°侩	侉			
°垥	垮			
kẁ				
°趃…	跨		趃-走	大步走貌，喻超越
°挖	挎			

标字、音	原字、音	合并字、音	转注	标字诠释
°脮	胯			
kwǐ				
°旡	扢			手指甲挠痒，会意
°芫	蒯			
kwì				
°夬	会			记录盈亏的人，借指财务
°伕	侩			
°块	块	凷		
°快	快	鲙-快		
°肤	脍			
°筷	筷，lù			
	郐		hvì	
	哙		hvì	
	狯		hvì	
	浍		hvì	
kwñ				
宽				
髋				
kwň				
°素	窾			士人求神灵，转指空虚
款				
kwȳ				
匡				
劻				
▿恇				
诓				
恇				
哐				
洭				
框	kwỳ			
眶	kwỳ			
筐				

标字、音	原字、音	合并字、音	转注	标字诠释
kwý				
狂				
诳				
鵟				
kwý̌				
夼			[方]夼	
kwỳ				
º庚…	况			由着分散扩大，喻某种情形
º鄺	邝			
º塃	圹			
º缜	纩	绕-纩		
º曠-	旷			
º磺-	矿	▿卝-矿		
	贶		xoȳ	
	框		kwȳ	
	眶		kwȳ	
lā				
º立	啦la			似不上不下的声音
º拉	拉			
º啦	啦	♩喇		
º迖	邋lā			
º垃	垃lā	▿旮-垃		
º鞡	鞡la			
lá				
旯				
º剌	剌	♩拉-♩剌		
º硍	砬		[方]砬	
	▿揦		lǎ	
	喇		lǎ	
lǎ				
剌	là			
▿揦	lá	♩拉		

标字、音	原字、音	合并字、音	转注	标字诠释
喇		lá		
瘌	là	▿鬎▿瘷-瘌		
蝲	là			
鯻	là			
là				
°⿱艹巛	落	▿♩拉		水过草垫，转指遗漏
°⿰月⿱艹巛	腊			
°⿰钅⿱艹巛	镴			
°⿰虫⿱艹巛	蜡			
	剌		lǎ	
	▿㻝		sù	
	瘌		lǎ	
	辣		nà	
	蝲		lǎ	
	鯻		lǎ	
	▿瘷	瘷-瘌	lǎ	
	▿鬎	鬎-瘌	lǎ	
la-				
	啦		lā	
	鞡		lā	
lai				
来				
倈				
莱				
▿唻	lai			
崃				
徕		▿laì		
涞				
梾				
赉	laì			
鹈				
铼				

标字、音	原字、音	合并字、音	转注	标字诠释
睐	laì			
laì				
°而	赖			借长须倚老卖老，寓倚仗
°耐	耐naì			
°洏	濑			
°痲	癞			
°篃	籁			
	▿徕		laí	
	赉		laí	
	睐		laí	
lai-				
	▿唻		laí	
lań				
兰				
°谰	谰			
拦				
°兰	澜		兰-澜灡	
栏				
°兰	斓			
°铓	镧			
°岚	岚			山中水雾貌
°茁	蓝			
°褴	褴			
°篮	篮			
	婪		naň	
	阑		lwǹ	
	襕		jaň	
	籣		jaň	
	礷		laň	
laň				
览				
揽				

标字、音	原字、音	合并字、音	转注	标字诠释
缆				
榄				
礲	lań			
	罱		nań	
	漤		naň	
	壈		liň	
	懒		naň	
laǹ-				
	烂		naǹ	
	滥		naǹ	
laō-				
	捞		naō	
laó				
劳				
塄				
唠		laò		
崂				
涝	laò			
铹				
痨				
耢	laò			
	牢		naó	
	醪		naó	
laǒ				
老				
佬				
荖				
▿拷				
姥		mǔ		
栳				
铑				
▿筶				

标字、音	原字、音	合并字、音	转注	标字诠释
	潦		liaó	
laò				
°夅…	落		夅-齐	降落在路面，会意
°娇	嫪			
°烁	烙	luò		
°酢	酪			
	♩乐		lè	乐/地名
	络		luò	
	唠		laó	
	涝		laó	
	耢		laó	
laȳ-				
	啷		laý	
laý				
°良	稂			会意狼尾，转指狼尾草
°狼	狼			
°琅	琅			
°桹	桹			
°硠	▿硠			
°锒	锒			
郎		laỳ		
啷	laȳ			
廊				
娜				
榔				
鎯				
螂				
	阆		niaý	
	筤		niaý	
lay̌				
朗		烺		
蓢				

标字、音	原字、音	合并字、音	转注	标字诠释
塱				
粱				
laỳ				
浪				
蒗		莨/莨菪		蒗/地名
°㙟	崀			
	郎		laý	
	埌		niaý	
	阆		niaý	
	晾		niaý	
lē-				
	肋		leī	
	嘞		leī	
lè				
乐		laò		
泺	luò			泺/水名
珠	lì			
栎	lì	iv̀		
轹	lì			
跞	lì			
	仂		lì	
	▿艻		lì	
	叻		lì	
	▿玏		lì	
	泐		né	
	勒		leī	
	簕		leī	
	鳓		leī	
le-				
	了		liaǒ	
	饹		gé	

标字、音	原字、音	合并字、音	转注	标字诠释
leī				
°艻	勒	lè		用力系紧貌
°⿰口艻	嘞lē	lei		
°⿰木艻	簕lè			
°⿰月艻	肋	lē		
°⿰鱼艻	鳓lè			
leí				
°亩	雷			田野上空滚滚爆炸般的声响
°⿰扌亩	擂	leì		
°⿰木亩	檑			
°⿰石亩	礌			
°⿰钅亩	镭			
°⿸疒亩	羸			
°⿰缶亩	罍			
	累		leǐ	
	蔂		ló	
	缧		ló	
	嫘		ló	
	螺		ló	
	▽儽	儽-累	leǐ	
	欙		leì	
leǐ				
°厽		磊		厽义垒土块为墙
°⿰亻厽	儡			
°⿱艹厽	蕾	藟		
垒				
°⿰纟厽	累	▽儽；leí	絫-累	儽-累leí
°⿸疒厽	癗	▽⿸疒畾		⿸疒畾/痦⿸疒畾
	耒		neǐ	
	诔		neǐ	
	▽灅		neǐ	

标字、音	原字、音	合并字、音	转注	标字诠释
leì				
°云…	类		云-幻	上下彼此相同，借指同类
°沄	泪			
°纭	颣			
°杌	欙leí			
瘂	累	leí		
	肋		leī	
	酹		liv̀	
	擂		leí	
lei-				
	嘞		leī	
leȳ				
°罘	moǔ	▿嘮		罘义网
°楪	棱			
leý-				
	崚		liý	
	棱		neý	
	稜		ley̌	稜/菠稜菜
	塄		leỳ	
	楞	楞-棱	neý	
ley̌				
冷				
°澪	稜leý			
leỳ				
°愣…	睖			眼珠子不灵活，喻发愣
塄	leý			
愣				
	堎		liý	
lī				
吏	lì			
°哫	哩			

标字、音	原字、音	合并字、音	转注	标字诠释
lí				
°秎…	劙		秎-利	用刀扎禾，引申割破、刺破
°菞-	藜		菞-藜莉	
*棃-	梨			
*犂-	犁			
▿鵹		鹂-鵹		
°蝒…	蠡	lǐ		
黎				
°黧	黧			
▴穋				
厘				
喱				
°罹	罹			
离				
蓠				
摛	ccì			
漓				
缡				
璃				
螭	ccì			
篱		▿杝-篱		
醨				
魑	ccì			
	丽		lì	
	骊		lì	
	缅		lì	缅/绑缅
	鹂		lì	
	鲡		lì	
	狸		lǐ	
	梩		lǐ	
	蒡		vì	
	嫠		vì	

标字、音	原字、音	合并字、音	转注	标字诠释
	蜊		lì	
lǐ				
李				
°⿰酉李	醴			
°⿰鱼李	鳢			
里				
俚				
悝		kvī		
哩	li			哩lǐ→英里
狸	lí			
▿浬…	澧			浬lǐ→海里
娌				
理				
梩	lí			
°裡…	礼			
锂				
鲤				
	逦		lì	
	蠡		lí	
lì				
力				
历				
仂	lè			
▿艻	lè	荔	艻-荔	艻/萝艻，义香草，香菜
叻	lè			
▿玏	lè			玏/瑊玏
朸				
°⿰石力	zzǔ	砾		⿰石力义强力
▲苈				
▲坜				
▲呖				
▲岖				

标字、音	原字、音	合并字、音	转注	标字诠释
▲沥				
▲枥				
▲疬				
▲雳				
立				
昱	iù			
▽铨				
笠				
翊	ì			
粒				
翌	ì			
▲莅				
▲煜	iù			
丽		lí		
郦				
俪				
逦	lǐ			
骊	lí			
缅	lí	xǐ		
榈				
鹂	lí			
鲡	lí			
利				
俐				
莉				
猁				
浰		liaǹ		
痢		△▽鬁-痢		
蜊	lí			
戾				
莨				
捩	liè			

标字、音	原字、音	合并字、音	转注	标字诠释
唳				
缑				
栗				
傈				
溧				
溧				
篥				
	厉		nì	
	励		nì	
	砺		nì	
	蛎		nì	蛎/牡蛎
	粝		nì	
	吏		lī	
	例		liè	
	沴		zzeň	
	疠		wǹ	
	隶		nī	
	珠		lè	
	栎		lè	
	轹		lè	
	跞		lè	
	珕		xé	
	鬲		gé	
	詈		iań	
	盭		xỳ	
li-				
	哩		lǐ	
liǎ				
*兩	俩，liaў		兩-两	
liań				
连				
莲				

标字、音	原字、音	合并字、音	转注	标字诠释
涟				
琏	liaň			
梿				
裢				
鲢				
°兼	联			握手貌，表彼此结合在一起
°廉	廉			
°溓	濂			
°膁	臁			
°鎌	镰			
°㝺	帘			
°蠊	蠊			
°隸	鬑			
	奁		liaň	
	怜		niań	
	磏		jaň̄	
liaň				
°仌	脸			动物头的正面状
°匲	奁lian		奁-匳	
°莶	蔹			
°敛	敛	裣-敛		
	琏		liań	
liaǹ				
廿	niaǹ			
°沺…	潋		沺-泄	
°芯	恋			
°东#				
练				
°栋	楝			
°殡	殓			
炼				
°铼	链			

标字、音	原字、音	合并字、音	转注	标字诠释
	浰		lì	
	琜		jaň	
	鰊		jaň	
liaō				
△▽㝯	sseǹ		㝯-慎	㝯/人名
°㨚	撩			
°㬇	蹽			
liaó				
°奈	尞	聊	尞-燎	讨论大小状，转指闲扯
°倷	僚			
°遾	辽			
°捺	撩			
°㖠	嘹			
°猔	獠			
°渿	潦	laǒ		
°寱	寮			
°綡	缭			
°婖	嫽			
°㮏	橑			
°㶳	燎			
°鵔	鹩			
°瘵	疗			
°䈜	簝			
	肙		iý	
	窌		maǒ	
	漻		niaó	
	寥		niaó	
	飉		niaó	
	髎		niaó	
liaǒ				
了		le		
▽㐾	oǔ			

标字、音	原字、音	合并字、音	转注	标字诠释
°忉	憭			
°灯	燎			
钌		liaò		
	蓼		niaó	
liaò				
°奃	料			估摸日头的大小，引申估量
°搸	撂	▿搸-撂		
°瞭	瞭			
°镣	镣			
°蹽	尥			
	钌		liaǒ	钌/钌铞儿
	璆		niaó	
	廖		niaó	
liaý				
°办	ccwȳ			办义开始做，第一次实现
°沕…	凉	liaỳ		
°▴塣	量			
▴梁				
▴粱				
▴墚				
	良		niaý	
	俍		niaý	
	莨		niaý	
	粮		niaý	
	踉		niaý	
	综		jȳ	
	椋		jȳ	
	辌		jȳ	
liay̌				
两				
俩				
緉				

标字、音	原字、音	合并字、音	转注	标字诠释
辆	liaỳ			
裲				
蜽				
魉				
	唡			唡→英两。英两又作盎司
	莾		maň	
liaỳ				
°京…	量		京-京	明了高低大小，表量、估量
°谅	谅			
°晾	晾			
	亮		niaỳ	
	▿喨		niaỳ	
	悢		niaý	
	踉		niaý	
	倞		jȳ	
	凉		liaý	
	辆		liaў	
	靓		niaỳ	
liē				
劣	liè			
	咧		liè	
lié+				
°巤…	鬣liè			似兽类脖子上的长毛
°獵	猎liè			
°躐	躐liè			
°鱲	鱲liè			
liě				
°衩	裂			衣服相合部分残破、分开貌
°咧	咧			
liè				
列				
例	lì			

标字、音	原字、音	合并字、音	转注	标字诠释
冽				
咧	liē	lie		
峛				
洌				
烈				
鴷				
裂				
趔				
	劣		liē	
	埒		liv̀	
	脟		liv̀	
	捩		lì	
	猎		lié	
	躐		lié	
	鱲		lié	
	鬣		lié	
lie-				
	咧		liè	
lin̄-				
	拎		liý	
lińa				
林				
菻	liň			
啉				
淋		liǹ		
綝		ccen̄		
琳				
箖				
霖				
°粦	粼			波光水下现手足，借指明净
°遴	遴			
°嶙	嶙			

标字、音	原字、音	合并字、音	转注	标字诠释
°潾	潾			
°驎	驎			
°璘	璘			
°辚	辚			
°磷	磷			
°瞵	瞵			
°鏻	鏻			
°翷	翷			
°麟	麟			
°鳞	鳞			
	邻		liý	
	临		niń	
liň				
°亩		廪-亩		
°洏	澟			
°垧	壈laň			
°恼	懔			
°梋	檩			
亶	daň			
°鲔	鳣zzaṅ			
▲馆	zzaṅ			
▲邅	zzaṅ			
▲澶	ccań			
▲璮	taň			
▲鹯	zzaṅ			
	菻		liń	
liǹ				
吝				
°脔		膦	脔-磐	
°赂	赁			
	淋		liń	
	蔺		liỳ	

标字、音	原字、音	合并字、音	转注	标字诠释
	躏		liỳ	
lioū				
°畄…	溜		畄-留	水在田野流动，借指滑行
°熘	熘			
°瞄	瞄			
°蹓	蹓			
lioú				
°㐬…	浏		㐬-旒	川水映云，喻水流清澈
流				
琉				
硫				
旒				
毓	iù			
▲鎏				
▲鎏				
留				
°劉	刘			
▿隬				
馏				
遛				
骝				
榴				
飗				
镏				
鹠				
瘤				
▲籀	zzoù			
	瞜		nioù	
	镠		nioù	
lioǔ				
°丣…	绺，ioǔ		丣-酉	成束的细丝状东西貌
*栁-	柳			

标字、音	原字、音	合并字、音	转注	标字诠释
°琊-	珋			
°罪-	罶			
°铘	鋶			
lioù				
六		lù		
°阬	陆			
°饮	馏			
°迒	遛	♩蹓-遛		
°汻	溜			
°钪	镏			
	碌		lù	
	飂		niaó	
	鹨		nioù	
liú				
居	diaǹ			
°驮	驴			
	闾		liŭ	
	榈		liŭ	
	膢		loú	
liŭ				
吕				
侣				
莒	jŭ			
闾	liú			
梠				
铝				
稆				
筥	jŭ			
▲榈	liú			
°衣#				
°衣	履			

标字、音	原字、音	合并字、音	转注	标字诠释
旅				
▲膂				
	捋		liv̌	
	偻		loú	
	屡		niǔ	
	缕		niǔ	
	褛		niǔ	
liù				
聿	iù	率	聿-笔	手拿长短物相比，引申比值
垏				
律				
▿猙				
珒	jī			
▲葎				
	虑		niù	
	滤		niù	
	鑢		niù	
	▿菉		lù	
	绿		lù	
	氯		lù	
liv̀				
°寽…	掠		寽-锊捋	手不放过寸物，转指抢夺
埒	liè			
捋		liǔ		
°脟	脟liè			
°哷	略		哷-埒	
锊				
酹	leì			
虢	guó			
▲漷	guó			
	砉		qì	
	圙		lvń	圙/图圙-库伦

标字、音	原字、音	合并字、音	转注	标字诠释
liý				
令		○		
伶				
邻	liń			
苓				
坽				
拎	lin̄			
囹				
泠				
姈				
玲				
柃				
昤				
瓴				
铃				
鸰				
聆				
蛉				
笭				
舲				
翎				
羚				
零				
龄				
▲澪				
灵				
°郻	酃			
棂				
°𬪩	醽			
°夌#			夌-凌陵	
凌		△淩-凌		
陵				

标字、音	原字、音	合并字、音	转注	标字诠释
菱				
堎	leỳ			
倰				
崚	leý			
庱	ccey̌			
绫				
棱				
裬				
鲮				
liy̌				
°亽	令			人弯指头点数，借为量词
°岭	岭			
°领	领			
liỳ				
°令-	令			上级发出的符节，借指命令
°苓	蔺lìn			
°呤	吟			
°跉	躏lìn			
1ó+				
°罒…	脶luó			丝般纹理貌，借为手的指纹
°啰	咯lo			
°蠼	螺luó			
▲蔂	leí			
▲摞	luò			
▲漯	luò	tà		
▲骡	luó			
▲缧	leí			
▲嫘	leí			
▲犡	leí			
▲瘰	luǒ			
lo-				
	咯		1ó	

标字、音	原字、音	合并字、音	转注	标字诠释
loū				
°⿷匚米…	搂		⿷匚米-播	把米样散的东西聚集起来
°⿰目⿷匚米	瞜		[方]瞜	
loú				
娄				
偻		liǔ		
蒌				
塿				
喽		luo		
溇				
楼				
膢		liú		
窭	jù			
耧				
蝼				
屦	jù			
髅				
	剅		doù	
loǔ				
°叟…	篓		叟-掬	女人肩负头顶的，借指篓子
°搜	搂			
°⿰山叟	嵝			
loù				
°屚	露	lù	屚-漏	凝结在屋檐下的水珠
°⿰阝屚…	陋			
°漏…	漏			
°⿰钅屚	镂			
°⿸疒屚	瘘		⿸疒屚-瘘	
lou-				
	喽		loú	
loȳ				
°夆	loý			夆义多

标字、音	原字、音	合并字、音	转注	标字诠释
隆		loý		
▲瀧	loý			
▲癃	loý			
▲窿	loý			
loý				
龙		▿竜-龙		
茏				
咙				
泷		sswȳ		
珑				
栊				
昽				
胧				
砻				
眬				
聋				
笼				
▿舭				
詟	zzé			
	隆		loȳ	
	瀧		loȳ	
	癃		loȳ	
	窿		loȳ	
loy̌				
°龙	拢			飞鸟入笼，转指靠近、到达
°陇	陇			
°垄	垄			
°笼	笼	侊-笼		
	箢		goý	
loỳ-				
	弄		noỳ	
	哢		noỳ	

标字、音	原字、音	合并字、音	转注	标字诠释
	⿱山弄		noỳ	
lū-				
	撸		luō	
	噜		luō	噜/噜苏
lú				
卢				
°芦	芦	lǔ		
垆				
°庐-	庐			
泸				
⿰纟卢				
栌				
轳		△lu		
胪				
°炉	炉			
鸬				
⿰目卢				
⿰钅卢				
颅				
舻				
鲈				
lǔ				
卤				
°⿰氵卤	澛			
°⿰木卤	橹			
°⿱卤日	鲁			
°⿺毛卤	⿺毛鲁lu			
°硵				
°⿰钅卤	镥			
	芦		lú	
	虏		nǔ	
	掳		nǔ	

标字、音	原字、音	合并字、音	转注	标字诠释
lù				
°各…	甪		各-右	手指的某区域，借为地名字
°洛	潞			
°珞	璐			
°赂	赂			
°路	路			
°▲蕗	蕗			
°▲鹭	鹭			
°鹿	鹿			
°漉	漉			
°辘	辘			
°麗	▿麗			
°簏	簏			
°麓	麓			
录				
菉		liù		
[illegible]				
渌				
逯				
騄				
绿		liù		
琭				
氯	liù			
禄				
碌		lioù		
睩				
盝				
箓				
醁				
	六		lioù	
	陆		noù	
	辂		gé	

标字、音	原字、音	合并字、音	转注	标字诠释
	秾		noù	
	僇		nù	
	勠		nù	
	蓼		niɑó	
	戮		nù	
	露		loù	
lu-				
	△轳		lú	
	氇		loǔ	
luō				
°幵…	捋	撸		手握条形物体滑动貌
°吽…	啰	噜-啰	囉-吽	
	▽落		luò	
luó				
罗				
㑩		△luo		
萝				
啰		luo		
逻				
猡				
椤				
椤				
锣				
箩				
	猊		nǐ	
	脶		ló	
	骡		ló	
	螺		ló	
luǒ				
°幵	蓏			结果植物，引申瓜类果实
°衦	裸			
°蚒	蠃			

标字、音	原字、音	合并字、音	转注	标字诠释
	倮		guǒ	
	瘰		ló	
luò				
°夂	落	▿luō		物体降至某区域
°泈	洛			
°驭	骆			
°纵	络	lɑò		
°玖	珞			
°雒	雒			
	泺		lè	
	♩跞	跞-荦	iý	
	荦		iý	
	咯		gé	
	烙		lɑò	
	硌		gé	
	摞		ló	
	漯		ló	
luo-				
	▵㑩		luó	
	啰		luó	
lvn̄-				
	抡		lvǹ	
lvń				
仑				
伦		圇		
论				
坨	lvň			
抡				
囵				
沦				
纶		gwn̄		
轮				

标字、音	原字、音	合并字、音	转注	标字诠释
轮				
lvň-				
	抡		lvń	
lvǹ				
*侖#			侖-仑	
°谕	论		*論-论	
*掄	抡lvn̄			
lwń				
°亦#				
峦				
孪				
娈				
栾				
挛				
鸾				
脔				
銮				
▿▴圞				
▴滦				
lwň-				
	卵		nwň	
lwǹ				
°闶	阑lań			手拿物遮门，转指遮拦用物
°亂	乱			
m̄-				
	姆		en̄	
ḿ-				
	呒		ú	
	呣		eń	
m̀-				
	呣		eǹ	

标字、音	原字、音	合并字、音	转注	标字诠释
mā				
°马	抹	♩摩/摩挲		手按着擦除脏污貌
°吗	吗ma	么ma		
°𫲭	孖	zī	[方]孖	
°妈	妈			
	蚂		mǎ	
	麻		má	
má				
°麻	麻	▿痳-麻；mā		屋下剥麻貌，借指麻类
°嘛	嘛ma	♩吗		
°蟖	蟆		蟖-蟆	
mǎ				
马				
冯	feý			
吗				
犸				
玛				
杩				
祃	mà			
码				
蚂		mā，mà		
mà				
°骂				
°榪	杩			
	祃		mǎ	
	蚂		mǎ	
ma-				
	么	♩么-♩吗	mǎ	
	吗		mā	
	嘛		má	
maī+				
°衁…	脉maì	脈；mò	衁-血	脈mò-脉mò

标字、音	原字、音	合并字、音	转注	标字诠释
°霡	霢maì			
maí				
埋		mań		
°霾-	霾			
maǐ				
°买-	买		[新]買	网罗财富，引申买
°荬	荬			
maì				
°迈	迈			人跨越障碍貌
°麦	麦			
°卖	卖			
▲赍	jī			
°▲唛	唛			
°▲镂	镂			
	劢		wǹ	
	脉		maī	
	霢		maī	
mań				
°㬅	tū			㬅义入水又出貌
°嫚	嫚			
°鞔	鞔mań			
	颟		mań	
mań				
°曼	瞒	♩谩-瞒		用手遮挡天日，喻隐瞒真相
°蛮	蛮			
°蔓	蔓	wǹ		
°馒	馒			
°鬘	鬘			
°鳗	鳗			
	埋		maí	
	鞔		mań	

标字、音	原字、音	合并字、音	转注	标字诠释
maň				
°𬜬	liaý			
满				
𬍛	meń			
颟	maņ			
螨				
蹒	pań			
maǹ				
°曼	曼			伸手来延展日影，转指拉长
°谩	谩			
°墁	墁			
°慢	慢			
°幔	幔			
°漫	漫			
°缦	缦			
°嫚	嫚			
°熳	熳			
°镘	镘			
	蔄		vǹ	蔄/地名/姓氏
maō				
°盲	maý		盲-甿	甿义旷野
°猫	猫	maó		
maó				
毛				
芼	maò			
牦				
眊	maò			
耄	maò			
旄				
°⿰镸毛	髦			
酕				
矛				

标字、音	原字、音	合并字、音	转注	标字诠释
茅		茆-茅		
°鉾	锚			
°蝥-	蟊	蝥/斑蝥		
袤	maò			
°髳	髳			
楙	maò			
▲懋	maò			
	猫		maō	
maǒ				
卯		冇		
奅	paò			
峁				
泖				
昴				
铆				
窌	jaò	liaó		
maò				
°卯#				
°皃	貌	皃-貌		
°茆	茂			
贸				
▽▲鄮				
°冐	冐	mò		目冲天日，转指冒失、冒犯
°帽	帽			
°媢	媢			
°瑁	瑁			
°毷	毷			
°赗	赗feỳ			
	芼		maó	
	眊		maó	
	耄		maó	
	袤		maó	

标字、音	原字、音	合并字、音	转注	标字诠释
	菽		ù	菽/菽薓
	瞀		ù	
	楙		maó	
	懋		maó	
	鄚		mò	鄚/地名
maȳ				
尨	maý	meý		
厖	maý			
駹	maý			
牻	maý			
		牤	may̌	
maý				
芒		杧-芒		
°侇	氓			
茫				
°恾	忙			
硭				
°眬	盲			
铓				
	邙		wý	邙/地名
	尨		maȳ	
	厖		maȳ	
	駹		maȳ	
	牻		maȳ	
may̌				
莽				
漭				
*犇-	牤maȳ		[方]牤	
蟒				
me-				
	么		mō	
	嚜		mō	

标字、音	原字、音	合并字、音	转注	标字诠释
meī+				
殳	ssū			
芟	ssaň			
没	meí	mò		
殁	mò			
役	dvì			
酘	doù			
▲彀	goù			
▲毂	gǔ			
▲榖	gǔ			
▲縠	gǔ			
▲彀	koù			
▲觳	hú			
▲縠	hú			
meí				
°毐…	霉		毐-每	母体表面长霉菌，又指霉变
°莓	莓			
°梅	梅			
°脢	脢			
°酶	酶			
°苿…	枚		苿-铧	木的枝叶，借喻形体较小的
°媒	媒			
°瑅	玫			
°煤	煤			
°粿	糜	mí		
眉				
郿				
嵋				
猸				
湄				
媚	meì			
瑂				

标字、音	原字、音	合并字、音	转注	标字诠释
楣				
镅				
鹛				
	没		meī	
	娒		meǐ	
	禖		moǔ	
meǐ				
每				
娒	meí			娒/人名
痗	meì			
▲緐	pó			
▲鳘	miň			
美				
渼				
媄				
镁				
	浼		miɑň	
meì				
°朩	beì			朩义草木茂盛貌
°妹	妹			
°昧	昧			
°魅	魅			
°▲寐	寐			
	沬		vì	
	袂		jv́	
	谜		mí	
	痗		meǐ	
	媚		meí	
men̄				
㐅	meǹ	qǐ		
	闷		meǹ	

标字、音	原字、音	合并字、音	转注	标字诠释
meń				
门		亹-门		
们		men		
扪				
钔				
	璊		maň	
meǹ				
闷		meñ		
°悯		懑	[方]悯	悯义心存嫌疑不作声
焖				
	杳		meñ	
men-				
	们		meń	
meȳ				
°蒃	蒙			堆物遮蔽，转指欺骗
meý				
°昍	xwñ			昍义明也
°苗	萌			
°盟	盟			
°冡	mey̌	獴	冡-蒙mey̌	獴又义蒙mey̌，菟丝
蒙		mey̌		
▲崾				
▲幪				
▲檬				
▲曚				
▲朦				
▲鹲				
▲礞				
▲蠓	mey̌			
▲艨				
	龙		maȳ	
	氓		wý	

标字、音	原字、音	合并字、音	转注	标字诠释
	虻		wý	
	郿		sseý	郿/古地名
	甍		meỳ	
	瞢		meỳ	
meÿ̌				
孟	meỳ			
勐				
▿掹				
°慲…	懵		慲-猛	
猛				
锰				
蜢				
艋				
	蒙		meý	
	獴		meý	
	蠓		meý	
meỳ				
°曲#				
°夢	梦		*夢-梦	
°甍	甍meý			
°瞢	瞢meý			
°薨	薨hoȳ			
	孟		meǐ	
mī				
°罒	眯			眼睛合成一条缝貌
°吅	咪			
mí				
弥				
°弥		蘼/荼蘼	弥-蘼	蘼/草名
猕				
箖				
迷				

标字、音	原字、音	合并字、音	转注	标字诠释
谜		meì		
°蒾		蘼/蘼芜		
°縰	縻			
*瞇-	眯			
醚		醾/酴醾		
	祢		nǐ	
	糜		meí	
	靡		mǐ	
	麋		mǐ	
mǐ				
米				
咪				
°床…	靡	mí	床-屎	米满堂，引申奢侈
洣				
脒				
敉				
°麋	麋mí			
	芈		mì	
	沵		nǐ	
	弭		eř	
mì				
°丱	gwǹ	丱-丱；kwỳ		古代儿童头发束成两角貌…
芈	mǐ			
°芇	幂	▿幎-幂		
°苋	觅			
宓		秘；fú		
°滵		泌，谧-滵		
密				
蜜				
▴嘧				
	汨		rì	
	▿沕		ù	

标字、音	原字、音	合并字、音	转注	标字诠释
	祕		bì	
	蓂		miỷ	
miań				
°罒…	眠		罒-言	闭目盖被巾，转指睡觉
°绵	绵			
°棉	棉			
miaň				
免				
▿俛				
勉				
°冕	冕			
浼	meǐ			
娩				
°晚		眄		晚义目视
鮸				
°面	丏			由上封口，转指遮蔽
°湎	湎	沔		
°缅	缅			
°腼	腼	♩靦-腼		
	黾		sseý	
	渑		sseý	
	勔		miaǹ	
	偭		miaǹ	
	愐		miaǹ	
miaǹ				
面				
勔	miaň			
偭	miaň			
愐	miaň			
	眄		miaň	
miaō				
豸	zzì	zzaì		

标字、音	原字、音	合并字、音	转注	标字诠释
°哆…	喵			
miaó				
苗				
描				
葸	xǐ			
鹋				
瞄				
miaǒ				
°尔	藐			小看、轻视貌
°还	邈			
°杯	杪			
°脉	肕			
°秝	秒			
°汆…	淼			会意水势浩大
°溙…	渺，luǒ		溙-潦	
°缔	缈			
	眇		ssaǒ	
miaò				
妙		▿玅-妙		
°庙	庙			
	缪		mioù	
miē				
乜		niè		
°吔…	咩			
miè				
灭				
°罛	蔑			
°蚇	蠛			
°笶	篾			
miń				
民				
苠				

标字、音	原字、音	合并字、音	转注	标字诠释
岷				
珉		玟-珉		
*敃-	▿暋miň			
▴涽	miň			
▴缗				
	旻		vń	
	忞		vń	
miň				
皿				
°抿	抿			
°闽	闽			
°敏	敏	慜		
°篃…	▿筤			
闵				
悯		愍-悯		
°润		泯		润义水流平缓
	♩黾		sseý	黾/黾勉
	▿僶		sseý	
	泯		miy̌	
	涽		miń	
	▿暋		miń	
	愍	愍-悯	miy̌	
	鳘		meǐ	
mioù				
羿	ì			
°谬	谬			
°缪	缪	moú，miɑò		
miý				
名				
茗				
°鸣	鸣			
洺				

标字、音	原字、音	合并字、音	转注	标字诠释
铭				
酩	miǐ			
明				
曌	zzaò			
	冥		miǐ	
	蓂		miǐ	
	溟		miǐ	
	▿榠		miǐ	
	暝		miǐ	
	瞑		miǐ	
	螟		miǐ	
miǐ				
冥	miý			
蓂	miý	mì		
溟	miý			
▿榠	miý			
暝	miý			
瞑	miý			
螟	miý			
	酩		miý	酩/酩酊
miỳ				
命				
mō				
么	me			
仫	mù			
抎…	摸，tuó			
°吆…	嚜me			
°広-	麽mó			
°妐	嬷mó			
mó				
°庥	摩			房里相对，转指接触、琢磨
°房	劘			

标字、音	原字、音	合并字、音	转注	标字诠释
°蔴	蘑	蔴		蔴/萝蔴
°磨	磨			
°魔	魔			
	无		ú	
	谟		mò	
	馍		moú	
	嫫		mò	
	摹		moú	
	模		moú	
	膜		moú	
	麽		mō	
	嬷		mō	
mǒ				
亩	mǔ			
°揷	抹			
恵	xí			
mò				
末				
茉				
抹				
沫				
妹				
°砞		♩磨，礳		砞义碎石。礳/地名
眜				
秣				
°耕	耱			
靺				
莫				
鄚	mɑò			
募	mù			
谟	mó			
墓	mù			

标字、音	原字、音	合并字、音	转注	标字诠释
幕	mù			
蓦				
漠				
寞				
嫫	mó			
暮	mù			
慕	mù			
镆				
瘼				
貘				
	♩万		wǹ	万/万俟
	没		meī	
	殁		meī	
	陌		mù	
	貊		bɑǐ	
	冒		mɑò	
	脉		mɑī	
	脈	脈-脉	mɑī	
	貉		gé	
	♩嘿	嘿-默	mù	
	墨		mù	
	默		mù	
	纆		mù	
moū-				
	哞		mú	
moú				
°某	摹mó			人伏桌上描摹，转指临摹
°谋	谋			
°馍	馍mó			
°模	模mó	mú		
°膜	膜mó			
	牟		mú	

标字、音	原字、音	合并字、音	转注	标字诠释
	侔		mú	
	哞		mú	
	眸		mú	
	蛑		mú	
	鍪		mú	
	♩缪		mioù	缪/绸缪
	鍪		ù	
moǔ				
某				
禖	meí			
moù+				
木	mù			
沐	mù			
▴霂	mù			
mú				
牟	moú	mù		
侔	moú			
哞	moú	moū		
毪				
眸	moú			
蛑	moú			
°鍪	鍪moú			
	模		moú	
mǔ				
母				
▿坶				
拇				
▿峔				
姆				
°牳		牡		牳/牛名
鉧				
	▿嗽			嗽→英亩

标字、音	原字、音	合并字、音	转注	标字诠释
	亩		mǒ	
	姥		lɑǒ	
mù				
目				
°百…	默mò	嘿-默	百-百首	遮住眼睛，转指凭记忆默写
苜				
°牳	牧			
钼				
°相	穆			
睦				
°▲陌	陌mò			
°▲绢	缪mò			
°▲亘	墨mò			
▿▲斠	jū			
	木		moù	
	沐		moù	
	霂		moù	霂/霡霂
	仫		mō	
	牟		mú	
	募		mò	
	墓		mò	
	幕		mò	
	暮		mò	
	慕		mò	
ń-				
	唔		eń	
	嗯		eń	
ň-				
	嗯		eň	
ǹ-				
	嗯		eǹ	

标字、音	原字、音	合并字、音	转注	标字诠释
nā-				
	♩南		naḿ	南/南无
	那		nà	
ná				
拿				
镎				
	挐		rú	
nǎ				
°丏…	zoū			古代符信的左半部
°郍…	哪	na, neǐ, ▿naǐ		
°[illegible]	乸		[方]乸	
nà				
°冃	辣là			似辣椒的辣味溢出
那		nā, neì, ▿nè		
▲荊		nuó		
▲娜		nuó		
°内	ì			内/姓氏
°呐	呐	▿na， nè		
°纳	纳			
°[illegible]	捺			
°肭	肭			
°钠	钠			
°衲	衲			
	▿郍		raň	
na-				
	▿呐		nǎ	
	哪		nǎ	
naǐ				
乃		▿倷-乃		
艿				
奶				
氖				

标字、音	原字、音	合并字、音	转注	标字诠释
礽	reý			
	迺		xī	迺/地名/姓氏
	▿哪		nǎ	
naì				
奈				
萘				
°榇-	柰			
°锛	鼐		錼-镎	
	佴		eř	
	耐		laì	
	耏		eŕ	
	能		neý	
	褦		neý	
nan̄				
囡		▵♩囝-囡		
naŕ				
男				
°쌗	难			
南		nā		
莮		naň		
喃				
婻	naǹ			
楠				
°腩	腩naň			
罱	laň			
蝻	naň			
naň				
°婪	婪laŕ			会意女食禁果，转指贪婪
°惏	懒laň			
°漤	漤laň			
	赧		baò	
	莮		naŕ	

标字、音	原字、音	合并字、音	转注	标字诠释
	腩		nań	
	蝻		nań	
naǹ				
°圭#				
°⿰又圭-	难			
°洼	滥laǹ			
°烓	烂laǹ			
	婻		nań	
naō				
°⿱丆力	孬			力量不够，转指懦弱
°⿰扌⿱丆力	捞laō			
naó				
牢	laó			
°⿰扌牢	laó	挠		⿰扌牢义闭也
°⿰酉牢	醪laó			
	诿		raò	
	铙		raó	
	蛲		raó	
	呶		nú	
	侬		noý	
	猺		ccoǔ	
	硇		paǐ	
	猱		roú	
	夒	夒-猱	roú	
	巙	巙-猺	ccoǔ	
naǒ				
°⿴凵乂	xoȳ			⿴凵乂义凶，恶也
垴				
恼				
°⿰王㐫…	瑙			
°⿰月㐫	脑			

标字、音	原字、音	合并字、音	转注	标字诠释
naò				
闹				
°澜	淖			
°腡	臑			
naȳ				
°壱…	▿櫜gaō		壱-壹	收藏器具貌
°咜	囔			
°毤	齉naỳ			
	囊		naý	♩囊/囊膪
naý				
°衣	囊	naȳ		衣服上装东西的，借指口袋
°饫	馕			
naY̌				
°昔	曩			似日落下，喻从前的
°措	攮			
°馇	馕			
naỳ-				
	齉		naȳ	
né				
°厄…	泐lè		厄-卮	用匕首刻画崖壁
°呃	呢ne	♩哪		
nè-				
	讷		neì	
	▿呐	呐-讷	neì	
	▿哪		nà	
ne				
	呢		né	
neǐ				
耒	leǐ			
诔	leǐ			
°饫	馁			
°沫	leǐ	▿灅；leì	沫-郲-耒	沫又义浸染。灅/古水名

标字、音	原字、音	合并字、音	转注	标字诠释
	哪		nǎ	
neì				
内				
讷	nè	ne		
芮	rvì			
▿呐	ne	讷ne-呐		
汭	rvì			
枘	rvì			
蚋	rvì			
	那		nà	
neǹ				
°肙	iwǹ			肙义小虫
°悁	恁			
°娟…	嫩	嫰-嫩	娟-娟	
neý				
°㠯#				
°杞	棱leý	楞-棱		
能		naì		
°䏻	磨nvń			
▴褦	naí			
nī				
隶	lì			
埭	daì			
棣	dì			
▴逮	daì			
	妮		ní	
ní				
尼				
伲		nì		
坭				
怩				
呢				

标字、音	原字、音	合并字、音	转注	标字诠释
泥		nì		
妮	nī			
昵	nì			
铌				
旎	nǐ			
兒				
倪				
郳	nì			
猊				
阋	xì			
▿婗				
𫐐				
睨	nì			
蜺				
°麑	麛			
霓				
𬺈				
鲵				
nǐ				
°尔…	拟，eŕ			用脑用心，引申打算
你				
狝	xaň			
沵	mǐ			
*妳				女性的第二人称
视	luó			
祢	mí			
	旎		ní	
	薿		í	薿/薿薿
nì				
厉	lì			
励	lì			
砺	lì			

标字、音	原字、音	合并字、音	转注	标字诠释
蛎	lì			
粝	lì			
°屰…	戟jǐ		屰-逆戟	
逆				
°泝…	溺			
°朔	腻			
匿				
▿慝				
慝	tè			
▿蟚				
	伲		ní	
	泥		ní	
	昵		ní	
	隗		ní	
	睨		ní	
	愬		ssū	
niaṉ				
°㐭…	蔫		㐭-与	植物萎缩貌
°㧊	拈			
niań				
年				
°怜	怜lián			
°秥	黏	粘-黏		
°鲇	鲇			
niaň				
°㞋				㞋义柔皮也
°㧮	撵			
°辗	辇			
°碾	碾			
°跟	蹍		[方]跟	
	▿涊		reň	
	捻		niaǹ	

标字、音	原字、音	合并字、音	转注	标字诠释
niaǹ				
念				
谂	sseň			
荼	niè			
埝				
捻	niaň			
°验	验iaǹ			騐-验
稔	reň			
	廿		liaǹ	
niaó+				
°蓼	蓼liaǒ	lù		
°墚	墚liaò			
°廖	廖liaò			
°漻	漻liaó			
°寥	寥liaó			
°飕	飕liaó	lioù		
°髎	髎liaó			
niaǒ				
鸟				
茑				
°鸮	袅			
°妈	嬲			
莺	diaò			
niaò				
尿		溺-尿；svī		
脲				
niaý				
良	liaý			
俍	liaý			
莨	liaý			
埌	laỳ			
悢	liaỳ			

标字、音	原字、音	合并字、音	转注	标字诠释
阆	laỳ	laý		
娘				
眼	laỳ			
筤	laý			
粮	liaý			
踉	liaý	liaỳ		
酿				
niaỳ+				
亮	liaỳ			
º倞…	靓liaỳ	jỳ		
▿喨	liaỳ			
niē				
º圼	niè		圼-埕	埕义塞也
陧	niè			
捏				
涅	niè			
nié				
臬	niè			
嵲	niè			
闑	niè			
镍	niè			
▿鯢	niè			
	茶		eř	
niè				
聂				
慑	ssè			
嗫				
滠	ssè			
º蹑	孽			
º榐		蘖		榐义紫藤，枫树，杖
镊		▿苶-镊		
颞				

标字、音	原字、音	合并字、音	转注	标字诠释
°糱	蘗			
蹑				
	乜		miē	
	陧		niē	
	涅		niē	
	臬		nié	
	嵲		nié	
	闑		nié	
	镍		nié	
	▿鼿		nié	
	苶		niaǹ	
	啮		ccǐ	
	槷		noù	
niń				
°㐰	您			口中念念不忘之人，表敬称
临	liń			
	▿恁		reǹ	
nioū				
°闵	妞			没嫁出门的女人，转指女孩
nioú				
牛				
nioǔ				
°彑	jì			彑义猪头，猬属
°扫	扭			
°忸	忸			
°狃	狃			
°纽	纽			
°钮	钮			
	杻		ccoǔ	
nioù				
°翏	拗			人欲煽动羽毛起飞，喻固执
°嘐	瞟liou ́			

标字、音	原字、音	合并字、音	转注	标字诠释
º锍	镠lioú			
º鹨	鹨lioù			
niǔ				
女				
▿伖	nú			
汝	rǔ			
º屄	屡liǔ			
º纹	缕liǔ			
钕				
º衭	褛liǔ			
籹				
niù				
虑	liù			
摅	ssū			
滤	liù			
铑	liù			
	恧		eŕ	
	衄		ccoǔ	
	朒		ruò	
niv̀				
º乇#···				乇，“二简”同虐
疟		iɑò		
虐				
▴谑	xv́			
niv́				
宁		niǹ		
*伫-	伫zzù			
º泞	凝			
º诗	讠zzǔ		讠-詝	
苧				
拧				
咛				

标字、音	原字、音	合并字、音	转注	标字诠释
狞				
泞	niỳ			
柠				
聍				
°髩	▿髩			
niy̌				
°纟	拧，gè			手拧螺钉貌
niỳ				
另	liỳ			
°伪…	佞			
°犸…	拧			另类的牛，转指倔强
	宁		niý	
	泞		niý	
	甯		ioỳ	
noù				
°坴	lù			坴义大土块，姓氏
*陸-	陆lù			
逵	kví			
稑	lù			
▲蓺	ì			
▲埶	niè			
	耨		rǔ	
noý				
农				
侬				
侬	naó			
哝				
浓				
°脓	脓			
秾				
酞				

标字、音	原字、音	合并字、音	转注	标字诠释
noỳ				
弄		loỳ		
哢	loỳ			
峅	loỳ			
nú				
奴				
呶	naó			
帑	taỳ̌			
弩	nǔ			
驽				
孥				
砮	nǔ			
笯				
胬	nǔ			
	▿伖		niǔ	
nǔ				
º虏	努			力能扛虎，转指用力突出
虜	lǔ			
▴掳	lǔ			
	弩		nú	
	砮		nú	
	胬		nú	
nù				
º㐱	怒			鬓发似火，转指气势旺盛
º㑥	僇lù			
º㔞	勠lù			
º㦮	戮lù			
	傉		rǔ	
nuó				
º扟…	挪		扟-受	手移动物品貌
º㑚	傩			
	莙		nà	

标字、音	原字、音	合并字、音	转注	标字诠释
	娜		nà	
nuò				
°若…	喏		若-若	口手护花草，借指提醒注意
°诺	诺			
°惹	懦			
°锘	锘			
°糯	糯			
	搦		ruò	
nvń-				
	磨		neý	
nwň				
° 卩	jé		卩-节	卩义瑞信、符节
°⿰日卩	暖			
卵	lwň			
ō				
°亇~	噢	♩喔，嘔oū	喔-噢	通用变调音符，调变字不变
ó				
°亇~	哦	嘔oú		通用变调音符，调变字不变
ǒ				
°亇~	嘍	嘔oǔ		通用变调音符，调变字不变
ò				
°亇~	哦	嘔où		通用变调音符，调变字不变
oū				
°區…	区			♩区/姓氏
°謳	讴			
°嫗	妪iù			
°甌	瓯			
°歐	欧			
°毆	殴			
°鷗	鸥			
	坵		qū	坵/地名
	沤		où	

标字、音	原字、音	合并字、音	转注	标字诠释
	噢		ō	
oú-				
	噢		ó	
oǔ				
°呕	呕			呕吐状
°偶	偶			
°萬	藕			
°焗	炬			
	▿辽		liaǒ	辽/地名
	噢		ǒ	
	耦		iù	
où				
°区…	怄		区-正亡	人被框住，借指生闷气
°沤	沤	oū		
	噢		ò	
oỳ+				
°翕	hoý	goỳ		翕义飞声；到达
°蓊	蘙vỳ			
pā				
°尸…	趴		尸-尸	身体似卧眉匍匐
°芦	葩			
°炉	▿炬		[方]炬	
	▿派		paì	
	舥		bā	
	啪		paī	
pá				
°尻	爬			俯身爬行，会意
°扒	扒	犇-扒		
°氿	潖			
°玑	琶			
°耙	耙	钯-耙		
°筢	筢			

标字、音	原字、音	合并字、音	转注	标字诠释
	杷		bā	
pà				
°囟	帕	▿帊-帕		似印有花纹的白方巾
°⿰忄囟	怕			
pɑī				
拍				
啪	pā			
pɑí				
°非	牌			裁摆好的料，借指牌、牌匾
°俳	俳			
°排	排			
°徘	徘			
°棑	棑			
°⿱⺮非	簰	▿箄-簰		
pɑǐ				
囟	xìn			
°⿰扌囟	排			
°⿺辶囟	迫			
硇	nɑó			
pɑì				
°𠂢			𠂢-派	𠂢义水的支流
哌				
派		▿pā		
▲蒎				
	湃		bɑì	
pɑn̄				
°⿱大手	攀	扳-攀		人向上爬貌
°⿰氵⿱大手	潘			
	番		fɑn̄	番/番禺
pɑń				
爿				
戕	qɑȳ			

标字、音	原字、音	合并字、音	转注	标字诠释
斨	qaȳ			
泂	kē			泂/古地名
牂	zaȳ			
°舟	蟠			船舵偏向一方，引申盘绕
°般	般			
°盘	盘			
°▲槃	槃			
°▲磐	磐			
°▲鞶	鞶			
	胖		paỳ	
	磻		fan̄	磻/磻溪
	蹣		mań	
paǹ				
°乎…	jn̄	鋬		手提貌，转指器物手提部分
°刋	判			
°叛	叛			
°盻	盼			
°袢	袢	襻-袢		
	拚		pin̄	
	泮		baǹ	
	畔		baǹ	
paō				
°尥	lì		尥-尥	尥义走路时足胫相交
抛				
°泡	泡			
°脃	脬			
paó				
°包	匏			匏瓜状
°刨	刨			
°咆	咆			
°狍	狍			
°庖	庖			

标字、音	原字、音	合并字、音	转注	标字诠释
°袍	袍			
°跑	跑			
	炮		paò	
paǒ				
°趏	跑			人跑状
paò				
°色#…			色-包	
°沲	泡			
°炝-	炮	paó		
°疤	疱			
	奅		maǒ	
paȳ				
乓				
	滂		paý	
	膀		paý	
	雱		faȳ	
paý				
旁				
菊		baỳ		
°搒	baỳ	▿榜peý；peý		榜peý-搒peý
*徬-	彷			
滂	paȳ			
°膀	膀	paȳ		
磅				
螃				
鳑				
	庞		paỳ	
	逄		jaỳ	逄/姓氏
paY̌				
°㫄	髈			大腿貌
°㖞	嗙			
°耪	耪			

标字、音	原字、音	合并字、音	转注	标字诠释
paỳ				
°卄	kẁ			卄义跨
°庝	庞paý			
°肨	胖	pań		
peī				
丕	pī			
邳	pī			
伾	pī			
苤	piě			
坯	pī			
呸				
狉	pī			
駓	pī			
°胚	肧			
	�		bù	
	痞		peí	
	醅		peí	
peí				
°咅	poǔ			咅义斥责或唾弃
陪				
培				
掊	poú			
涪	fú			
棓	baỳ			
赔				
毰				
瓿	bù			
敨	toǔ			
碚	beì			
锫				
痞	peī	▿peì		
醅	peī			

标字、音	原字、音	合并字、音	转注	标字诠释
踣	bó			
	裴		feī	音译时留音，选同音字替代
peì				
°凧…	配			帐内同枕，引申男女相结合
佩				
°咅	辔			
°汎…	沛			
	帔		pí	
	旆		feì	
	霈		feì	
	▿痞		peí	
pen̄				
°𠮷…	喷		𠮷-世	发散射出貌
°烹	烹peȳ			
peń				
盆				
湓				
peǹ-				
	喷		peỳ	
peȳ				
°平…	嘭		平-车卒	手敲击发出的声音
°抨	抨			
°怦	怦			
°泙	澎			
°砰	砰	▿訇-砰		
	烹		pen̄	
peý				
朋				
°萠	pan̄	蓬		萠/姓氏
堋		beỳ		
淜				
弸				

标字、音	原字、音	合并字、音	转注	标字诠释
棚				
硼				
鹏				
°篣	篷			
▿▴鬅				
	芃		fań	
	彭		poý	
	澎		poý	
	膨		poý	
	蟛		poý	
	搒		paý	
	▿榜	♩榜-♩搒	paý	
peỹ				
°廾	goỹ	捧		廾义双手捧物
peỳ				
°並…	喷peǹ		並-并	气味从蒸笼溢出
湴	baǹ			
椪				
碰				
pī				
°仳	zzwǹ	披		披风散开貌
°批	批			
°呲	噼		pì	
°纰	纰			
°砒	砒			
°雳	霹			
	丕		peī	
	邳		peī	
	伾		peī	
	坯		peī	
	狉		peī	
	駓		peī	

标字、音	原字、音	合并字、音	转注	标字诠释
	钍		bǐ	
	性		bì	
	铍		pí	
	▿辟		pì	
	劈		pì	
	镅		pí	
pí				
皮				
佊	bǐ			
诐	bì			
陂		beī，pō		
帔	peì			
狓				
°枝		枇/枇杷		枝义榧树，离析，破裂…
铍		pī		
疲				
▿舭				
鲏				
鞁	beì			
骳	beì			
°卑	ban̄		卑-毕	毕义弃粪器
°埤	埤			
°啤	啤			
°琕	琵			
°脾	脾			
°鞞	鼙			
°毘-	毗			
媲	pì			
°膍	膍			
锟	pī			
貔				
	芘		bǐ	

标字、音	原字、音	合并字、音	转注	标字诠释
	蚍		bǐ	
	郫		beī	
	陴		beī	
	椑		beī	
	裨		bì	
	蜱		beī	
	罴		bà	
pǐ				
匹				
苉				
º扻	擗			
º疪	癖		pì	
º丕-	否			茶几不好，转表贬低
º痞	痦			
º嚭	嚭			
	庀		biě	
	圮		jǐ	
	仳		bǐ	
	吡		bǐ	
	劈		pī	
pì				
*启…	譬		*启-豕	人开口相应，借指打比方
º侣	僻			
º欣	屁			
辟		bì，▿pī		
▲劈	pī	pǐ		
▲薜	bì			
▲澼				
▲甓	bì			
▲甓				
▲鷿				
▲襞	bì			

标字、音	原字、音	合并字、音	转注	标字诠释
▲躄	bì			
	钚		zzw̌	
	埤		beī	
	睥		beī	
	淠		bì	
	媲		pí	
pian̄				
°扁	扁		♩扁/扁舟	状如眉如席，借指小、薄
°偏	偏			
°蝙	蝙			
°篇	篇			
°翩	翩			
	片		piaǹ	
piań				
便				
缏		biaǹ		
媥				
楩				
箯	bian̄			
	骈		biỳ	
	胼		biỳ	
	跰		biỳ	
	蹁		piaň	
piaň				
°扁…	谝			编好的话，转指夸耀、显示
°蹁	蹁piań			
	塀		biaň	
piaǹ				
片		pian̄		
°骗	骗			
piaō				
°帀	幖biaō			悬挂的旗帜貌

标字、音	原字、音	合并字、音	转注	标字诠释
°剽	剽	△▽慓-剽		
°淲	漂			
°飘	飘	缥-飘		
°螵	螵			
piaó				
°瓢	瓢			瓢状的东西
°嫖	嫖			
°▲薸	薸			
	朴	bǔ		
	莩	莩-殍	fú	
	殍		fú	
piaǒ				
°票	漂		票-洗洒	水洗遮蔽物貌
°缥	缥			
°瞟	瞟			
piaò				
°票	票			小纸片，会意
°僄	僄			
°蔈	蔈	莊		
°嘌	嘌			
°漂	漂			
°骠	骠			
piē				
氕		撇		
°暼	瞥			
piě				
°内	鏾			制盐的地方，会意
°敝	撇			
	苤		peī	
▽piè				
°爻…	燮xè		爻-炎	用手拨弄火，引申调和
°琰	瓔xè			

标字、音	原字、音	合并字、音	转注	标字诠释
°跛	躞xè			
	▿嫳		biè	
pin̄				
弁	biaǹ			
郝	biaǹ			
*拚-	拼	paǹ		
°姘		姘		姘义妾也
昪	biaǹ			
piń				
°步	贫			土地少之又少，转指贫困
°彭	颦	▿嚬-颦		
°娡	嫔			
°频	频			
	玭		bǐ	
	蘋		piý	
piň				
品				
榀				
▲幧	qaō	帩-幧		
▲璪	zaǒ			
▲毷	saò			
▲磲	zaò			
piǹ				
°粤	piȳ			粤义滑行，豪侠，亟词
俜	piȳ			
涄	piȳ			
娉	piȳ			
聘				
	牝		biě	
piȳ				
乒				
	俜		piǹ	

标字、音	原字、音	合并字、音	转注	标字诠释
	湃		piǹ	
	娉		piǹ	
piý				
平				
伻	beȳ	凭，♩冯-凭		
评				
苹		蘋		蘋piń/草名；蘋piý同苹
坪				
泙				
玶				玶/玉名
枰				
蚲				
°缾-	瓶，peỳ			
鲆				
▲萍				
屏		biȳ		
摒	biȳ			
帡				
	荓		biỳ	
	帲		biỳ	
	洴		biỳ	
pō				
°皮	颇			头偏状，转指偏、不正
°刺	钹			
°坡	坡			
°波	泼			
°铍	钋			
	朴		bǔ	
	陂		pí	
	泊		baí	
	泺	泺-泊	baí	
	酦		fā	

标字、音	原字、音	合并字、音	转注	标字诠释
pó				
º妥	婆，iaň			辨识力强的女人，借指老妇
º鄈	鄱			
º畯	皤			
	繁		meǐ	
pǒ				
叵				
钷				
笸				
pò				
º㓦	haǹ	破		以石击瓶，转指破损
º迫	迫			
º珀	珀			
º粕	粕			
º魄	魄			
	朴		bǔ	
po-				
	桲		bó	
poū				
º旁	剖			用刀分离，转指破开、切开
º捞	掊poǔ			
poú				
匍	pú			
葡	pú			
	抔		bù	
	掊		peí	
	裒		joù	
poǔ-				
	掊		poū	
poý+				
º壴	zzù			壴义陈列乐器，姓氏
彭	peý			

标字、音	原字、音	合并字、音	转注	标字诠释
°⿰氵壴-	澍ssù	澎peý		澎/澎湃
°⿰月壴	膨peý			
°⿰虫壴	蟛peý			
pū				
°卜		铺		展开、摊平貌
°仆	仆			
°扑	扑			
°卟	噗			
°⿰氵卜	潽			
°赴	赴fù			
pú				
°⿱业夫	菩		⿱业夫-美	修行业绩显著的夫子
°⿰亻⿱业夫	仆			
°⿰土⿱业夫	墣			
°⿰巾⿱业夫	幞fú			
°⿰氵⿱业夫	濮			
°⿰王⿱业夫	璞			
°⿰钅⿱业夫	镤			
°⿰禾⿱业夫	穙			
°⿰衤⿱业夫	襆fú			
°⿰足⿱业夫	蹼pǔ			
	匍		poú	
	莆		pǔ	
	脯		pǔ	
	葡		poú	葡/葡萄
	蒱	蒱-蒲	pǔ	
	蒲		pǔ	
	酺		pǔ	
pǔ				
甫	fǔ			
▿郙	fǔ			
莆	pú			

标字、音	原字、音	合并字、音	转注	标字诠释
埔		bù		
逋	bū			
圃				
峬	bū			
▿餔	bù			
庯	bū			
浦				
º楠…	朴，fú			楠义木欑也
晡	bū			
º脯	脯pú	fǔ		
º盙-	簠fǔ			
鵏	bǔ			
▿痡	fū			
蜅	fǔ			
酺	pú			
▴蒲	pú	莆-蒲		
▿▴逋				
▴牖	ioǔ			
▴黼	fǔ			
º普	普			阳光普照原野，借指广泛
º谱	谱			
º氆	氆			
º镨	镨			
	溥		fò	
	蹼		pú	
pù				
º甫	瀑			水似巾往下流，借指瀑布
º晡	曝	暴-曝		
º铺	铺			
	堡		baǒ	
qā				
º奆	qà			奆/古地名

标字、音	原字、音	合并字、音	转注	标字诠释
°拴	掐			
°恮	恰qà			
°⿰衤全	袷			
	葜		qì	
	蚵		kě	
qá				
°卞	拤			两边掐住某处状
°⿰骨卞	髂qà			
qǎ				
°王…	卡		王-巨	被夹在上下之间
qà				
洽				
▽溚				
湆	gaǹ			
	恰		qā	
	髂		qá	
qañ				
千		汧-千		
仟				
阡				
芊				
圩				
扦				
迁				
纤	xañ	qaǹ		
杆				
歼	jañ			
钎				
▲跹	xañ			
°亽#				
°㕣	谦			
牵				

标字、音	原字、音	合并字、音	转注	标字诠释
°忝	忩			
佥				
莶	xañ			
崄	xaň			
▿㟅	xaň			
猃	xaň	㺂-猃		
▵娢	xañ			
°铪	铅			鐱jaǹ义金，臿，剑
签				
	瓩			瓩→千瓦
	岍		kaī	
	悭		jañ	
	鸽		xaǹ	
	搴		saì	
	搴		saì	
	褰		saì	
	磏		jañ	
qań				
°乞…	虔		乞-乞	伏地祈求上苍，引申恭敬
°扢	钳			
°汔…	潜		汔-汔	
°钇	钱			
°乾	乾	墘/地名	(台)墘	
°黖	黔			
前				
揃	jaň			
湔	jañ	▿灒		
翦	jaň			
鬋	jaň			
▴谫	jaň			
	荨		xvń	
	钤		jñ	

标字、音	原字、音	合并字、音	转注	标字诠释
	掮		jaῆ	
	靬		gaῆ	
	犍		jaǹ	
qaň				
°沓				沓同陕，义小块
°谱	谴			
遣				
°湝	浅			
°缙	缱			
	肷		qaǹ	
	嗛		jaῆ	
qaǹ				
欠				
°伙		倩		伙/人名
芡				
忺	xaῆ			
°纹	绩			
°肷	肷qaň			
歉				
°▲莰	茜	蒨-茜		
▲嵌				
	伣		xaǹ	
	纤		qaῆ	
	堑		zzaň	
	椠		zzaň	
	慊		jaῆ	
qaō				
°佾	ì	qì	佾-振肸眸	佾义声音振动传播
佾	ì			
°削	劁			
°悄	悄			
°绡	缲			

标字、音	原字、音	合并字、音	转注	标字诠释
º榍	橇			
º敀	敲			
º销	锹			
	▿垚		raó	
	硗		raó	
	跷		qaò	
	雀		qv́	
	幧		piň	帩-幧
qaó				
乔				
侨				
荞				
挢	jaǒ			
º恀…	憔	▿蕉-憔		
峤		jaò		
桥				
硚				
º眐	瞧			
▿盉				
孱	jv̄			
鞒				
	荍		ssoū	
	翘		qaò	
	谯		qaò	
	樵		qaò	
qaǒ				
º兮	xī	悄	兮-兮	呼出气息貌，转指声音很小
º玙-	巧			
	雀		qv́	
	愀		qoū	
qaò				
º㦸…	翘	qaó		一头扬起，转指向上

标字、音	原字、音	合并字、音	转注	标字诠释
º伩	▿伩			
º扡	撬			
º窔	窍			
º跋	跷qaō			
º肖	谯	qaó		起身向上看，借指瞭望
º俏	俏			
º诮	诮			
º峭	峭			
º梢	樵qaó			
º鞘	鞘			
	壳		ké	
	峭		piň	峭-帩
	撽		jaǒ	
	躈		jaǒ	
qaȳ				
仓…	腔，caȳ			似人体中空的部分
抢				
玱				
枪				
戗				
º铊	锵	镪	鎗-枪	镪/镪水
º酡				
羌				
º锇	º銧koȳ	锖/锖色		銧/器名
蜣				
	呛		qaỳ	
	戕		pań	
	斨		pań	
	将		jaȳ	
qaý				
º盅…	强			肢体如山，借指健壮
º蓝	蔷	薔/地名		蔷/蔷薇

标字、音	原字、音	合并字、音	转注	标字诠释
°埥	墙			
°婠	嫱			
°楂	樯			
qaǔ				
°蚉#…			蚉-虽	
°悆	羟			羟/氢氧
°捡	抢			
*強	强			
°锜	镪			
°袷-	襁			
qaỳ				
°炃…	炝		炃-敖	
°唥	呛	qaȳ		
°戗	戗			
°跧	跄	蹡-跄		
qē				
切		qè		
砌	qè			
窃	qè			
qé				
°查		xé		查义大口貌；大貌
°伲	伽			
°蓋	茄			
qě				
且				
苴	jū			
坥	qū			
岨	jū	qū		
徂	cú			
沮	jū	jù		
驵	zaǔ			
珇	zǔ			

标字、音	原字、音	合并字、音	转注	标字诠释
殂	cú			
砠	jū			
罝	jū			
趄	qè	jū		
雎	jū			
▲菹	zū	▿jù		
qè				
妾				
°㥦…	怯			
唼	ssà			
	切		qē	
	砌		qē	
	窃		qē	
	郄		hoý	
	挈		qì	
	锲		qì	
	惬		xá	
	箧		xá	
	趄		qě	
	慊		jaṉ	
	朅		hē	
qī				
七				
°沏	jí	沏		汔，水出也，“二简”同漆
°戚	戚			
▲柒		漆，▿桼-漆		
°▲喊	嘁			
°▲蝛	蝛			
°其…	𥉻			吸去水分貌
°缉	缉			
°欺	欺			
°期	期			

标字、音	原字、音	合并字、音	转注	标字诠释
妻		qì		
郪				
凄				
萋				
*棲-	栖			
	桤		kaǐ	
	攲	攲-欹	qí	
	欹		qí	
	▿蛣		jí	
	䫏		qí	
	蹊		xī	
qí				
°老	耆			
°⿰忄老	愭			
°⿰王老…	▿▲⿰王綦			
°栳	⿰木耆zzī			
°⿱髟老	鬐			
°⿰鱼老	鳍			
齐		▿jì		
侪	ccaí			
°⿰齐阝	祁			
⿰阝齐	jī			
荠		jì		
▿哜	jì			
°⿰山齐	岐			
°脐	脐			
°⿰礻齐	祈		⿰礻齊-齐	
蛴				
跻	jī			
霁	jì			
鲚	jì			
其		jī		

标字、音	原字、音	合并字、音	转注	标字诠释
萁		jī		
淇				
骐				
琪				
期	jī			
惎	jì			
棋				
祺		▿禥-祺		
𫓹	jī			
颀	qī			
綦				
蜞				
旗				
°麒	麒			
鲯				
奇				
蒛		蘄		蒛/地名
埼				
崎				
骑				
绮	qǐ			
婍	qǐ			
琦				
椅	ī			
攲	qī	攱-攲		
锜				
旖	ǐ			
踦	ǐ			
齮	ǐ			
	亓		xý	亓/姓氏
	郊		zzī	
	岐		zzī	

标字、音	原字、音	合并字、音	转注	标字诠释
	跂		zzī	
	芪		sí	
	轵		sí	
	祇		sí	
	疷		sí	
	圻		jñ	
	颀		jñ	
	旂		jñ	
	俟		aī	
	畦		gvī	
qǐ				
乞		♩稽/稽首		
仡	ì	gē		
讫	qì			
屹	ì			
迄	qì			
汔	qì			
纥	hé			
矻	kū			
°趷	jí	起		趷义直行
龁	hé			
企				
°诠	岂			
°跧…	跂		跧-企	
°攺-	启			
棨				
肻				
綮		qỳ		
	芑		jǐ	
	屺		jǐ	
	玘		jǐ	
	杞		jǐ	

标字、音	原字、音	合并字、音	转注	标字诠释
	呇		meñ	
	绮		qí	
	婍		qí	
qì				
气				
饩	xì			
汽				
º杚		槭		杚义同杚，平也
º矻	gǔ	礤/地名		矻义磨也
º韧…	砌		韧-契	持刀砌墙，会意
契		xè		
挈	jé	xé		
挈	qè			
恝	já			
砉	liv̀			
º盕	器			
絜	jé	xé		
▲偰	xè			
▲葜	qā			
▲猰	ià			
▲褉	xì			
▲碶				
▲锲	qè			
▲瘈	ccì	瘛-瘈；zzì		
弃				
º倴	憩	惕-憩		
º济…	泣		济-沟	
亟		jí		
殛	jí			
	讫		qǐ	
	迄		qǐ	
	汔		qǐ	

标字、音	原字、音	合并字、音	转注	标字诠释
	妻		qī	
	炁		jì	
	涑		cì	
	葺		jī	
	碛		zé	
qn̄				
钦				
嵚				
廞	xn̄			
亲		qỳ		
儭	cceǹ			
榇	cceǹ			
	侵		qň	
	骎		qň	
	衾		jn̄	
qń				
°堇	芹			似生长的芹菜
°勤	勤	廑-勤		
°鄞	鄞iń			
°慬	懂			
°瑾	琴			
°佥	噙		佥-囟	人（口、眼）含着
禽				
▲擒		▿捡-擒		
▲檎				
秦				
蓁	zzen̄			
嗪				
獉	zzen̄			
溱		zzen̄		
瑧	zzen̄			
榛	zzen̄			

标字、音	原字、音	合并字、音	转注	标字诠释
臻	zzen̄			
蓁				
	芩		jn̄	
	矜		jn̄	
	梣		cceń	
	覃		tań	
qň				
°⿳彐冖又…	謦qý			手捂不住张开的口，意咳嗽
侵	qn̄			
骎	qn̄			
梫				
祲	jǹ			
锓				
▲寖				
qǹ				
*⿱心口-	吣			
°⿰扌⿱心口	揿		[方]揿	
°⿰氵⿱心口	沁			
qoū				
丘				
邱				
蚯				
秋				
萩				
愀	qaǒ			
啾	joū			
湫		jaǒ		
楸				
⿱秋毛	zzoù			
鹙				
鳅		△䲡-鳅		
▲僽	zzoù			

标字、音	原字、音	合并字、音	转注	标字诠释
	♩龟		gví	龟/龟兹
	鞧		qoú	
qoú				
囚				
º㐤	巯			巯/氢硫
泅				
º玔	璆			
º䑋	觩			
求				
俅				
逑				
▿㞗				
球				
赇				
铽				
裘				
酋				
遒				
▿楢	ioú			
輶	ioú			
猷	ioú			
蝤		ioú		
鞧	qoū			
	仇		ccoú	
	犰		joǔ	
	艍		joǔ	
	虬		joū	
qoǔ				
º糺…	糗		糺-举	米不翼而飞，转指难为情
qoý				
º穸	穹			天空中间高、四周下垂貌
º茭	䓖	▿藑/藑茅		䓖/芎䓖

标字、音	原字、音	合并字、音	转注	标字诠释
°窔	穷			
°珓	琼			
	邛		goȳ	
	蛩		goY̌	
	筇		goȳ	
	跫		goY̌	
	銎		goY̌	
	茕		iý	
qū				
区				
伛	iǔ			
𫭟		oū		
呕…	▿嚯；oǔ			
岖				
驱				
枢	ssū			
°𬉼…	焌			
°𧊶…	蛆			
°𧺆	趋			
躯				
䝙	ccū			
°𪑹	黢	魆		魆/黑魆魆
	曲		qǔ	
	𡶉		qǔ	
	蛐		qǔ	
	佉		qù	
	𣏌		qù	
	胠		qù	
	祛		qù	
	袪		qù	
	诎		ccū	
	屈		ccū	

标字、音	原字、音	合并字、音	转注	标字诠释
	蓾		ccū	
	坥		qě	
	岨		qě	
	麹		jú	
	觑		qù	
qú				
°洰	jù	灈/地名		洰义物产丰富的湖海
°⿰氵苣		蘧		⿰氵苣/古人名
渠				
°⿱⺮洰	籧			
▲蕖				
▲磲				
°⿱罒止…	瞿	jù	⿱罒止-网	止步瞪眼，转指惊视
°⿰彳⿱罒止	衢			
°⿰王⿱罒止	璩			
°⿰⿱罒止毛	氍			
°⿸疒⿱罒止	癯	△▽臞-⿸疒⿱罒止		
°⿰虫⿱罒止	蠼			
°⿰缶⿱罒止	蠼			
	劬		jù	
	朐		jù	
	鸲	▽鸜-鸲	jù	
qǔ				
曲		qū		
岖	qū			
蛐	qū			
取				
*郰-	鄹zoū			
诹	zoū			
陬	zoū			
娶				
𬘬	zoū			

标字、音	原字、音	合并字、音	转注	标字诠释
娵	jū			
鲰	zoū			
	苣		jù	
	竘		jù	
	齲		iǔ	
qù				
去				
佉	qū			
弆	jǔ			
°⿰去见	觑	qū		
⿰木去	qū			
°胠	胠qū			
祛	qū			
袪	qū			
°⿺走去…	趣，sū			⿺走去义走貌
	阒		jú	
qu⁻				
	戌		ssù	
qv̄				
°夬	缺			有缺口，不完整
°⿵门夬	阙	qv̀		
°炔	炔			
qv́				
°⿱止去	阕qv̀			停止歌唱，转指乐终、结束
°⿰虫卩	却qv̀			
°⿰虫鸟	鹊qv̀			
°⿸疒去	瘸			
qv̀				
°雀	雀	qɑō，qɑǒ		
°⿰扌雀	搉			
°⿰木雀	榷			
°⿰石雀	确			

标字、音	原字、音	合并字、音	转注	标字诠释
	却		qv́	
	埆		jaǒ	
	岺		xv́	
	壳		ké	
	阕		qv́	
	鹊		qv́	
	碏		xí	
	阙		qv̄	
qvn̄-				
	困		jvǹ	
	逡		jvǹ	
qvń				
°羙	群	麇		羊聚集在一起，会意
°裓	裙			
	▿宭		jvn̄	
qwn̄				
°回	圈		回-吻	画出环形。吻hū，出气词也
°郿	鄙			
	▿眷		jwǹ	
	棬		jwň	
	悛		jvǹ	
qwń				
°受	piaǒ	biaò	受-殍	受义物落上下相符；给予
°授	拳	惓-拳		
°棪	权			
°颈	颧			
°叚	鬈			
全				
佺				
诠				
荃				
辁				

标字、音	原字、音	合并字、音	转注	标字诠释
牷				
铨				
痊				
筌				
°醛	ccuò	醛-酫		
泉				
缐	xɑń			
瑔				
鳈				
	婘		jwň	
	蜷		jwň	
qwň				
犬				
甽				
▲鷩	iv̀			
	绻		jwň	
qwǹ				
券		xwǹ		
°勬	劝			
qȳ				
°巠…	卿，jn̄		巠-圣	王的左膀右臂，转指高官
°轻	轻			
°氢	氢			
青				
倩	qỳ			
凊	qỳ			
圊				
清				
婧	jỳ			
赒	qý			
鶄	jȳ			
碃	qỳ			

标字、音	原字、音	合并字、音	转注	标字诠释
蜻				
箐	qy̌			
鲭		zzeȳ		
	倾		qy̌	
qý				
°青	擎		青-青	管状体向上托举貌
°情	情			
°棈	檠			
°晴	晴			
°氰	氰			
°⿰黑青	黥			
	勍		jȳ	
	⿰贝青		qȳ	
qy̌				
顷				
倾	qȳ			
°烦	请			
庼				
颎	joy̌			
颕	iy̌			
	苘		joȳ	
	謦		qň	
qỳ				
庆				
°⿰石庆	磬			
°⿰缶庆	罄			
	亲		qn̄	
	倩		qȳ	
	清		qȳ	
	碃		qȳ	
	箐		qȳ	
	綮		qǐ	

标字、音	原字、音	合并字、音	转注	标字诠释
rań				
º夕#				
炙	zzì			
▲然				
▲燃				
	蚺		raň	
	髯		raň	
raň				
冉				
▿郍	nà			
苒				
º冉氵…	染		冉氵-坍	
聃	daň			
蚺	rań			
翈				
º髯	髯rań			
raó				
尧	iaó			
荛				
▿垚	qaō			
饶				
娆		raǒ		
桡				
硗	qaō			
铙	naó			
蛲	naó			
raǒ				
º尭	lù			尭义古书上的某些蕈类植物
º侥	侥jaǒ	iaó		
º扰	扰			
º哓	哓xaō			
	娆		raó	

标字、音	原字、音	合并字、音	转注	标字诠释
raò				
°尧…	峣，iaó		尧-尧	高峻貌
°诜	诜naó			
°绕	绕			
raȳ				
°昔	嚷			口杂，转指吵闹
raý				
°表	穰	蘘/蘘荷		衣上粘有杂草，借指衣服脏
°勘	勷			
°俵	儴			
°裱	穰			
°瓡	瓤			
°稞	穰			
	瀼		raỳ	
ray̌				
°丟	嚷			张口的多杂，喻叫喊、吵闹
°堪	壤			
°措	攘			
raỳ				
°韭	让			杂草堆边缘走，转指避开
°湛	瀼	raý		
rě				
°若…	哕iv̌			手捂不住口貌，借指呕吐声
°惹	惹			
	若		ruò	
	喏		ruò	
rè				
°热	热			会意煮汤圆，转指使升温
°爇	爇ruò			
reń				
人				
°仈…	仁		仈-化	不同的人相依，表爱、友爱

标字、音	原字、音	合并字、音	转注	标字诠释
	壬		reǹ	
	任		reǹ	
reň				
刃	reǹ			
仞	reǹ			
讱	reǹ			
纫	reǹ			
韧	reǹ			
轫	reǹ			
牣	reǹ			
忍				
▿▴涊	niaň			
	荏		reǹ	
	稔		niaǹ	
reǹ				
壬	reń			
任		reń		
°讧	认		訨-念	
饪				
纴				
妊				
衽				
▴荏	reň			
▿▴恁	niń			
	刃		reň	
	仞		reň	
	讱		reň	
	纫		reň	
	韧		reň	
	轫		reň	
	牣		reň	
	♩葚		seǹ	葚/桑葚儿

标字、音	原字、音	合并字、音	转注	标字诠释
reȳ				
扔				
reý				
仍				
	礽		naǐ	
rì				
日				
▿扫	hú			
汩	mì			
驲				
º 昷…	熨iù			
º▲俞…	粥iù	鬻		割断脐带的日子，借指生养
º▲谕	谕iù			
º▲喻	喻iù			
º▲愈	愈iù			
roú				
柔				
揉				
猱	naó	夒-猱		
鞣				
煣				
糅				
蹂				
▿鰇				
鞣				
roù				
肉				
朒	niù			
roȳ+				
茸	roý			
roý				
戎				

标字、音	原字、音	合并字、音	转注	标字诠释
狨				
绒				
娀	soȳ			
荣				
嵘				
溁	iý	融		溁/地名
蝾				
容				
蓉				
溶				
瑢				
榕				
熔				
镕				
	肜		ssɑn̄	
	茸		roȳ	
roy̌				
冗				
°⿰冗毛	氄			
rú				
如				
茹				
洳	rù			
挐	ná			
铷				
°荋	°荋eŕ	薷/香薷		荋义草多叶的样子
°侕	儒			
°⿰口而	嚅			
°洏	濡			
°⿰犭而	獳			
°⿰女而	嬬			
°袻	襦			

标字、音	原字、音	合并字、音	转注	标字诠释
°颥	颥			
°蠕	蠕			
rǔ				
羽	iǔ			
诩	xǔ			
°挧	iǔ	擩	[方]擩	挧/姓氏
°孯…	乳			
珝	xǔ			
栩	xǔ			
翟	dí	zzaí		
▲褶	xwn̄			
辱				
▿鄏				
傉	nù			
蓐	rù			
溽	rù			
缛	rù			
褥	rù			
耨	noù			
	汝		niǔ	
rù				
入				
籴	dí			
	洳		rú	洳/沮洳
	蓐		rǔ	
	溽		rǔ	
	缛		rǔ	
	褥		rǔ	
ruó				
弱	ruò			
蒻	ruò			
搦	nuò			

标字、音	原字、音	合并字、音	转注	标字诠释
	捼		tuǒ	
ruò				
若		rě		
鄀				
偌				
喏	rě			
婼		ccuò		
箬				
	弱		ruó	
	蒻		ruó	
	爇		rè	
rví-				
	▿緌		vǐ	
	蕤		rvǐ	
rvǐ				
°⿱丷⿱冖廾	蕊			草之心，转指花蕊
°⿱艹⿱冖廾	蕤rví			
°⿰木⿱丷⿱冖廾	▵▿蘂			
	桵		tuǒ	
rvì				
°⿱丷⿱冖儿…	睿		⿱丷⿱冖儿-兑锐悦	公字当头，喻通达、明智
⿱六⿱冖儿	iaň			
°⿰王⿱丷⿱冖儿	瑞			
°⿰钅⿱丷⿱冖儿	锐			
	芮		neì	
	汭		neì	
	枘		neì	
	蚋		neì	
rvń-				
	▿瞤		rvǹ	
rvǹ				
闰				

标字、音	原字、音	合并字、音	转注	标字诠释
润				
▿瞤	rvń			
△▿rẃ				
°皮	挼，zzaǒ			皮等起皱状，会意
rwń				
员	iwń	ivń，ivǹ		
郧	ivń			
圆	iwń	圜-圆		
涢	ivń			
筼	ivń			
	堧		rwň	
rwň				
耎		软-耎		
堧	rwń			
媆				
°瑌		瓀	瑌-碝	瓀、碝义均为像玉的石头
	阮		iwń	
	朊		iwń	
sā				
°𠂹	仨			
°纱	纱ssā			
°砂	砂ssā			
	挲		ssā	
	撒		sǎ	
sǎ				
°尒	洒		尒-尔米	将水等散布开来
°捺	撒	sā		
°鞢	靸		[方]靸	
	潵		saǹ	
sà				
°风…	霎ssà			似人听风，转指风声
°[illegible]	萨			

标字、音	原字、音	合并字、音	转注	标字诠释
º飒	飒			
	卅		ssà	
	挲		ssā	
	脎		ssā	
saī				
º毢	塞	揌-塞		用毛草堵塞空隙貌
º噻	噻			
º腮	腮	▿♩思/于思		
º鳃	鳃			
	毸		sī	
saì				
º寋		罅，xà	寋-塞罅	草屋顶裂缝貌，又指缝隙
塞		sè		
º赛	jaň	謇	赛-謇	赛义吃，止言
骞	qaň			
赛				
搴	qaň			
鶱	xaň			
褰	qaň			
蹇	jaň			
saň				
三		弎-三		
闫	iań			
叁				
º▴毵	毵		毵-毶	
saň				
伞				
º饹	馓			
º敁	散			
º粋	糁			
saǹ				
º肯	赡ssaǹ			荤素搭配，表示丰足

标字、音	原字、音	合并字、音	转注	标字诠释
散				
▲潵	sǎ			潵/水名
saō				
蚤	zaǒ			
搔				
溞				
骚				
°膰-	臊			
瘙	saò			
	缫		ccaó	
	缲	缲-缫	ccaó	
saǒ				
°叟…	扫，soǔ			持帚清扫貌。叟义小气吝啬
°嫂…	嫂			
°▲薮	薮			
saò				
°少…	少ssaò, tà			小且少，喻很年轻。少义蹈
°抄	扫			
°沙	潲ssaò			
°肜	臊			
	埽		zzoǔ	
	瘙		saō	
	氉		piň	
saȳ				
桑				
磉	say̌			
颡	say̌			
	丧		saỳ	
say̌				
°柔	搡		柔-桑	手推木状，借指猛推
°喉	嗓			
	磉		saȳ	

标字、音	原字、音	合并字、音	转注	标字诠释
	颡		saȳ	
saỳ				
丧		saȳ		
sé+				
°虵…	蛇ssé			眼镜蛇貌，转指蛇
°扽	折ssé			
sè				
色				
°抱…	摄ssè		抱-抱	
°泡…	涩	▿澁-涩	泡-泡	
°琶	瑟			
铯				
	啬		ssè	
	穑		ssè	
	塞		saì	
	瑟		ssè	
sen̄				
°罙…	森；ssen̄		罙-深	树冠相连成穴，喻树木众多
深	ssen̄			
琛	ccen̄			
seǹ+				
甚	sseǹ			
偡	zzaǹ			
谌	sseǹ	ccen̄		
葚	sseǹ	♩椹-葚；reń		
揕	zzeǹ			
嵁	kan̄			
煁	cceń			
踸	ccen̆	跉-踸		
seȳ				
声	sseȳ			
°倩	僧			

标字、音	原字、音	合并字、音	转注	标字诠释
°髞	▿鬙			
seỳ+				
乘	sseỳ			
剩	sseỳ			
嵊	sseỳ			
sī				
厶				厶义私，又同某
°艺	蓍ssī			
°泓	湿ssī		泓-治	
私				
司				
伺	sì	cì		
峒				
饲	sì			
觋	sì			
笥	sì			
嗣	sì			
丝				
咝				
鸶				
思				
偲		caī		
缌				
楒				
毸	saī			
颸				
罳				
锶				
▿篦				
°斯	斯			共同劳作处，借指这、这里
°厮	厮			
°澌	澌			

标字、音	原字、音	合并字、音	转注	标字诠释
°撕	撕			
°嘶	嘶			
°澌	澌			
	虒		ccwī	
	蛳		ssī	蛳/螺蛳
	禁		vì	
sí+				
氏	ssì	zzī		
芪	qí			芪/黄芪
抵	zzǐ			
軝	qí			
祇	qí			
疧	qí			
舐	ssì			
▲适	kuò			
sǐ				
死				
sì				
巳				
°佀-	似			
圯	í			
汜				
祀				
世	ssì			
绁	xè			
贳	ssì			
枻	ì			
▲勚	ì			
四				
泗				
驷				
°䦙-	肆			

标字、音	原字、音	合并字、音	转注	标字诠释
寺				
邿	ssī			
侍	ssì			
恃	ssì			
峙	ssì	zzì		
庤	zzì			
畤	zzì			
跱	zzì			
	兕		ɑō	
	佀		gwǔ	佀/姓氏
	耜		gwǔ	
	伺		sī	
	饲		sī	
	觋		sī	
	笥		sī	
	嗣		sī	
	姒		ǐ	
	俟		ɑī	
	涘		ɑī	
	食		ssí	
soū				
叟	soǔ			
鄋				
谡	xɑǒ			
搜				
嗖				
馊				
廋				
溲				
飕				
瞍	soǔ			
锼				

标字、音	原字、音	合并字、音	转注	标字诠释
螋				
艘				
	蒐		gvǐ	
soǔ				
手	ssoǔ			
º抔…	poú	掊；pōu，fū	抔-捊	抔义聚集；用手捧；击
º呼	嗾		[音]嗾	
º浮…	薮			
º攴	数ssǔ			
	叟		soū	
	瞍		soū	
soù				
º寿	ssoù			
△▽诪	zzoū			
º挦	擞		[方]擞	
º敉	数ssù	ssuò		
梼	taó			
º痔	瘦ssoù			
	嗽		ssù	
soȳ				
松				
凇				
菘				
崧		嵩-崧		
淞				
	忪		goȳ	
	娀		roý	
soý				
㞞				
soỷ				
º从…	扨			人推人状
º怂	怂			

标字、音	原字、音	合并字、音	转注	标字诠释
°耸	耸			
	悚		sù	
	竦		sù	
soỳ				
°尖…	诵			似人发声抑扬顿挫貌
°诶	讼			
°送	送			
°颂	颂			
	宋		ssoỳ	
	▿㕖		ssoỳ	
ssā				
杀				
刹		ccà		
搽	▿ssā	sà		
脎	sà			
铩				
沙		ssà		
莎		suō		
娑	suō			
桫	suō			
挲		sā, suō		
痧				
裟				
鲨				
	杉		ssaň	
	纱		sā	
	砂		sā	
	煞		ssà	
ssá				
°言	iaň	啥		言/言言，义唇急貌
ssǎ				
°夎	zoȳ			夎义鸟飞敛足，聚拢

标字、音	原字、音	合并字、音	转注	标字诠释
°傻	傻			
䫜	zoȳ			
ssà				
卅	sà			
°卌	煞	ssā		
	沙		ssā	
	唼		qè	
	厦		xà	
	嗄		xà	
	歃		ccā	
	箑		jé	
	霎		sà	
ssaī				
°网…	釃	ssī		用网过滤状，借指滤酒
°篛	筛			
ssaǐ				
°色-	色			色的变形，表颜色
ssaì				
晒				
ssaṉ̄				
山				
讪	ssaǹ			
岫	sseṉ̄			
辿	ccaṉ̄			
汕	ssaǹ			
疝	ssaǹ			
舢				
△▽赸	ssaǹ			
°彡				彡义须毛和画饰花纹，毛长
°衫		潸		衫/澰衫，义波貌
杉		ssā		
彤	roý			

标字、音	原字、音	合并字、音	转注	标字诠释
钐		ssaǹ		
衫				
册…	♩栅；cè			
删				
姗				
珊				
栅	zzà			
跚				
	苫		zzaǹ	
	痁		zzaǹ	
	芟		meī	
	埏		iań	
	烻		iań	
	扇		ssaǹ	
	煽		ssaǹ	
	膻		ssaǹ	
ssaň				
闪				
°⿰阝内	陕			
°⿰目内	睞			
	摻		caň	
	睒		iań	
ssaǹ				
°⿱羊一	膻ssaň			羊散发的气味
°⿰⿱羊一阝	鄯			
°⿰土⿱羊一	墡			
善				
°⿰纟⿱羊一	缮			
°⿰月⿱羊一	膳			
°⿰虫⿱羊一	蟮			
°⿰鱼⿱羊一	鳝			
扇		ssaň		

标字、音	原字、音	合并字、音	转注	标字诠释
*搧	擅		搧-扇	
骟				
º媥…	嬗			
煽	ssan̄			
▿蝙				
	讪		ssan̄	
	汕		ssan̄	汕/地名
	疝		ssan̄	
	▵▿赸		ssan̄	
	苫		zzaǹ	
	钐		ssan̄	
	单		dan̄	
	墠		dan̄	
	掸		dan̄	
	禅		ccań	
	剡		iań	
	掞		iań	
	嶦		zzan̄	
	赡		saǹ	
ssaō				
º尢…	稍	ssaò		小儿一点点往上长，意略微
º扰	捎	ssaò		
º栨	梢			
º烣	烧			
º笐	筲			
º舤	艄			
	蛸		xaō	
	鞘		xaō	
ssaó				
勺				
芍		苕		芍/芍药
妁	ssuò			

标字、音	原字、音	合并字、音	转注	标字诠释
玓	dì			
杓		biaō		
▿瓟	bó			
趵	baò	bō		
	玿		ssaò	
	柖		ssaò	
	韶		ssaò	
ssaǒ				
少				
眇	miaǒ			
ssaò				
召				
劭				
邵		卲-邵		
苕	tiaó			
怊	ccaō			
º 昭	ccaō	哨		昭义喉鸣，鸣也
岧	tiaó			
沼	zzaǒ			
弨	ccaō			
迢	tiaó			
绍				
玿	ssaó			
柖	ssaó			
軺	iaó			
º 昭…	ccaǒ	睄		昭义用目光挑逗人
鉊	zzaō			
笤	tiaó			笤/笤帚
齠	tiaó			
韶	ssaó			
	少		saò	
	捎		ssaō	

标字、音	原字、音	合并字、音	转注	标字诠释
	稍		ssaō	
	潲		saò	
ssaȳ				
°丂#…				
伤				
饬	ccì			
°汸	汤			
°殇	殇			
°觞	觞			
°商-	商			从外估测里面，引申估量
°墒	墒			
°熵	熵			
ssaý+				
尚	ssaỳ			
埫	taY̌			
惝	ccaY̌			
徜	ccaý	倘ccaý-徜		
绱	ssaỳ			
棠	taý			
裳	ssay	ccaý		
ssaY̌				
°尙	赏			上面给的奖励
°埫	垧			
°晌	晌			
	上		ssaỳ	
ssaỳ				
上		ssaY̌		
	尚		ssaý	
	绱		ssaý	
ssay-				
	裳		ssaý	

标字、音	原字、音	合并字、音	转注	标字诠释
ssē				
佘	ssé			
°倴…	奢			
赊				
畲		♩畬，峑-畲		畲/畲族
	猞		ssě	
ssé				
舌				
佸	huó			
苦	gw̄			
适	kuò			
▿恬	tiaň			
栝	gw̄	kuò		
铦	xañ	锬-铦		
聒	guō			
▿筈	kuò			
	折		sé	
	佘		ssē	
	蛇		sé	
	阇		zzě	
	揲		dié	
ssě				
舍		ssè		
猞	ssē			
ssè				
°㳅…	涉			水土之间，转指牵连、关联
°讪	设			
°珐	瑟sè			
°敁	赦			
°祉	社			
啬	sè			
°麀	麝			

标字、音	原字、音	合并字、音	转注	标字诠释
▲稸	sè			
	库		ccē	
	舍		ssě	
	拾		hé	
	射		xè	
	摄		sè	
	慑		niè	
	滠		niè	
	♩歙		hé	歙/地名
sseí-				
	谁		ssví	
ssen̄				
申				
伸				
呻				
绅				
珅				
砷				
°参	参			人有根须，象形人参
°糁	糁			
°鲹	鲹			
身				
°娠-	娠			
°燊…	燊			
	屾		ssan̄	
	侁		xan̄	
	诜		xan̄	
	駪		xan̄	駪/駪駪
	莘		xn̄	
	甡		sseȳ	
	深		sen̄	
	棽		jn̄	

标字、音	原字、音	合并字、音	转注	标字诠释
sseń				
º丯#…			丯-聿	
º伂	什	甚-什		
º祌	神			
º钟	钟			
sseň				
审				
▿谉				
º渖-	沈			
婶				
	哂		xī	
	矧		iň	
	谂		niaǹ	
	瞫		tań	
sseǹ				
º肙…	瘆		肙-有	手压人体，转指使人害怕
肾				
º悁	慎			
º涓	渗			
º腒	胂			
	甚		seǹ	
	谌		seǹ	
	葚		seǹ	
	♩椹	椹-葚	seǹ	
	▵▿昚		liaó	
	蜃		cceń	
sseȳ				
升				
昇				
▴陞				
生				
狌		鼪-狌		

标字、音	原字、音	合并字、音	转注	标字诠释
牪				
胜				
甠	ssen̄			
笙				
甥				
	声		seȳ	
	▿湦		xȳ	湦/人名
sseý				
黾	miň	miaň		
鄳	meý			
▿僶	miň			
渑		miaň		
绳				
sseY̌				
省		xY̌		
°睲…	眚			
箵	xY̌			
sseỳ				
圣				
°径…	盛			
柽	cceȳ			
°胫	胜			
蛏	cceȳ			
	晟		cceý	
	乘		seỳ	
	剩		seỳ	
	嵊		seỳ	嵊/地名
ssī				
尸				
屃	xì			
鸤				
°屖…	虱			

标字、音	原字、音	合并字、音	转注	标字诠释
*帀…	施，zā		帀-匝	将巾散开，转指布施、施舍
师				
°诉	诗			
°狮-	狮			
鸸				
▲浉				
▲蛳	sī			
▲鲕				
失				
抶	ccì			
帙	zzì			
泆	ì			
纨	zzì			
昳	ì	dié		
瓞	dié			
°蛈…	tiě	飖		蛈/蛈蝪，义土蜘蛛
	邿		sì	
	绝		tuō	
	湿		sī	
	蓍		sī	
	酾		ssaī	
	嘘		xū	
ssí				
十				
什				
▿辻			[日]辻	
°扸…	拾			
叶	xé			
°▲寔	实			
石				
°诟	识	zzì		
柘	zzè			

标字、音	原字、音	合并字、音	转注	标字诠释
炻				
祏				
跖	zzí			
°⿰鱼石	鼫			
时		▿旹-时		
莳		ssì		
埘				
鲥				
食		sì，ì		
⿰歹食	svn̄			
°蝕	蚀		蚀-*蝕	
	湜		ssì	
	寔		ssì	
ssǐ				
史		▿叓-史		
°使…	使			
驶				
矢				
°⿸尸矢-	屎			
°妷…	始			
雉	zzì			
▴彘	zzì			
	豖		tvń	
ssì				
士				
仕				
°辻…	逝			
▴茌	ccí			
°▴佶	誓			
示				
°⿰示力	势			
°⿰口示-	嗜			

标字、音	原字、音	合并字、音	转注	标字诠释
º视	视			
º祋	释		祋-赦救	
脎				
º[宀+事]	适			十分合手，转指符合、相合
事				
º[宀+事]	室			
▿▴剚	zì			
市				
º饰	饰			
柿				
铈				
式				
试				
拭				
栻				
轼				
弑				
是				
匙	ssi	ccí		
谡				
湜	ssí			
寔	ssí			
騠	tí			
媞				
瑅	tí			
禔	zzī			
▿鶗	tí			
踶	dì			
鞮	dī			
	氏		sí	
	舐		sí	
	世		sì	

标字、音	原字、音	合并字、音	转注	标字诠释
	贳		sì	
	似		sì	
	侍		sì	
	恃		sì	
	峙		sì	峙/地名
	△▽昰		zzeỳ	
	莳		ssí	
	谥		ì	
	筮		ū	
	噬		ū	
	澨		ū	
	奭		baǐ	
	襫		baǐ	
	螫		ccì	
ssi-				
	匙		ssì	
	殖		zzí	♩殖/骨殖
ssoū				
收				
荍	qaó			
ssoú-				
	熟		ssú	
ssoǔ				
守				
狩	ssoù			
首				
馗	kví			
艏				
	手		soǔ	
ssoù				
罒#				
°罒几	兽			四肢齐全，转指哺乳动物

标字、音	原字、音	合并字、音	转注	标字诠释
受				
°受	售			商店里推销宝贝，意卖出
▲授				
▲阌	vń			
▲绶				
	寿		soù	
	狩		ssoǔ	
	瘦		soù	
ssoỳ+				
宋	soỳ			
▿哚	soỳ			
ssū				
书				
°抒…	抒			
°纾	纾			
°舒	舒			
°赤…	蔬		菽-赤	地里蔬菜貌。菽义豆类总称
叔				
°梳…	梳		梳-椒	
°殊	殊			
°输	输			
°敊…	疏			
▲俶	ccù			
▲诹	ccù			
▲菽				
▲淑				
▲婌	ssú			
▲琡	ccù			
▲裻-	倏			
▲惄	nì			
▲踧	cù			
	殳		meī	

标字、音	原字、音	合并字、音	转注	标字诠释
	枢		qū	
	陎		zzū	
	姝		zzū	
	郮		iú	
	毹		iú	
	摅		niù	
ssú				
°孰	孰			九子之一，转指谁、哪个
°塾	塾			
°熟	熟	ssoú		
	秫		ssù	
	婌		ssū	
	赎		dú	
ssǔ				
°鼠	鼠			老鼠貌
°薯	薯			
°癙	癙			
°属-	属	zzǔ		
°曙	曙			
°署	署			
	暑		sǔ	
	黍		tvň	
	蜀		sǔ	
	数		soǔ	
ssù				
术		zzú		
°怵	竖			
述				
沭		潄		沭/地名/水名
钛				
秫	ssú			
°粟	粟sù			似米的果实

标字、音	原字、音	合并字、音	转注	标字诠释
戌		戌		
°⿱戌土	墅			
⿰氵戌	xù			
°⿰木戌	树			
°⿱戌灬	庶			
°⿱戌心	恕			
	束		sù	
	俞		iù	
	隃		iù	
	腧		iù	
	裋		doù	
	数		soù	
	澍		poý	
ssuō				
°⿺辶左	趖suō			行走的很快状
°⿰讠⿺辶左	说	ssvì		
ssuǒ+				
所	suǒ			
ssuò				
朔				
蒴				
搠				
塑	sù			
溯	sù			
槊		▿稍-槊		
	妁		ssaó	
	烁		suò	
	铄		suò	
	硕		suò	
	数		soù	
ssví				
°言	qaň	谁		言言，唇急貌

标字、音	原字、音	合并字、音	转注	标字诠释
°绮	绥svı́			
ssvı̌				
水				
ssvı̀				
岁	svı̀			
刿	gvı̀			
哕	hvı̀			
°褑	祟svı̀			
°睃	睡			
翙	hvı̀			
鳜	gvı̀			
	说		ssuō	
	帨		dvı́	
ssvň				
隼	svň			
榫	svň			
	吮		ivň	
	楯		dvǹ	
ssvǹ				
°川…	顺			水往低处流，引申沿着
°讠川	训xvǹ			
°驯	驯xvǹ			
	舜		svǹ	
	瞬		svǹ	
ssw̄				
°屌			屌-豖屌	
刷		ssẁ		
唰				
ssw̌				
耍				
ssẁ-				
	刷		ssw̄	

标字、音	原字、音	合并字、音	转注	标字诠释
sswī				
衰		cvī		
蓑	suō			
º摔	摔			
缞	cvī			
榱	cvī			
sswǐ				
甩				
sswì				
º率	率			在上用绳牵引，引申统领
º蟀	蟀			
	帅		swì	
sswn̄				
闩				
º拴	拴			
º栓	栓			
sswǹ-				
	涮		xwǹ	
	腨		xwǹ	
sswȳ				
双				
º奴		孀	奴-嫂	嫂/古女人名
º叒…	礵			“二简”字叒-磊。礵/地名
º雙	霜			
	泷		loý	
	淙		zoȳ	
	骦	骦-骦	sswy̌	
	鹴	鹴-鹴	sswy̌	
	骦		sswy̌	
	鹴		sswy̌	
sswy̌				
º爽	爽			窗格大，借指明亮

标字、音	原字、音	合并字、音	转注	标字诠释
°埉	塽			
°骕	骦sswȳ	骦-骦		
°鹔	鹴sswȳ	鹴-鹴		
sū				
°禾	苏			禾苗刚刚发芽，引申苏醒
°酥	酥			
°稣	稣			
	甦		geỳ	
	窣		cvì	
sú				
夙	sù			
°佩…	sù	俗	佩-佩	佩义非，傗佩，不伸
sǔ+				
°甸…	xoȳ	蠋zzú		虫被包裹，转指昆虫的幼虫
°曷	署ssǔ			
蜀	ssǔ			
▲歜	ccù			
▲臅	ccù			
▲躅	zzú			
sù				
束	ssù			
°俶		傈/傈傈族		俶/倜俶，义头动也
°涑…	诉			
速				
悚	soy̌			
饻				
涑				
▿琜	là			
敕	ccì			
°欶	ssuò	嗽-欶；soù		欶义吮吸；饮，喝…
竦	soy̌			
觫				

标字、音	原字、音	合并字、音	转注	标字诠释
▲蔌				
▽▲罬				
▲簌				罳罬/篦簌
肃				
▽揻	xɑō			
骕				
鹔				
º宿	佰bì			佰义二百
宿				
▲蓿	xu			
▲缩				
▲蹜				
素				
傃				
愫				
嗉				
	夙		sú	
	粟		ssù	
	谡		jì	
	塑		ssuò	
	溯		ssuò	
suō				
º夋	嗍			口含手指，引申唇舌吮吸
º悛	羧			羧/羧基
º唆	唆			
º绥	缩			
º梭	梭			
º睃	睃		[方]睃	
	莎		ssā	
	娑		ssā	
	桫		ssā	
	挲		ssā	

标字、音	原字、音	合并字、音	转注	标字诠释
	蓑		sswī	
	嗦		suǒ	
	趖		ssuō	
suǒ				
▿贠				
唢				
琐		▿璅-琐		
锁		鏁-锁		
索				
嗦	suō			
溹				
	所		ssuǒ	
	葰		jvǹ	葰/姓氏
suò+				
º乐	硕ssuò			头大貌，引申大
º烁	烁ssuò			
º铄	铄ssuò			
svī				
虽				
º荲	荽			
º滙…	濉			滙/水名
º眭	眭			
	尿		niɑò	
	睢		zzvī	
sví				
º育#…				
隋				
▿堶	tuó			
º遀-	随			
º髓-	髓svǐ			
▴隳	hvī			
	绥		ssví	

标字、音	原字、音	合并字、音	转注	标字诠释
	遂		svì	
svǐ-				
	髓		sví	
svì				
º豙				豙义听从
遂		sví		
º旞…	旞			
º燧-	燧			
º穟…	税		穟-穟	
▲隧				
▲璲				
▲鐩				
▲鐩				
▲穟				
▲邃				
▲襚				
	岁		ssvì	
	谇		cvì	
	碎		cvì	
	▿睟		cvì	
	祟		ssvì	
	缞		cvī	
	穗		hvì	
	穟	穟-穗	hvì	
svn̄				
孙				
荪				
狲				
逊	xvǹ			
	飧		ssí	
svň				
º孫	损			用手扇人耳光，喻损害

标字、音	原字、音	合并字、音	转注	标字诠释
°筫	笋			
	隼		ssvň	
	榫		ssvň	
	簨		xwň	
svǹ				
舛	ccwň	踳▿僢-舛		
荈	ccwň			
舜	ssvǹ			
▲瞬	ssvǹ			
	逊		svn̄	
	潠		xwň	
swì+				
帅	sswì			
swn̄				
°衣	谖xwn̄			穿着衣服说话的，引申聪慧
°依	儇xwn̄			
°恷	懁xwn̄			
°翗	翾xwn̄			
°酞	酸			
	狻		jvǹ	
swǹ				
*祘-蒜	算	筭-算		
tā				
°也	它			人的周围，转指人以外的
°他	他			
°她	她			
°铯	铊			
°跑	跶			
	塌		tá	
	遢		tá	
	溻		tá	

标字、音	原字、音	合并字、音	转注	标字诠释
	▿緆		tá	
	榻		tá	
	踏		tà	
	▿嚃		zzaò	
tá+				
°翕	tà			翕义飞盛貌，高飞的样子
塌	tā			
遢	tā			
阘	tà	dá		
溻	tā			
▿緆	tā			
榻	tà			
褟	tā			
▿鞨	tà			
蹋	tà			
鳎	tǎ			
tǎ				
°垒	塔		垒-至	垒土成塔状
°狴	獭			
°浍	溚			
	♩础		dá	础/地名
	鳎		tá	
tà				
沓		dá		
°揞		拓		揞义套也
°遝-	逻			
踏		tā		
	侤		dá	
	挞		dá	
	闼		dá	
	汰		dá	
	嗒		dā	

标字、音	原字、音	合并字、音	转注	标字诠释
	鞳		dā	
	阘		tá	
	榻		tá	
	▿䑽		tá	
	蹋		tá	
	漯		ló	漯/古水名
taī				
°囼-	胎			腹中有胎儿貌，转指胎
°⿰亻囼	儓taí			
°⿱艹囼	薹taí			
	台		taí	
	苔		taí	
taí				
台		臺-台；taī		
佁	ǐ	ccì		
诒	daì	í		
邰				
苔		taī		
抬				
骀		daì		
迨	daì			
绐	daì			
殆	daì			
枲	xǐ			
炱				
眙	í	ccì		
▿⿱台皿	haǐ			
笞	ccī			
跆				
鲐				
	儓		taī	
	薹		taī	

标字、音	原字、音	合并字、音	转注	标字诠释
▿taǐ				
º呆	▿呔		[方]呔	
taì				
太				
汰				
态				
肽				
钛				
酞				
泰				
傣	daǐ			
tan̄				
º亽…	坍		亽-集	屋棚基础薄弱而塌陷貌
º吣	啴		[音]啴	
º扖	摊			
º氵亽	滩			
º贪	贪			
º念	▵▿他			
º疒亽	瘫			
tań				
º炎…	▿燂		炎-赤	[方]燂，放火上加热
º谈	谈			
º弓炎	弹		弓-弹	
º痰	痰			
º覀		昙	覀-暗晚	似物遮日，转指云彩密布
覃		qń		
º墰	坛			
º槽…	檀			
▴谭				
▴潭		♩澹/澹台		
▿▴赗	daǹ			
▴禫	daǹ			

标字、音	原字、音	合并字、音	转注	标字诠释
▲磹				
▲瞫	sseň			
▲镡		ccań，xń		
▲蟫	iń			
▲醰				
	倓		iań	
	郯		iań	
	▿埮		iań	
	惔		iań	
	锬		iań	
	菨		tiań	
taň				
°忐	忐			上不定貌
°坫	坦			
°毡	毯			
°钍	钽			
°袪	袒			
	菼		iań	
	璮		liň	
taǹ				
°灰…	探		灰-灰	举着火把入崖洞，转指寻求
°哌	叹			
*炭-	炭			
°砅	碳			
	▵▿♩宕		daỳ	宕/地名
taō				
°叏				叏义取、滑
°饯	饕			
°涉	涛			
弢				
°滔	叨			拱手叙旧，表示客套
°搯	掏		掏-*搯	

标字、音	原字、音	合并字、音	转注	标字诠释
°滔	滔	焘		
°缁	絛		絛-*縚	
°韬	韬			
	慆		iaǒ	
taó				
兆…	鼗，zzaò			似转动发声的鼓
咷				
逃				
洮				
姚	iaó			
珧	iaó			
桃				
晁	ccaó			
朓	tiaǒ			
祧	tiaō			
铫	tiaó	iaó		
秾				
頫	fǔ			
旐	zzaò			
鮡	zzaò			
匋				
陶		iaó		
萄				
啕				
淘				
騊				
绹				
醄				
	梼		soù	
taǒ				
讨				
	舀		iaǒ	

标字、音	原字、音	合并字、音	转注	标字诠释
taò				
套				
taȳ				
汤				
°铴	羰			羰/羰基，也叫碳氧基
°趟	蹚	△▽趟-蹚		
铴		镗		铴/铴锣
蹚	daỳ			
	耥		taY̌	
	嘡		taý	
taý				
°坣-	堂			
°郌	鄌			
°哇	嘡taȳ			
°桂	樘	cceȳ		
°腔	膛			
°铓	镗			
°蛭	螳			
唐				
鄌				
塘				
搪				
溏				
瑭				
螗				
糖		饧-糖		
赯				
	棠		ssaý	
taY̌				
°尚	倘			上下情形不同，借指如果
°淌	淌			
°耥	耥taȳ			

标字、音	原字、音	合并字、音	转注	标字诠释
°躺	躺			
	帑		nú	
	埫		ssaý	
	傥		daY̌	
	锐		daY̌	
taỳ				
°炑	烫			火所及之物，转指物体高温
°趟	趟			
té+				
忒	tè	tvī		
°腻	腻te	de		
铽	tè			
tè				
°乍…	忑		乍-弄壮	下不定貌
°犿	特			
	忒		té	
	铽		té	
	慝		nì	
	▿蛸		daì	
	螣		teý	
te-				
	腻		té	
teȳ				
°豆	鼟			鼓发出的声音，会意
°炟	熥			
teý				
°夳	taì		夳-太泰	[日]夳义平滑、光滑、流畅
°苓	誊			
°疼	疼			
°朕…	藤			枝叶绕主干生长，转指藤蔓
塍	cceý			
腾				

标字、音	原字、音	合并字、音	转注	标字诠释
媵	iỳ			
滕				
螣		tè		
縢				
䲢				
tī				
°苐	薙tì			除去野草，会意
°剃	剔			
°拂	擿			
°梯	梯			
°睇	睇			
°锑	锑			
°踢	踢			
	体		tǐ	
	鷉		ccwī	
tí				
°趆	蹄			用于立足的脚掌，转指蹄子
°掟	提			
°啶	啼			
°绽	缇			
°题	题			
°醍	醍			
°鲑	鳀			
	荑		í	
	绨		dì	
	鹈		dì	
	遆		dì	
	騠		ssì	
	瑅		ssì	
	▿鶗		ssì	
tǐ				
°月	体	tī	冃-帽	人与动物的身体

标字、音	原字、音	合并字、音	转注	标字诠释
tì				
°笫	替			人与人身形转换，引申代替
°𠥈	屉			
°剃	剃	▿鬄-剃		
°悌	惕			
°㖒	嚏			
°涕	涕	▿洟-涕		
°𧼮	趯			
	俶	♩俶-倜	zzoū	
	倜		zzoū	
	悌		dì	
	绨		dì	
	逖		dí	
	殢		daí	
	裼		ì	
	薙		tī	
tian̄				
天				
°沃	添			
祆	xan̄			
龚	iaň			
°庚	黇			
tiań				
田				
佃				
°㘦…	填			
°㥏…	恬			
°𨳿	阗			
沺		湉		湉/湉湉
畋				
△▿畑				
°菖	甜	恭-甜		

标字、音	原字、音	合并字、音	转注	标字诠释
钿		diaǹ		
▿畠			[日]畠	
瞀	tań			
	昀		ivń	
tiaň				
忝				
掭	tiaǹ			
舔				
	殄		zzeň	
	▿餂		ssé	
	▵▿捵		diaň	
	倎		diaň	
	淟		diaň	
	晪		diaň	
	覥		diaň	
	腆		diaň	
	靦	♩靦-覥	diaň	
tiaǹ-				
	掭		tiaň	
	瑱		zeō	
tiaō				
°兆…	佻			小儿欲飞，喻轻薄、不严肃
°挑…	挑		(台)挑	挑/人名
	祧		taó	
tiaó				
条				
°滌	调			
萿	diaò			
°鰷	髫			
鲦				
	苕		ssaò	
	岧		ssaò	

标字、音	原字、音	合并字、音	转注	标字诠释
	迢		ssaò	
	笤		ssaò	
	龆		ssaò	
	铫		taó	
	蓨		xoū	
	蜩		zzoū	
tiaǒ				
°兆…	▿斢		[方]斢	位置互换貌，转指调换
°挑	挑			
°姚	嬥			
°窕	窕			
	朓		taó	
tiaò				
°尣	wȳ		尣-尫	尣义跛曲胫也
°眺	眺			
°跳	跳			
	粜		ccū	
tiē				
°卣	萜			似瓶子里漂浮的油层
°帕	帖			
°贴	贴			
	怗		zzaǹ	
tiě				
°爻	帖			带光环的文字，转指请帖
°铁	铁			
tiè				
°帝…	帖			有字的帛，喻书法临摹样本
°饰	餮			
tiȳ				
厅				
°听-	听			
°沂	汀			

标字、音	原字、音	合并字、音	转注	标字诠释
°析	桯			
°炘	烴			
	綎		tiý	
	鞓		cceý	
tiý				
廷				
侹	tiy̌			
莛				
庭				
綎	tiȳ			
珽	tiy̌			
梃	tiỳ			
烶	tiy̌			
铤	diỳ			
蜓				
颋	tiy̌			
霆				
▲蝏				
亭				
停				
葶				
渟				
婷				
tiy̌				
°辶…	铤			十分努力行进，喻快步向前
°扌廷	挺			
°木廷	梃			
°月廷	脡			
°舟廷	艇			
	圢		diȳ	
	町		diȳ	
	侹		tiý	

标字、音	原字、音	合并字、音	转注	标字诠释
	珽		tiý	
	烶		tiý	
	颋		tiý	
tiỳ-				
	梃		tiý	
toū				
凸	tū			
°⿰亻凸	偷			
	鍮		iù	
toú				
°旻	vň	mò	旻-殁谷	殁义刎；殁
°投…	投			
°骰	骰			
头				
°图	图tú			
°屎	屠tú			
toǔ-				
	钭		doǔ	
	敨		peí	
toù				
秃	tū			
°透	透			
toȳ				
通		toỳ		
嗵				
樋				
	恫		toý	
toý				
同		toỳ		
侗		toy̌		
诇				
茼				

标字、音	原字、音	合并字、音	转注	标字诠释
垌		doẏ		
恫	toȳ			
哃				
°彫	彤			
峒		doẏ		
洞				
桐				
烔				
铜				
酮				
鲖				
°辛…	童			学立于地状，转指儿童
°⿰亻辛	僮			
°⿰氵辛	潼			
°梓	橦			
°⿰日辛	曈			
°⿰月辛	朣			
°⿰目辛	瞳			
°⿰禾辛	穜			
°⿰辛羽	翧			
	仝		toẏ	
	砼		toẏ	
	佟		doȳ	
	峂		doȳ	
toY̌				
°冄	筒			似有通气孔的管状器物
°扨	捅			
°纲	统			
°枘	桶			
	侗		toý	
	婻		ioY̌	

标字、音	原字、音	合并字、音	转注	标字诠释
toỳ				
仝	toý			
°恮…	恸，sù		恮-悚	
砼	toý			
*眕-	瞳twň			
°痊	痛			
	同		toý	
	通		toȳ	
tū				
突				
葖				
	凸		toū	
	秃		toù	
	瑦		kvī	瑦/瑦玗
tú				
°关	xaò		关-笑咲	闭着嘴巴笑貌
°荚	荼			
°徕	徒			
°送	途			
°浂	涂			
°酔	酴			
	图		toú	
	駼		iú	
	梌		iú	
	稌		iú	
	菟		tù	
	屠		toú	
	腯		dvń	
	▿瘏		zzě	
tǔ				
土				
芏	dù			

标字、音	原字、音	合并字、音	转注	标字诠释
吐		tù		
钍				
▲垚	iaó			
tù				
兔				
°侻	儳ccań			
菟		tú		
堍				
°嵲	巉ccań			
°锓	镵ccań			
	吐		tǔ	
tuō				
°乇		zzé		乇义草托地而生；衍义…
*侂	侂			
扥				
托				
吒	zzā			
饦				
°肔	°肔dū	脱		肔义广腹也
°佗	í			广东瑶族，南方百越的一支
訑	í			
拖				
迤	í	ǐ；蛇-迤		
绝	ssī			
▿柂	duò	í		
▿駞	í			
°㐌	㐌ccǐ			
	侻		dví	
	挩		dví	
tuó				
它…	驮，tā			背负东西貌
佗				

标字、音	原字、音	合并字、音	转注	标字诠释
陀		▿陁-陀		
坨				
°犯…	鼍			犯-狏，兽名
沱				
驼				
柁				
砣				
铊				
鸵				
°袉		橐		袉义衣服的大襟
酡				
跎				
°鼧	鼧			
鮀				
	▿堶		svі́	
tuǒ				
妥				
°陏	svī	椭		陏/地名
捼	ruó			
桵	rvǐ			
°鬌	鬌			
	庹		xí	
tuò				
°岩	萚			草脱皮貌
°拓	拓			
°啪	唾			
°箬	箨			
	柝		ccì	
	跅		ccì	
tvī				
°毛	ssan̄	san̄		毛义毛郎神；地名
°毼	▿蓷			

标字、音	原字、音	合并字、音	转注	标字诠释
°挓	推			
	忒		té	
tví				
°尡…	蜕tvì			似树脱皮
°颓	颓			
	隤		gvì	
	瘣		gvì	
	魋		zzvī	
tvǐ				
°𧾷…	腿			腿状
tvì				
退				
煺				
褪		tvǹ		
	侻		dví	
	蜕		tví	
tvn̄				
吞				
°晤	暾			
°焐	tiaǹ	蓒；hań		焐义火光
	焞		xaý	
tvń				
屯		zzvn̄		
坉				
迍	zzvn̄			
忳				
囤		dvǹ		
饨				
沌	dvǹ	zzwǹ		
°肫	肫zzvn̄			
窀	zzvn̄			
鲀				

标字、音	原字、音	合并字、音	转注	标字诠释
豕	ssǐ			
°彖…	臀		彖-豚	
°豚	豚			
▲豳	biñ			
▲燹	xaň			
tvň				
°氽…	氽		[方]氽	
黍	ssǔ			
tvǹ-				
	褪		tvì	
twñ				
°湍…	湍		湍-亢	倾泻之水状，喻水流急
°煓	煓			
	猯		dwñ	猯/地名
twń				
团				
°抟	抟			
	沌		zzwñ	
twň-				
	疃		toỳ	
twǹ-				
	彖		zzwǹ	
ū				
巫				
诬				
°埡…	圬			
鸡	ú			
筮	ssì			
°▲噬	ssì			
°▲澨	ssì			
°烏	乌	♩恶-乌；ù		
°鄔	邬			

标字、音	原字、音	合并字、音	转注	标字诠释
°塢	坞ù			
°嗚	呜			
°溈	污		污-溈	溈义水大的样子
°鎢	钨			
屋				
偓	uò			
幄	uò			
渥	uò			
齷	uò			
	兀		ù	
	於		iū	
	洿		kw̄	
ú				
无		♩亡-无；mó		
芜				
呒	ḿ			
怃	hū			
沅	ǔ			
吾				
郚				
悟	ù			
唔				
圄	iǔ			
峿				
浯				
珸				
梧		▿♩捂-梧		
敔	iǔ			
晤	ù			
牾	ǔ			
铻		iǔ		
°鋙	鼯			

标字、音	原字、音	合并字、音	转注	标字诠释
龉	iǔ			
▲寤	ù			
吴				
俣	iǔ			
娱	iú			
蜈				
	毋		ǔ	
	鸡		ū	
ǔ				
五				
伍				
午				
仵				
º抍		捂		抍义盖住
忤				
迕				
旿				
毋	ú			
º㑄…	侮			
毐	aǐ			
武				
珷				
斌	biñ			
鹉				
碔				
º無	舞			人执绸带起舞貌
º憮	怃		ú	
º廡	庑		ú	
º潕	△▽潕			潕/水名
º嫵	妩		ú	
	𬇙		ú	
	牾		ú	

标字、音	原字、音	合并字、音	转注	标字诠释
ù				
兀		ū		
阢				
扤				
屼				
杌				
轨	iv̀			
飑	hvī	hvǐ		
▿瓥				
卼	hvī			
鞿				
髡	kvn̄			
勿				
芴				
囫	hú			
▿沕	hū	mì		
昒	hū			
物				
曶	hū			
*疓-	痦			
笏	hù			
戊				
°诚	误			
°烒	焐			
°孜…	务	moú	孜-强勑	孜móu义勑，劝勉，鼓励
莪	maò			
骛				
婺				
瞀	maò			
鹜				
*霚-	雾			
鍪	moú			

标字、音	原字、音	合并字、音	转注	标字诠释
	乌		ū	
	坞		ū	
	悟		ú	
	晤		ú	
	寤		ú	
	恶		è	
	鋈		uò	
uō				
*咼…	喔，guō	♩挝	咼-呙	窝里的声响，借指公鸡叫
*卨	禼xè			
°⿰亻咼	倭			⿰亻咼gw̌义行貌
*萵-	莴			
*渦-	涡			
*媧-	娲w̄			
*窩-	窝			
*蝸-	蜗			
°踻	gw̄	踒；tuo		踻义脚掌上的纹理…
uǒ				
我				
涐	é			
睋	é			
°⿰镸我	⿱髟委			
uò				
°亙…	斡			拧紧貌，转指旋转
°圤	卧			
°⿰扌亙	握			
°⿰氵亙	涴		[方]♩涴	
°⿰月亙	肟			
沃				
°⿱吾石	硪			
鋈	ù			
	偓		ū	

标字、音	原字、音	合并字、音	转注	标字诠释
	幄		ū	
	渥		ū	
	龌		ū	
vī				
危				
佹	gvǐ			
垝	gvǐ			
峗	ví			
洈	ví			
姽	gvǐ			
桅	ví			
硊	hvì			
頠	vǐ			
鮠	ví			
威				
葳				
▿搣				
崴				
°嵬…	巍		嵬-微	手指高高的远山，喻山高大
微				
溦				
°煨	煨			
▴薇				
	委		vǐ	
	逶		vǐ	
	偎		vì	
	隈		vì	
	椳		vì	
	鳂		vì	
ví				
韦				
违				

标字、音	原字、音	合并字、音	转注	标字诠释
围				
帏				
闱				
湋				
玮	vǐ			
炜	vǐ			
祎	ī			
袆	hvī			
𢫬	vǐ			
▲涠		圩		涠/涠洲
▽▲霅	vì			
为		vì		
䓕	vǐ			
㧑	hvī			
沩				
妫	gvī			
°生…	惟		生-人	生命只有一次，意单单、只
°呏	唯			
°帷	帷			
°泩	潍			
°绖	维			
	峗		vī	
	洈		vī	
	桅		vī	
	鮠		vī	
	△▽硙		ɑí	
	琟		zzvī	
	鬼		gvǐ	
vǐ				
°幸…	韋			两手轮番前移貌，引申推进
°倖	伟			
°莘	苇			

标字、音	原字、音	合并字、音	转注	标字诠释
°绰	纬			
°瑋	玮			
°韙	韪			
°尾		ǐ		
°偍…	伪			
娓				
艉				
委		vī		
诿				
萎				
逶	vī			
▿绥	rvǐ			
痿				
魏	vì			
	苆		ví	
	暐		ví	
	炜		ví	
	韡		ví	
	洧		ioǔ	
	痏		ioǔ	
	鲔		ioǔ	
	♩隗		kvǐ	隗/姓氏
	♩廆		gvǐ	廆/人名
	骫		wń	
	頠		vī	
	猥		vì	
	▿雌		zzvī	
	薳		iwň	
vì				
未				
°休	mɑì	位		
味				

标字、音	原字、音	合并字、音	转注	标字诠释
沬	meì			
º枚	卫			
▲勞	lí			
▲嫠	lí			
▲漦	sī	ccí		
▲釐	xī			
º㞍…	遗		㞍-属	临终示留与人，转指送给
尉		iù		
▲蔚		iù		
▲慰				
▲罻				
▲螱				
▲霨				
▲鳚				
畏				
偎	vī			
隈	vī			
喂				
猥	vǐ			
椳	vī			
碨		♩硙-碨		
鰃	vī			
胃				
谓				
喟	kvì			
猬				
渭				
煟				
	为		ví	
	镨		hvì	镨/鼎名
	魏		vǐ	
	▿讆		ví	

标字、音	原字、音	合并字、音	转注	标字诠释
vn̄				
°昷#…			昷-温	
揾	vǹ			
愠	ivǹ			
温				
缊	ivn̄	ivǹ		
韫	ivǹ			
榅				
辒				
氲	ivn̄			
煴	ivn̄			
瘟				
鳁				
馧	ivn̄			
▲蕰				
vń				
文				
芠				
抆	vň			
汶	vǹ			
驳				
纹				
玟				
旻	miń			
忞	miń			
炆				
°耾	闻			
蚊				
雯				
	阌		ssoù	阌/地名
vň				
°勿…	紊，zzuò		勿-幼	丝线交织成团，引申纷乱

标字、音	原字、音	合并字、音	转注	标字诠释
°刎	刎			
°吻	吻			
°稳	稳			
	抆		vń	
vǹ				
问				
莔	man̍			
°鍆	璺	▿纹-璺		
	汶		vń	
	揾		vn̄	
vȳ				
翁				
蓊	vy̌			
塕	vy̌			
嗡				
滃		vy̌		
鎓				
鹟				
鳹				
鞥				
vy̌-				
	蓊		vȳ	
	塕		vȳ	
	滃		vȳ	
vỳ				
瓮				
°䐥	齆			
	蕹		oỳ	
w̄				
°穵…	窊		穵-挖	弯凹成穴，转指地势下陷
挖				
°哛…	哇	w		

标字、音	原字、音	合并字、音	转注	标字诠释
°沱…	洼			
°蛇	蛙			
	凹		ŵ	
	▽凹		aō	
	坬		gŵ	
	呱		gŵ	
	娲		uō	
ŵ				
▽凹	ŵ		凹-洼	凹义山坡，斜坡
°㚌	娃			
ŵ̌				
瓦				
佤				
°𤮊	甗iaň，lì		𤮊-鬲	
ŵ̀				
°瓦…	瓦			将瓦铺开貌
°𥘵	袜			
°瓬	腽			
w⁻				
	哇			
wī				
歪				
▽喎		呙		
wǐ				
°岂	è	崴		岂义山曲
°扢	搲		[方]搲	
wì				
外				
wñ				
弯				
塆				
湾				

标字、音	原字、音	合并字、音	转注	标字诠释
	剜		wň	
	惋		wň	
	蜿		wň	
	豌		wň	
	婠		gwn̄	
wń				
丸				
芄				
汍				
纨				
骫	vǐ			
完				
莞	wň	gwn̄，gwň		
浣	hwǹ			
绽	hwń			
°琓		玩		琓/地名
°脘	脘wň			
烷				
睆	hwǹ			
皖	wň			
筦	gwň			
°顽	顽			
鲩	hwǹ			
	刓		iwń	
	抏		iwń	
wň				
°宂	绾		宂-免	似人盘绕头发并打结
°挽	挽			
°晥	晚			
宛				
剜	wn̄			
菀		iù		

标字、音	原字、音	合并字、音	转注	标字诠释
惋				
帵	wn̄			
涴	iwn̄			
婉				
琬				
椀				
°腕	腕wǹ			
碗				
畹				
鹓	iwn̄			
蜿	wn̄			
豌	wn̄			
	♩莞		wń	莞/莞尔
	脘		wń	
	皖		wń	
wǹ				
万		mò		
劢	maì			
沥				
疠	lì			
虿	ccaì			
	妧		iwń	
	腕		wň	
	蔓		maǹ	
wȳ				
尣		ioú		
°汍	汪			
	尪		wý	
wý				
亡				
匄	gaì			
邙	maý			

标字、音	原字、音	合并字、音	转注	标字诠释
°肓	hwȳ			
忘	wỳ			
氓	meý			
虻	meý			
王		wỳ		
尪	wȳ			
wỷ				
°芒…		枉	芒/人名	受压而弯，借指弯曲、委屈
罔				
°徃	往			
°绖	网		網-网	
▲惘				
▲辋				
▲蛧				
▲魍				
wỳ				
°亡…	妄			反背着手迎上，转指荒谬
°盳	旺			
°朙	望			
	王		wý	
	忘		wý	
xā				
°巳	呷			用口吸貌，借指小口地喝
°䀎	瞎			
°蚆	虾	▿鰕-虾		
xá				
*夾…	黠，já		*夾-夹	人眨眼貌，转指聪明而狡猾
°匧-	箧qè	匣		
*俠-	侠			
*挾-	挟xé			
*峽-	峡			
*狹-	狭			

标字、音	原字、音	合并字、音	转注	标字诠释
*硖-	硖			
*▲惬-	惬qè			
叚		辖		口、手协理某区域，喻管理
葭	jā			
遐				
瑕				
暇				
瘕	jǎ			
猳	jā			
霞				
	狎		jǎ	
	柙		jǎ	
	翈		jǎ	
	袷		hé	
xà				
下				
吓		唬-吓		
夏				
▲厦		ssà		
▲嗄	ssà			
	罅		saì	
xañ				
°凼…	鲜			人在山中，空气新鲜
°仙	仙			
°拙	掀			
°氙	氙			
°铷	锨			
°籼	籼			
先				
侁	sseñ			
冼	xaň			
诜	sseñ			

标字、音	原字、音	合并字、音	转注	标字诠释
▿抚	xaň			
洗	xaň			
骁	sseñ			
°姺		孅		姺/㜮姺
°晄…	遲			
▿毨	xaň			
铣	xaň			
筅	xaň			
跣	xaň			
酰				
	纤		qañ	
	跹		qañ	跹/翩跹
	忺		qaǹ	
	祆		tiañ	祆/祆教
	莶		qañ	
	▵姾		qañ	
	铦		ssé	
	锬	锬-铦	ssé	
	骞		saì	
xań				
°㐱…	挦		㐱-贤	
贤				
°㣿	衔			
°㳄	涎			
°鰎	鯩			
闲				
娴				
痫				
鹇				
咸				
诚				
葴	zzeñ			

标字、音	原字、音	合并字、音	转注	标字诠释
崴	hań	▿daň		
缄	jaā			
°娍		嫌		娍义女不净
瑊	jaā			
顑	kaň			
箴	zzeā			
	伭		xwń	
	弦		xwń	
	玹		xwń	
	蚿		xwń	
	舷		xwń	
xaň				
显		㬎		
°湿	鲜			
°隰…	险		隰-隰	
°葟	蘚			
°幌	幰			
°榥	櫶			
	狝		nǐ	
	冼		xaā	冼/姓氏
	▿挄		xaā	
	洗		xaā	
	▿毨		xaā	
	铣		xaā	
	筅		xaā	
	跣		xaā	
	蚬		xaǹ	
	崄		qaā	崄/崄巇
	▿崟		qaā	
	猃		qaā	
	狎	狎-猃	qaā	
	襐		zzwǹ	

标字、音	原字、音	合并字、音	转注	标字诠释
	燹		tvń	
xaǹ				
见				
伣	qaǹ			
°⿰阝见	限		⿰阝見-限	
苋				
觃	iaǹ			
岘				
°⿰纟见	线		⿰糸見-茧	
现				
枧	jaň			
⿰日见				
⿰目见				
蚬	xaň			
笕	jaň			
▿粯				
觋	xí			
°⿱雨见	霰		⿱雨見-霰	
县				
°⿱宀县	宪			
°⿰县犬	献			
°悬…	羡，xwń			
°⿰月县	腺			
°臽				臽义小坑，又同陷
陷				
萏	daǹ			
馅				
欿	kaň			
鹐	qaō			
	♩缐		qwń	缐/姓氏
xaō				
肖		xaò		

标字、音	原字、音	合并字、音	转注	标字诠释
削		xv̄		
逍				
消				
宵				
绡				
硝				
销				
蛸		ssaō		
霄				
鞘	ssaō			
魈				
枭				
°⿰亻枭	翛			
°⿰口枭		嚣，哓		⿰口枭义同叫、同祷。哓/哓哓
°⿰马枭	骁			
°肃	萧			笔受限而沉闷，转喻无生机
°⿰氵肃	潇			
°⿰虫肃	蟏			
°⿱⺮肃	箫			
	枵		haò	
	鸮		haò	
	虓		xaò	
	猇		hǔ	
xaó				
孝	xaò			
哮	xaò			
涍	xaò			
酵	jaò			
肴	iaó			
崤				
淆				
殽				

标字、音	原字、音	合并字、音	转注	标字诠释
	洨		jaō	洨/水名
xaǒ				
小				
º⿰目小	晓			
º⿱⺮尔	筱			
	谀		soū	
	皛		baí	
xaò				
º交	啸	虓		似大声长叫
º校	校			
º效	效			
笑				
º⿰氵笑	潡			
	孝		xaó	
	哮		xaó	
	涍		xaó	
	肖		xaō	
	恔		jaō	
	敩		xv́	
xaȳ				
乡				
º幼	襄			
芗				
蚃	xay̌			
⿰乡食	xay̌			
相				
厢				
葙				
湘				
缃				
箱				
香				

标字、音	原字、音	合并字、音	转注	标字诠释
°⿰马香	骧			
°⿰纟香	纕			
°⿰钅香	镶	瓖-镶		
xaý				
°⿱亠丰	翔			似风筝在飞，转指盘旋飞行
°⿰讠⿱亠丰	详			
°⿰扌⿱亠丰	降			
°⿰礻⿱亠丰	祥			
	庠		iaý	
xaǐ				
°亯	响			高处张口，借指发出声音
°⿰饣亯	饷			
享				
°⿱亯心	想			
▲埻	zzvň	tvn̄		
▲崞	guō			
▲綧	zzvň			
▲焞	tvn̄			
▲錞	ccvń	镦；dvì		镦dvì-錞dvì
▲鞟	kuò			
	蚃		xaȳ	
	飨		xaȳ	
	▿⿰虫向		xaỳ	
	鲞		jwǹ	
xaỳ				
向				
°⿰工向	项			
珦				
°⿰木向	相			
▿⿰虫向	xaǐ			
°⿱丿豕	象			大象貌
°⿰亻⿱丿豕	像			

标字、音	原字、音	合并字、音	转注	标字诠释
°椽	橡			
	巷		haỳ	
	缿		hoù	
	▿衖	衖-巷	haỳ	
xē				
°𡷊	楔			填充缝隙齿状物，转指楔子
些				
°揩	揳			
°𪨰	歇			
°蛍	蝎			
	▿猲		hē	
xé				
°犭…	斜		犭-垂杀	材不正，引申斜
°邪	邪			
°讶	谐	㙰/地名		
°扜	携			
°靬	鞋			
°劦-	协	liè		
°偽	偕			
瑎	lì			
°脇	胁		*脇-胁	
勰				
	叶		ssí	
	挟		xá	
	絜		qì	
	颉		jí	
	撷		jí	
	缬		jí	
	襭	襭-撷	jí	
	鲑		gvī	
xě				
写		xè		

标字、音	原字、音	合并字、音	转注	标字诠释
泻	xè			
	血		xỳ	
xè				
°乍	懈			不那么正规，喻松散、松懈
卸				
°迮	邂			
°泎	泄			
°蚱	蟹			
射	ssè			
谢				
塮				
榭				
屑				
°[illegible]	薤			
°[illegible]	澥	瀣/沆瀣		
榍				
°[illegible]…	亵			
	写		xě	
	泻		xě	
	灺		iě	
	绁		sì	
	契		qì	
	偰		qì	
	卨		uō	卨/人名
	械		jè	
	齘		jè	
	渫		dié	
	屧		dié	
	媟		dié	
	解		jě	
	薢		jě	
	嶰		jě	

标字、音	原字、音	合并字、音	转注	标字诠释
	獬		jě	
	廨		jě	
	嫳		piè	
	⿰王嫳		piè	
	⿰𧾷嫳		piè	⿰𧾷嫳/蹀⿰𧾷嫳
xī				
夕				
汐				
矽				
穸		窸		穸/窀穸
°蚐	蟋			
兮		羲		羲/人名/姓氏
°吟	ǐ	嘻		吟义可也、尔也、然也
°姈…	嬉	▿娭-嬉		
栦	ì	樨		樨/木樨
°昤…	曦	爔-曦		
°牸	犀			
°肹	膝		肹-肸	
盻	xì			
°钤	锡			
西		巂-西		
茜				
迺	naǐ			
恓				
哂	sseň			
栖				
°粞	熙			
°恖	悉			
牺				
硒				
舾				
粞				

标字、音	原字、音	合并字、音	转注	标字诠释
希				
俙				
郗		ccī		
▿悕				
唏				
°⿰山希	qí	巇/险巇		⿰山希义山傍石
浠				
𫄨	ccī			
晞		♩熹		
瓻	ccī			
欷				
烯				
睎				
稀				
°酼-	醯			
豨				
析				
菥				
淅				
晰				
晳				
蜥				
奚				
傒				
徯				
溪				
𫘬	xí			
▿磎				
蹊		qī		
▿⿰衤奚				
谿				
°鼷	鼷			

标字、音	原字、音	合并字、音	转注	标字诠释
°▲溵				
	吸		jí	
	昔		xí	
	惜		xí	
	腊		xí	
	肸		xń	
	俙		ī	
	息		xí	
	▿葸		xí	
	熄		xí	
	▿瘜		xí	
	螅		xí	
	翕		hé	
	噏		hé	
	歙		hé	
	熻		hé	
	裼		ì	
	僖		xǐ	
	憙		xǐ	
	嘻		xǐ	
	鳌		vì	
	酅		cvī	酅/古地名/姓氏
	蠵		cvī	
	觿		cvī	
xí				
习				
°岻	嶍			
°雪	▿霫			
°鲥	鳛			
°庎…	袭			广厦代代传，转指继承
°席	隰			
席				

标字、音	原字、音	合并字、音	转注	标字诠释
庹	tuǒ			
▲褯	jè			
昔	xī			
剒	cuò			
惜	xī			
唶	jè			
棤	cuò			棤/地名
腊	xī			
碏	qv̀			
耤	jí			
蜡	zzà			
踖	ccaǐ			
踖	jí			
▿齰	zé			
息	xī			
▿蒠	xī			
媳				
熄	xī			
▿瘜	xī			
螅	xī			
	▿郋		zì	
	觋		xaǹ	
	恖		mǔ	恖/姓氏
	骙		xī	
	檄		jaǒ	
xǐ				
°走…	蓰		走/步	手脚张开五指，转指五倍
徙				
°涉…	洗		涉-涉	
°琏	玺	▿铱-玺		
°链	铣			
屣				

标字、音	原字、音	合并字、音	转注	标字诠释
º喜-	喜			
º僖	僖xī			
º憙	憙	xī		
º嘻	嘻xī			
º禧	禧			
º锫	锫			
º蟢	蟢			
º鳍	鳍			
	枭		taí	
	缅		lì	
	蒠		miaó	
xì				
º糸	sī	细	糸-丝	丝小，转喻细丝，微小
系				
º絨	戏	hū		
▲鲧	gvň			
º烒…	▿虩		▿烒-除	烈日烤心，转指悲伤，痛
º隙		▿隟-隙		
▿虩				
	卌			卌→四十
	饩		qì	
	屃		ssī	
	郄		hoý	
	盻		xī	
	咥		zzì	
	郤		gǔ	
	绤		gǔ	
	阋		ní	
	舄		joù	
	潟		joù	
	赩		ccì	
	禊		qì	

标字、音	原字、音	合并字、音	转注	标字诠释
	滃		hé	
xn̄				
心				
伈	xň			
芯		xǹ		
辛				
莘		ssen̄		
骍	xȳ			
°新	新			
°欵	欣			
锌				
°▲薪	薪			
°▲馨	馨			
	訢		jn̄	訢/姓氏
	忻		jn̄	
	昕		jn̄	
	炘		jn̄	
	廞		qn̄	
	歆		in̄	
	鑫		xȳ	
xń				
°仐…	蕈xvǹ			菌类貌
肸	xī			
	镡		tań	
xň-				
	伈		xn̄	
xǹ				
杏	xỳ			
°倸…	信			
*莕-	荇xỳ			
°焅	焮			
	囟		paǐ	

标字、音	原字、音	合并字、音	转注	标字诠释
	芯		xn̄	
	屾		xỳ	
	疊	疊-屾	xỳ	
xoū				
休				
咻				
庥				
鸺				
°貅…	蟰			
貅				
髹				
°夃…	羞		夃-修	用丝发遮蔽下体，转指害羞
°修-	修			
°馐	饈			
°脩	脩			
▲*蓧-	蓨tiaó			
xoǔ				
°丂	kaǒ		丂-巧于	丂义气要舒出的样子
°沔…	潃，miaň			沔古同沔，汉水上源
°宿	宿	xoù		
朽				
xoù				
秀				
莠	ioǔ			
绣				
琇				
锈				
°褎…	袖	▿褎-袖		
°臭-	臭			鼻吸气，转指气味
°嗅	嗅			
°溴…	溴			
	岫		ioú	

标字、音	原字、音	合并字、音	转注	标字诠释
	琇		ioǔ	
	宿		xoǔ	
xoȳ				
凶				
匈				
讻				
忷-	恟			忷-恟
汹				
酗	xù			
°▲胸	胸			
兄				
柷	ccù	zzù		
貺	kwỳ			
	芎		goȳ	
xoý				
°夾	敻xoỳ			举手眺望，借指辽阔、遥远
°狘	熊			
°雄	雄			
xoỳ-				
	诇		joȳ	
	敻		xoý	
xū				
°虍	hū	需		虍义虎斑纹
°纼				
虚				
▲虡	jù			
▲墟		圩		
▲嘘		ssī		
▲歔				
须				
媭				
盨	xǔ			

标字、音	原字、音	合并字、音	转注	标字诠释
	讶		iú	
	吁		iú	
	盱		iú	
	肝		iú	
	戌		ssù	
	砉		huō	
	胥		xù	
	谞		xù	
	顼		iè	
	欻		ccw̄	
	魆		qū	
xú				
°籴	絮xù		籴-杲	似草木上易飞扬的纤维
°叙	叙xù			
°徐	徐			
°絵	绪xù			
xǔ				
许				
°㖃	咢			
浒				
	▿呴		jù	
	姁		jù	姁/姁姁
	诩		rǔ	
	珝		rǔ	
	栩		rǔ	栩/栩栩
	湑		xù	
	糈		xù	
	醑		xù	
	盨		xū	
xù				
旭				
°煦	煦			

标字、音	原字、音	合并字、音	转注	标字诠释
序				
埍				
°绪	续			
胥	xū			
谞	xū			
湑		xǔ		
婿		▿聟-婿		
糈	xǔ			
醑	xǔ			
畜				
蓄				
漵	▿xù	溆，ccù	[越]漵	漵仕/地名
	芧		iǔ	
	昫		jù	
	叙		xú	
	洫		ssù	
	恤		xỳ	
	洫		xỳ	
	酗		xoȳ	
	勖		zù	
	▿鲊		iǔ	
	绪		xú	
	絮		xú	
xu⁻				
	蓿		sù	
xȳ				
穴	xý			
茓	xý	薛		
狘	ioù			
▿鴥	iù			
°鞙	靴			
	削		xɑō	

标字、音	原字、音	合并字、音	转注	标字诠释
xv́				
°⺍#				
°㕯	噱	jv́		
㟍				
学				
岩	qv̀			
鸴				
°踅	趞			踅义来回走
嚳	kù			
鲎	hoù			
▴敩		xɑò		
	穴		xv̄	
	茓		xv̄	
xv̌				
°ヨ	jì		ヨ-彐雪	数学符号，表存在
雪				
▴鳕				
xv̀				
血		xě		
恤	xù			
洫	xù			
	谑		niv̀	
xvn̄				
°炁	熏	窨-熏；xvǹ		烟火熏物貌
°勳	勋			
°蒁	薰			
°埙	埙			
°狻	獯	荤-獯		
°绦	缥			
°曛	曛			
°醺	醺			

标字、音	原字、音	合并字、音	转注	标字诠释
xvń				
°巛…	ccwn̄	ssvǹ	巛-川	巛ssvǹ义同鬊，乱发
巡				
°巡	循			顺着走貌
旬				
郇		hwń		
询				
荀				
恂				
峋				
徇	xvǹ			
洵				
绚	xwǹ			
珣				
栒				
殉	xvǹ			
寻				
鄩				
荨		qań		
浔				
璕				
焊				
鲟				
	唡			唡→英唡
	纠		ccwn̄	
xvǹ				
°卂…	噀		卂-迅	限制很多，引申准则
讯				
汛				
迅				
	训		ssvǹ	
	驯		ssvǹ	

标字、音	原字、音	合并字、音	转注	标字诠释
	徇		xvń	
	殉		xvń	
	逊		svn̄	
	浚		jvǹ	
	巽		xwň	
	熏		xvn̄	
	蕈		xń	蕈/植物名
xwn̄				
宣				
萱				
揎				
愃				
喧				
渲	xwǹ			
瑄				
楦	xwǹ			
°轩	轩			
暄				
煊				
碹	xwǹ			
	咺		heý	
	烜		xwň	
	谖		iwń	
	煖		iwń	
	镅		jwn̄	
	儇		swn̄	
	譞		swn̄	
	懁		swn̄	
	嬛		hwń	嬛/人名用字
	翾		swn̄	
	襹		rǔ	

标字、音	原字、音	合并字、音	转注	标字诠释
xwń				
玄				
伭		xań		
泫	xwǹ			
弦	xań			
弦				
玹		xań，△xwǹ		
昡	xwǹ			
°惹	悬			
炫	xwǹ			
眩	xwǹ			
铉	xwǹ			
痃				
蚿	xań			
衒	xwǹ			
舷	xań			
	旋		xwǹ	
	漩		xwǹ	
	璇		xwǹ	
	暶		xwǹ	
xwň				
°巺-	巽xvǹ			
°僎	僎zzwǹ			
°馔	馔zzwǹ			
°潠	潠svǹ			
°選	选			
°熼	烜	xwn̄		
°癣	癣			
°篔	篔svň			
	咺		heý	
	晅		heý	
xwǹ				

标字、音	原字、音	合并字、音	转注	标字诠释
°定…	涮sswǹ			人为转动貌，引申戏弄
°淀-	漩xwń			
°琁-	璇xwń		琁-璇琼	
°暶	暶xwń			
°腚	腨sswǹ			
旋		xwń		
	♩券		qwǹ	券/拱券
	泫		xwń	
	▵玹		xwń	
	昡		xwń	
	炫		xwń	
	眩		xwń	
	铉		xwń	
	衒		xwń	
	绚		xvń	
	琄		jwn̄	
	渲		xwn̄	
	楦		xwn̄	
	碹		xwn̄	
xȳ				
兴		xỳ		
°鈝	鑫xn̄			
星				
惺				
猩		狌-猩		
▿湦	sseȳ			
瑆				
°腥	腥			
煋				
	骍		xn̄	
xý				
亓	qí			

标字、音	原字、音	合并字、音	转注	标字诠释
º彨	形			
º衍	行			
º饳	饧			
刑	刑			
型				
硎				
铏				
	邢		kaī	邢/地名
	钘		kaī	
	陉		jỳ	
	娙		jỳ	
	荥		iý	
xỷ				
º省…	醒		省-首	眼睛微睁，转指醒来、觉悟
º揹	擤			
	省		sseỷ	
	箵		sseỷ	
xỳ				
生…	gǎ	衅，釁-衅		王顶牛貌，转指争端
º性	性			
º姓	姓			
幸				
倖				
悻				
圉	iǔ			
婞				
º▲盭	lì			
	兴		xȳ	
	杏		xǹ	
	荇		xǹ	
ý-				
	唔		eń	

标字、音	原字、音	合并字、音	转注	标字诠释
	嗯		eń	
ỹ-				
	嗯		eň	
ỳ-				
	嗯		eǹ	
zā				
°𡿪	liè			𡿪𡿪，水分流貌
𢯷		zaň		
°𦝫	臜	△za		
	扎		zzá	
	匝		zá	
	咂		zá	
zá				
匝	zā			
咂	zā			
砸				
杂				
°㓨	铡zzá			
zǎ				
°囯	咋			
za-				
	△臜		zā	
zaī				
°𢦏				𢦏-𢦏，伤也
哉				
栽				
*烖-	灾			
胾	zì			
	甾		zī	
zaǐ				
°[illegible]	宰			支撑存亡，借指支配、做主

标字、音	原字、音	合并字、音	转注	标字诠释
°佺	仔			
°拴	崽			
	载		zaì	
zaì				
再				
°俩	▿儎		俩-戴	
°辆	载	zaǐ		
	在		zzaì	
zaň				
°兂-	簪	▿篸-簪		兂-先-簪
	糌		zaň	糌/糌粑
zań				
°圁…	咱，soỳ	▿zan		自己及与自己相关的人
zaň				
咎				
°撍-	攒			撍又义手动，抓、握
°噆…	噆		噆-咱	
糌	zaň			
°趱	趱			
	拶		zā	
	寁		jé	
zaǹ				
°赞	赞			人人拿出财物，引申支持
°酂	酇	cwń，cuó		
°灒	灒	湛	[方]灒	
°瓒	瓒			
	暂		zzaň	
	▿蹔	蹔-暂	zzaň	
	鏨		zzaň	
zan-				
	▿咱		zań	
zaō				

标字、音	原字、音	合并字、音	转注	标字诠释
°朁…	朝zzaō		朁-曹	太阳正在升起，转指早晨
°遭	遭			
°糟	糟			
zaó				
°丵	zzuó			丵义从聚而生的草
凿				
zaǒ				
枣				
°莓	藻			
°涑	澡			
	早		zzaǒ	
	蚤		saō	
	璪		piň	
zaò				
皂				
唣		噪		唣/啰唣
▿垾				
°焜	灶			
°踔	躁			
造				
慥				
°燥…	燥			
簉				
	磲		piň	磲/地名
zaȳ				
°长	臧		臧-长	人有住处有衣穿，引申善、好
°張	张zzaȳ			
°賬	赃			
°脹	脏			
	牂		pań	
zaẙ				
°夰-	掌zzaẙ			

标字、音	原字、音	合并字、音	转注	标字诠释
º硫	礢zzaў			
	驵		qě	
zaỳ				
º庢	ccù	藏		庢义直开。高原户，指藏族
º莾	葬			
º脏	脏			
	奘		zzwỳ	
zē+				
º耵	zzé			义耳朵下垂，姓氏
辄	zzé			
zé				
º圣				圣义在一旁监察、监视
择		zzaí		
怿	ì			
峄	ì			
泽				
º铎	辙zzé			
斁	dù	ì		
责				
勣	jì			
啧				
帻				
碛	qì			
襀	jī			
箦				
赜				
	则		cé	
	咋		zzà	
	迮		zzà	
	笮		zzà	
	舴		zzà	
	△▽鲗		cé	

标字、音	原字、音	合并字、音	转注	标字诠释
	▿齰		xí	
zè				
仄		侧-仄		
昃				
zeí				
°戝	贼			持械抢夺财物，转指盗匪
	鲗		cé	
zeì+				
°最	最zvì			手指日头，意顶、最上面
°蕞	蕞zvì			
zeñ+				
真	zzeñ			
傎	diañ			
缜	zzeň			
瑱	zzeǹ	tiaǹ		
禛	zzeñ			
稹	zzeň			
衠	zzvñ			
蹎	diañ			
zeň				
怎				
zeǹ-				
	谮		zeỳ	
zeȳ				
°曽-	曾			隔了两代的亲属
°鄫	鄫			
°増	增			
°憎	憎			
°熷	熷			
°翽	翽			
	缯		zeỳ	
	罾		zeỳ	

标字、音	原字、音	合并字、音	转注	标字诠释
zeỳ				
°峀	罾zeȳ			似捕鱼的罾网
°⿰讠⿱丷从	譖zeǹ			
°⿰纟⿱丷从	缯	zeȳ		
°⿰贝⿱丷从	赠			
°⿰⿱丷从瓦	甑			
°⿰钅⿱丷从	锃			
	综		zoȳ	
zī				
°次	孜			由水成冰，喻持久、不懈怠
°⿰冫各	咨	谘-咨		
°⿱⿰冫夂女	姿			
°⿱⿰冫夂贝	资			
°⿱⿰冫夂金	鼒			
甾	zaī			
菑				
淄				
缁				
辎				
锱				
°⿱髟甾	髭		[方]髭	
鲻				
兹				
嗞				
嵫				
孳				
滋				
镃				
	仔		zǐ	♩仔/仔肩
	孖		mā	
	吱		zzī	
	呲	呲-龇	cǐ	

标字、音	原字、音	合并字、音	转注	标字诠释
	赀		cǐ	
	觜		cǐ	
	訾		cǐ	
	龇		cǐ	
	鄑		jý	
	粢		cí	
	趑		cí	趑/趑趄
zí+				
执	zzí			
贽	zzì			
挚	zzì			
鸷	zzì			
絷	zzí			
zǐ				
子				
仔		zī		
°杍-	梓			
耔				
虸				
籽				
°疜		紫		疜义止也
°泲	jī	滓		泲/古水名
姊				
秭				
笫				
	茈		cǐ	
	▿呰	呰-呰	cǐ	
	▿啙		cǐ	
	訾		cǐ	
zì				
自				
▿郎	xí			

标字、音	原字、音	合并字、音	转注	标字诠释
垍	jì			
洎	jì			
°⿸疒自…	痔zzì			
字				
°⿰氵字…	渍			
°⿰日字	智zzì			
牸				
	▿剚		ssì	
	恣		cí	
	眦		cǐ	
	⿱此齿		cǐ	
	⿹戈菑		zɑī	
zoū				
刍	ccú	⿱艹刍-刍		
㑇	zzoù			
邹				
诌	zzoū			
⿰扌刍	ccoū			
㤘	zzoù			
驺				
绉	zzoù			
⿰刍鸟	ccú			
▿⿱⺮刍	ccoū			
	诹		qǔ	
	陬		qǔ	
	⿰纟取		qǔ	
	鲰		qǔ	
	鄹		qǔ	鄹/古地名
zoú+				
纣	zzoù			
荮	zzoù		[方]荮	

标字、音	原字、音	合并字、音	转注	标字诠释
zoǔ				
走				
哣	doū			
zoù				
奏				
揍				
º⿰马奏	骤zzoù			
zoȳ				
宗				
倧				
悰	coý			
综		zeỳ		
琮	coý			
棕				
腙				
賨	coý			
º⿰镸宗		鬃-⿰镸宗		⿰镸宗义乱发
⿰豸宗	zoỳ			
踪				
▲漴	sswȳ			
	枞		coý	枞/地名
	醙		ssǎ	
zoy̌				
总		▽揔-总		
º⿰亻总	傯			
zoỳ				
众	zzoỳ			
º⿰纟众	纵			
º⿰米众	粽			
	疭		coý	
	⿰豸宗		zoȳ	

标字、音	原字、音	合并字、音	转注	标字诠释
zū				
°且	且jū			表示感叹
°狙	狙jū			
°租	租			
°疽	疽jū			
	苴		qě	
zú				
足				
浞	zzuó			
娖	ccuó			
°矢	镞			箭头状
族				
°铁	镞			
▲蔟	cù			
▲鷟	zzuó			
▲簇	cù			
	卒		zzú	
	崒		cvì	
zǔ				
°且	俎			似装有祭品的器皿
°诅	诅			
°阻	阻			
°组	组			
°祖	祖			
	珇		qě	
zù+				
助	zzù			
*勗-	勖xù			
°筯-	箸zzù			
zuō				
°乍	嘬			人用吸管吮吸液体貌
°作	作	zuò		

标字、音	原字、音	合并字、音	转注	标字诠释
zuó				
º乍	茁zzuó			小苗初生旺盛貌
º拃	捽		[方]捽	
º泎	浊zzuó			
º昨	捽			
	笮		zzà	
	琢		zzuó	
zuǒ				
左				
佐				
º抾	撮			
zuò				
坐				
莝	cuò			
唑				
座				
	作		zuō	
	阼		zzà	
	怍		zzà	
	岞		zzà	岞/地名
	柞		zzà	
	胙		zzà	
	祚		zzà	
	砟		zzà	
	酢		zzà	
	做		zzuò	
zvī				
追	zzvī			
缒	zzvì			
º膇	膇zzvì	♩朘		
zvǐ				
º呰…	嘴	觜、咀-嘴		口与牙齿，借指嘴

标字、音	原字、音	合并字、音	转注	标字诠释
zvì				
°辛	qɑn̄	罪		辛义罪过
°醉	醉			
	最		zeì	
	蕞		zeì	
	晬		cvì	
	槜		jwǹ	
zvn̄				
°寺	尊			持花敬上，引申敬重
°诗	谆zzvn̄			
°峙	嶟			
°迣	遵			
°栫	樽			
°锝	镈			
°鲟	鳟			
zvň-				
	僔		zzvň	
	撙		zzvň	
	噂		zzvň	
zvǹ-				
	▿捘		jvǹ	
zwn̄				
卣	ioǔ			
°铀	钻	zwǹ		
°踮	躜			
zwň-				
	缵		zzwň	
	纂		zwǹ	
zwǹ				
°紊	纂zwň			将丝弦集中理顺，借指编辑
°搽	攥			
	钻		zwn̄	

标字、音	原字、音	合并字、音	转注	标字诠释
	赚		zzwǹ	
zwỳ+				
状	zzwỳ			
°⿱状心	戆zzwỳ			
zzā				
奓				
°⿰扌奓	揸			
°⿰口奓	喳			
°⿰氵奓	渣			
⿰石奓	zzà			
°⿰月奓	齇			
	扎		zzá	
	吒		tuō	吒/哪吒
	咋		zzà	
	查		ccá	
	楂		ccá	
	挓		zzaí	
	哳		zzé	
	劄	♩劄-♩扎	zzá	
zzá				
°乚	haó	ǐ	乚-毫乙	乚又义玄鸟
扎		劄；zzā, zā		劄zzā-扎zzā
°⿵门乚	闸			
札				
轧				
乩	jī			
钆	gá			
⿰白乚	bié			
	炸		zzà	
	铡		zá	
	喋		dié	
	劄		dá	

标字、音	原字、音	合并字、音	转注	标字诠释
zzǎ				
°乇	鲊	鲝-鲊		腌制的鱼貌
°托	拃			
°矺	砟	碴-砟		
°⿰目乇	眨			
	苲		zzà	
zzà				
乍		♩奓-乍		
诈				
阼	zuò			
苲	zzǎ			
怍	zuò			
咋	zzā	zé		
岞	zuò			
迮	zé			
柞		zuò		柞/水名
°胙	胙zuò			
炸		zzá		
祚	zuò			
砟	zuò			
痄				
蚱				
笮	zé	zuó		
舴	zé			
酢	zuò			
▲榨				
▲醡				
	栅		ssan̄	
	吒		zzaí	
	虴		zzaí	
	溠		ccā	溠/水名
	⿰石爹		zzā	

标字、音	原字、音	合并字、音	转注	标字诠释
	蜡		xí	
	雪		iań	雪/水名
zza-				
	馇		ccá	
zzaī				
°亓	斋			
°讠亓	谪zzé			
°扌亓	摘			
	侧		cé	
zzaí				
宅				
侘	ccà	恎-侘		
诧	ccà			
垞	ccá			
挓	zzā			
咤	zzà			
姹	ccà			
蛇	zzà			
	择		zé	
	翟		rǔ	
zzaǐ				
窄	窄			洞穴可伸手量，转指横距小
°鋨	鉙			
zzaì				
在	zaì			
°佐	债		(台)佐	佐/人名
°拰	攥		[方]攥	
°宊	寨			
	豸		miaō	
	砦		cǐ	
	祭		jì	
	瘵		jì	

标字、音	原字、音	合并字、音	转注	标字诠释
zzan̄				
°谷	iǎn	旃		谷义山间陷泥地
°沿	沾			
°铅	毡			
°粉	粘			
°▲俗	詹			
°▲谗	谵			
°▲惦	憺daǹ			
°▲峪	嶦ssaǹ			
°▲瓴	甔dan̄			
°▲晗	瞻			
	占		zzaǹ	
	栴		dan̄	
	馇		liň	
	邅		liň	
	鹯		liň	
	鳣		liň	
zzaň				
斩				
堑	qaǹ			
崭				
椠	qaǹ			
暂	zaǹ	▿蹔-暂		
晰				
°蓝	盏			
錾	zaǹ			
展				
搌				
°涙	zzan̄	黵	[方]黵	涙-脏
辗				
輾	ccaň			
	贴		zzaǹ	

标字、音	原字、音	合并字、音	转注	标字诠释
zzaǹ				
占		zzan̄		
阽	diaǹ	iań		
苫	ssan̄	ssaǹ		
坫	diaǹ			
怗	tiē			
°结	绽			
战		颤-战		
觇	ccan̄			
飐	zzaň			
痁	ssan̄			
站				
°酟	tian̄	蘸		酟义掺和，增添
	组		daǹ	
	栈		jaǹ	
	偡		seǹ	
	湛		zaǹ	
	骣		ccaň	
zzaō				
°台	着		台-召	棋盘上的对手，转指下棋
°刣	钊			
°抬	招			
°眙-	昭			
	铝		ssaò	
	啁		zzoū	
	朝		zaō	
	嘲	♩嘲-啁	zzoū	
zzaó				
°关…	着	著;zze, zzuó	关-天	着zze、zzuó-著zze、zuó
zzaǒ				
早	zaǒ			
°捍	zú	找		捍义收早熟禾

标字、音	原字、音	合并字、音	转注	标字诠释
°浬	沼		zzaò	
	爪		zzw̌	
zzaò				
°氺	兆		氺-兆	甲骨文“兆”整理，会意
°罘	dà	罩		罘义目相及也
°趒	赵			
°棨	肇			
▲瘵	gwn̄			
▲鳔	gwn̄			
▿▲嚃	tā			
°白-	召			
°诌	诏			
°▲照	照			
	笊		zzw̌	
	棹		zzuó	
	旐		taó	
	鮡		taó	
	罂		miý	
zzaȳ				
°章	章			早朝上呈的文书，借指奏章
°鄣	鄣			
°幛	幛zzaỳ			
°獐	獐			
°彰	彰			
°漳	漳			
°嫜	嫜			
°璋	璋			
°樟	樟			
°暲	暲			
°蟑	蟑			
	▿伥		zzay̌	
	张		zaȳ	

标字、音	原字、音	合并字、音	转注	标字诠释
zzaў				
长				植物破土生长貌
▿伥	zzaȳ			
°涨	涨		涱-涨	
粻	ccaỳ			
钬	ccaў			
	仉		jī	仉/姓氏
	掌		zaў	
	礃		zaў	
zzaỳ				
丈				
仗				
°阦	障			
°帐	帐			
°岵	嶂			
°汏…	涨			
杖				
°财	账			
°肽	胀			
°疢		瘴		疢义病也
	幛		zzaȳ	
zzē				
°庶	遮			用房子掩挡草木灰烬
°蔗	蔗zzè			
°摭	摭zzí			
°嗻	嗻	zzè		
°鹧	鹧zzè			
°蟅	䗪zzè		䗪-蟅	
	折		zzé	
	蜇		zzé	
zzé				
折		摺；zzē		摺-折

标字、音	原字、音	合并字、音	转注	标字诠释
哲				
晣	zzā			
浙	zzè			
晢				
蜇		蛰；zzē		
筣				
	辄		zē	
	喆		jí	喆/人名用字
	詟		loý	
	谪		zzɑī	
	磔		jé	
	辙		zé	
zzě				
者				
啫				
阇	dū	ssé		
渚	zzǔ			
°赭	褶			
楮	ccǔ			
锗				
▿瘏	tù			
褚	ccǔ	zzǔ		
翥	zzù			
赭				
zzè				
这		zzeì		
	柘		ssí	
	浙		zzé	
	蔗		zzē	
	嗻		zzē	
	鹧		zzē	鹧/鹧鸪
	䗪		zzē	

标字、音	原字、音	合并字、音	转注	标字诠释
zze-				
	着		zzaó	
	著		zzaó	
zzeì-				
	这		zzè	
zzeñ				
贞				
侦				
帧				
浈				
º 琐	珍			
桢				
º 斟	斟			
祯				
º 硕	砧	♩椹-砧		
º 锁	针		鍞-铿	
赪	cceñ			
º 鲼	鱵			
	胗		zzeň	
	真		zeñ	
	禛		zeñ	
	葴		xań	
	箴		xań	
	蓁		qń	
	獉		qń	
	♩溱		qń	溱/古水名
	瑧		qń	
	榛		qń	
	臻		qń	
	甄		iñ	
zzeň				
º 参-	鬒			

标字、音	原字、音	合并字、音	转注	标字诠释
诊				
沴	lì			
°栙	枕			
殄	tiaň			
轸				
昣				
°胗	胗zzeñ			
畛				
疹				
袗				
	缜		zeñ	
	稹		zeñ	
zzeǹ				
°厗	镇			云层低压，转指压制、抑制
°陙	阵			
°抎	振			
°贬	赈			
°脹	朕			
°霒	震			
	圳		ccwñ	
	纼		iň	
	鸩		dań	
	揕		seǹ	
	瑱		zeñ	
zzeȳ				
°疋-	正		疋-正雅	
°呧	丁			
°徔	征			
°烝	蒸			
争				
诤	zzeỳ			
挣		阐；zzeỳ		阐-挣

标字、音	原字、音	合并字、音	转注	标字诠释
峥				
狰				
琤	cceȳ			
睁				
铮		zzeỳ		
筝				
°竫	鬇			
	怔		zzeỳ	
	钲		zzeỳ	
	症		zzeỳ	
	烝		cceý	
	鲭		qȳ	
zzeỹ				
°⿱大正-	整			大到不得不止，转指完全的
°掟	拯			
zzeỳ				
正				
°⿰正阝	郑			
证				
怔		zzeȳ		
政				
△▽是	ssì			
罡	gɑȳ			
钲	zzeȳ			
症		zzeȳ		
▲堽	gɑȳ			
	诤		zzeȳ	
	挣		zzeȳ	
	⿵门争		zzeȳ	
	铮		zzeȳ	铮/铮铮
zzī				
之				

标字、音	原字、音	合并字、音	转注	标字诠释
芝				
°汥	汁			
支				
郊	qí			
芰	jì			
吱		zī		
岐	qí			
庋	gvǐ			
忮	zzì			
枝				
°肢	胑			
頍	kvǐ			
跂	qí			
卮		只		卮义古盛酒器皿，借为量词
°绖	织			
栀				
知		△▽椥-知	[越]椥	椥今作知
蜘				
踟	ccí			
	氏		sí	
	茛		zzǐ	茛/地名
	泜		dǐ	
	胝		dǐ	
	祗		dǐ	
	既		dǐ	
	脂		zzǐ	
	稙		zzí	
	禔		ssì	
	楮		qí	
zzí				
直				
值				

标字、音	原字、音	合并字、音	转注	标字诠释
埴		▿⿱直土-埴		
植				
殖		ssi		
置	zzì			
稙	zzī			
°⿰耳直	职			
°⿰足直…	踯，zzì	蹢-踯		⿰足直义立也
	执		zí	
	縶		zí	
	侄		zzì	
	跖		ssí	
	摭		zzē	
zzǐ				
止				
芷				
址				
沚				
°⿰纟止	纸			⿰纟止音ccǐ，义未详
°⿰王止…	徵			
祉				
趾				
只				
⿱艹只	zzī			
枳				
轵				
炽	ccì			
咫				
疻				
旨				
诣	ì			
指				
°脂	脂zzī			

标字、音	原字、音	合并字、音	转注	标字诠释
酯				
鮨	ì			
	抵		sí	
	茋		dǐ	
	蔽		biè	
zzì				
至				
厔				
郅				
侄	zzí			
垤	dié			
咥	dié	xì		
°洷		治		洷，古水名，湿
绖	dié			
桎				
轾				
致				
晊				
铚				
°秷…	秩			秷义禾穗，收割
痓	ccì			
室				
耋	dié			
蛭				
°▲膣	膣			
▿▲螲		dié		
°[illegible]	疐			牛腿被束缚，转指遇到障碍
制				
°沛	滞			
°[illegible]…	掷	擿-掷		
▿▲猘-	▿狾			
志				

标字、音	原字、音	合并字、音	转注	标字诠释
°帜	帜			
桎				
°秷	稚			
痓				
质				
槚				
▿碛				
锧				
踬				
	豸		miaō	
	忮		zzī	
	识		ssì	
	帙		ssī	
	紩		ssī	
	炙		raǹ	
	栉		jé	
	峙		sì	
	庤		sì	
	畤		sì	
	痔		zì	
	跱		sì	
	陟		bù	
	骘		bù	
	贽		zí	
	挚		zí	
	鸷		zí	
	智		zì	
	彘		ssǐ	
	置		zzí	
	雉		ssǐ	
	滍		cī	滍/地名
	瘈		qì	

标字、音	原字、音	合并字、音	转注	标字诠释
	觯		daǹ	
zzoū				
舟				
侜				
辀				
鸼				
州				
洲				
郮				
°粥	粥			
周		盩-周		盩厔今作周至
倜	tì	俶-倜		
掤				
啁		zzaō，嘲		嘲-啁
婤				
椆	ccoú			
赒				
蜩	tiaó			
	诌		zoū	
	△▽诪		soù	
zzoú				
°由	ioú		由-由	甲由，指蟑螂
°宙	宙zzoù			
°妯	妯			
°轴	轴	zzoù		
°胄	胄zzoù			
	碡		doú	
zzoǔ				
帚				
埽	saò			
°肺	肘			

标字、音	原字、音	合并字、音	转注	标字诠释
zzoù				
°吅	xwn̄	soỳ	吅-喧诉	吅义大呼大叫
咒				
°冒	昼			
°皮	皱			
▲斝	jǎ			
	纣		zoú	
	葤		zoú	
	伷		ioú	
	宙		zzoú	
	轴		zzoú	
	胄		zzoú	
	㑇		zoū	
	㤘		zoū	
	绉		zoū	
	咮		zzū	
	酎		cvǹ	
	甃		qoū	
	僽		qoū	僽/僝僽
	繇		iaó	
	驟		zoù	
	籀		lioú	
zzoȳ				
中		zzoỳ		
仲	zzoỳ			
忠				
盅				
钟		锺		
种	ccoý			种ccoý/姓氏
▿蚛	zzoỳ			
舯				
衷				

标字、音	原字、音	合并字、音	转注	标字诠释
翀	ccoȳ			
▲茽	zzoỳ			
	忪		goȳ	
	终		doȳ	
	柊		doȳ	
	螽		doȳ	螽/螽斯
zzoy̌-				
°⻍	踵			脚后跟、跟随，会意
°脡	肿			
°秷	种	♩穜-♩种		
	冢		zzuó	
zzoỳ				
重				
種-	种	♩穜-♩种		
	中		zzoȳ	
	仲		zzoȳ	
	茽		zzoȳ	
	▿蚛		zzoȳ	
	众		zoỳ	
zzū				
朱				
邾				
侏				
诛				
陎	ssū			
茱				
咮	zzoù			
洙		潴		洙/水名
姝	ssū			
珠				
株				
铢				

标字、音	原字、音	合并字、音	转注	标字诠释
蛛				
°者	豬			标志用的小桩貌
°诸	诸			
°猪	猪			
°槠	槠			
zzú				
°亇…	卒zú			抓做壮丁的人，转指兵
竹				
°逅	逐			
°灴	烛			
	术		ssù	
	竺		eȓ	
	舳		ioú	
	瘃		zzuó	
	蠋		sǔ	
	躅		sǔ	
zzǔ				
主				
拄				
°哇…	嘱	zzù		哇义口不正；喙也
°炷	煮			
°眭		瞩	眭-眝	眝义远视，睁大眼睛
疰	zzù			
°麈	麈			
	讫		niý	
	渚		zzě	
	褚		zzě	
	属		ssǔ	
	▿劚		iǔ	
zzù				
°主	著			植物地里生长显现貌
°住	住			

标字、音	原字、音	合并字、音	转注	标字诠释
°茔	苎	苧-苎		
°泩	注			
°驻	驻			
°纟主	纻			
°柱	柱	砫-柱		
°贮	贮			
°炷	炷			
°祩	祝			
°钍	铸			
°蛀	蛀			
°筀	筑			
	伫		niý	
	助		zù	
	杼		iŭ	
	柷		xoȳ	
	疰		zzŭ	
	翥		zzĕ	
	箸		zù	
zzuō				
°匄	拙			手被包裹，借指不灵巧
°掏	捉			
°洵	汋zzuó			
°焇	灼zzuó			
°铂	镨		[方]镨	
°醄	酌zzuó			
	桌		zzuó	
	倬		zzuó	
	焯		zzuó	
	棁		dví	
	涿		zzuó	
zzuó				
°卣	擢			日子向上，转指提拔

标字、音	原字、音	合并字、音	转注	标字诠释
卓				
桌	zzuō			
▲倬	zzuō			
▲菿				
▲逴	ccuō			
▲绰	ccuó			
▲婥	ccuó			
▲棹	zzɑò			
▲晫				
▲焯	zzuō			
▲踔	ccuō			
º豖	ccù			豖义猪绊脚难行貌
冢	zzoǐ			
诼				
啄				
涿	zzuō	濯		涿/地名
琢		zuó		
椓				
º铩	镯			
瘃	zzú			
	汋		zzuō	
	灼		zzuō	
	酌		zzuō	
	茁		zuó	
	叕		ccuò	
	斫		jñ	
	浊		zuó	
	浞		zú	
	著		zzɑó	
	着		zzɑó	
	禚		gɑō	禚/姓氏
	鷟		zú	

标字、音	原字、音	合并字、音	转注	标字诠释
	缴		jaǒ	
zzuò+				
º攵#…	pū			攵古同攴，义轻轻地击打
º敀	做zuò			
zzvī				
隹				
萑	hwń			
骓				
琟	ví			
椎				
锥				
碓	dvì			
睢	svī			
▿蜼	vǐ			
魋	tví			
	追		zvī	
zzvì				
º叕…	赘		叕-友	手势重复相同，转指多余
º叕阝	坠			
º忄叕	惴			
º级	缀			
º锬	锻			
	缒		zvī	
	膇		zvī	
	醊		ccuò	
zzvn̄-				
	屯		tvń	
	迍		tvń	
	肫		tvń	
	窀		tvń	
	谆		zvn̄	
	衠		zen̄	

标字、音	原字、音	合并字、音	转注	标字诠释
zzvň				
°並	准			上下左右平衡，引申为依据
°倂	僔zvň			
°拹	撙zvň			
°啦	噂zvň			
	埻		xaÿ	
	綧		xaÿ	
zzw̄				
°爪	髽			梳在头两边的发髻状
°抓	抓			
	挝		guò	
	檛		guò	
zzw̌				
爪		zzaǒ		
▿錷	pì			
笊	zzaò			
zzw-				
	拽		zzwì	
zzwǐ				
°曳	转			说话摇晃，转指故弄玄乎
°跩	跩		[方]跩	
zzwì				
曳	iè			
拽		zzwī，iè		
洩	ì			
zzwn̄				
专				
沣	twń			
肨				
砖				
	颛		daṅ	

标字、音	原字、音	合并字、音	转注	标字诠释
zzwň				
°弯	转			手握方向盘转向貌
°绔	缵zwň			
zzwǹ				
°寺	撰			下笔有分寸，转指写作
°侍	传			
°哼	啭			
°特	转			
°赙	赚	zwǹ		
彖	twǹ			
掾	iwǹ			
喙	hvì			
瑑				
禒	xɑň			
篆				
	♩沌		tvń	沌/水名/地名
	僎		xwň	
	馔		xwň	
zzwȳ				
庄				
°妆	装			
°娃…	妆			
桩				
zzwy̌-				
	奘		zzwỳ	
zzwỳ				
壮		僮-壮		
°芳	撞	ccwń		
°奘	奘zzwy̌	zaỳ		
°庒	幢			
	状		zwỳ	
	戆		zwỳ	

《现行汉字推演为标字一览表》，以“三典”为字源基础，依照标准化的要求，借用了不少大型辞书、各类字符集以及网络上能查找到的一些汉字，也借鉴了一些不同时代书法家的不同书法字体、琳琅满目的工艺美术字的匠心创造。在此基础上，沿袭汉字造字方主要方法，补充、初创了一批新的汉字，共推演出标字（包括纯音符）9363 个。

标字音序表

下面将《现行汉字推演为标字一览表》推演出的所有标字，按照音序排列，编制成《标字音序表》。表中“（ ）”里的，是通用变调音符可以变化的读音。音节后面带“+”号，表示该音节“三典”里面没有，是新增加的；音节后面带“-” 号，表示该音节“三典”里面有，但标案已因音节内无标字而空置废弃。

标字音序表

ā	叼（á、ǎ、à、a）阿胢	bá	犮茇拔绂妭韨胈袚钹跋鼥鲅
			魃菝
a-		bǎ	巳把㞎
aī	矣俟埃挨唉涘娭欸哀锿	bà	奄俺埯淹𣐮罢罴穲
aí	岩揣骴碞暟癌	ba-	
aǐ	毐诶唉矮	baī	𢫏掰獮蹳
aì	艾陔哎砹爱僾薆嗳嫒瑷𥖁暧	baí	白泊柏鲌箔皛
aī	安荌垵桉氨胺铵盦鹌𬱖鮟鞍	baǐ	百刯佰㧶栢貊弼奭襫
aí	音揞暗	baì	丰敀拜稗湃
aǐ	奄俺埯	bai-	
aì	厈扞岸杆	baī	玨班班班斑癍般搬瘢
aō	凹兕垇𤇮	baǐ	皮坡柀铍蚾
aó	敖傲隞嶅遨鷔嗷廒璈獒熬聱	baì	办扮弁半伴坢拌泮绊柈畔靽
	螯謷鏊鳌	baō	包苞孢枹胞飑炮龅鲍
aǒ	舀搯媪袄	baó	乍泎鸨
aò	奥隩薁墺擙懊澳燠鴢	baǒ	宝饱保葆堡煲褓褒
aȳ	尢肮	baò	𠬝艰刨报赧貌異潩熼暴襮
aý	卬昂枊	baȳ	邦帮𠰾𣲘梆
aỳ	盎	baў	旁榜膀
bā	八扒叭杁釟巴芭吧岜弝岊杷	baỳ	旁傍谤塝磅镑稖螃艕
	钯疤蚆笆舥羓粑䶕鲃		

beī	尣忲盀卑俾郫陴萆埤捭庳婢椑碑睥鹎蜱箄髀
beí+	背褙
beǐ	北邶
beì	贝呗狈浿𬃊钡视赑葡備惫輔糒鞴倍蓓僃鞴
bei-	
beñ	奔倴犇锛
beň	本苯体
beǹ	夯坌
beȳ	崩嘣绷
beý	甭
bey̌	𠦃䋽畚
beỳ	氺泵琫蚌铋跰
bī	毘蓖篦錍篦
bí	鼻濞
bǐ	比仳芘吡𠔁庇沘妣玭铋秕蚍舭笔鄙潷
bì	币闭跸必佖邲苾咇闷泌驳珌柲毖祕铋秘毙鉍坒陛荜性哔饆狴鞞梐筚跸畀淠禆痹箅敝壁避臂璧
biañ	臱邉缏箯鞭
biań+	卞抃苄忭汴
biaň	扁匾萹埽惼煸煸碥褊蝙艑鳊
biaǹ	扦扸犴犿变便
biaō	示骠标膘猋镖瘭飚飑蔍彪滮镳瘭
biaǒ	表俵婊裱褾
biaò	裹摽鳔
biē	秕憋鳖
bié	另别
biě	匕庀牝疕麀
biè	冸弊敝粥蔽弊嫳
biñ	兵宾梹傧摈滨缤殡镔髌
biň+	秉
biǹ	丙病鞆
biȳ	仌夂冫
biy̌	丙邴苪饼柄炳昺炳蛃鞆
biỳ	并荓帡洴骈姘栟胼跰
bō	犮剥拨玻钹波菠啵鲅
bó	孛伎没驳校砍钹般孛勃荸悖哱饽浡桲脖鹁醇葧渤専博搏膊薄
bǒ	疋笸
bò	帛帛
bo-	
bū	阜埠
bú	布坬怖酺
bǔ	卜讣扑卟朴补
bù	不芣抔吥罘钚笨蚹步陟埗鹭部蔀篰
cā	乂刈扠叉砇
cá+	余茶梌搽
cǎ-	
caī-	
caí	才豺材财豺
caǐ	采彩寀睬踩
caì	昦菜綵
cañ	歺奴粲餐璨
cań	孱僝㥮潺殍奂谗搀馋
caň	参惨篸黪
caǹ-	
caō	朩抹粖
caó	曹嘈漕槽礌螬艚
caǒ	草愺

caò	仌秋
caȳ	倉傖蒼滄鶬艙
caý	戚蔵
ccā	臿插歃锸差嵯溠瑳槎瘥艖鹾
ccá	查喳嵖馇猹楂碴糌
ccǎ	扂锯踞
ccà	叉艾扠汊岔杈钗衩
ccaī	斤折近
ccaí	柴柴
ccaǐ-	
ccaì-	
ccan̄	参掺嵾骖碜
ccań	单婵禅蝉廛瀍缠蝰躔
ccaň	产浐阐浐驴铲
ccaǹ	昆掍惃焜顐鞎
ccaō	仯抄纱炒钞
ccaó	巢剿缫桌漳朝嘲
ccaǒ	灬吵麨
ccaò-	
ccaȳ	昌倡菖猖阊娼鲳
ccaý	尝尝嫦偿鲿長倀萇悵脹
ccay̌	氛厉场阏砀
ccaỳ	昌唱醋
ccē	车库咋砗
ccě	扯
ccè	坆彻泧撃瞮
ccen̄	臾啰腴瞍
cceń	臣陋怔嚚尘浊辰唇派宸晨蜃
cceň-	
cceǹ	匕趂
ccen-	
cceȳ	再偁嗙瞒
cceý	永丞承沓惩棯烝成郕诚城宬宬珹晟盛铖呈郢埕逞浧珵程裎酲鞓
ccey̌	号骋
cceỳ	平秤趼
ccī	乇吃肊眐
ccí	尺坧沢迟弫驲
ccǐ	尺侭呎䞍齿恼喃
ccì	斥坼听彳斥栎鸼翤跅赤郝饬哧𧸏螫
ccoū	凼抽瘤
ccoú	仇惢詧芀俦帱怹畴醻踌
ccoǔ	丑杻田魍畚猸
ccoù	臭殠
ccoȳ	充沇茺恍浣琉晥罡铳舦
ccoý	虫重蚀
ccoy̌	宠
ccoỳ	臿插恿
ccū	出诎郜拙饳屈绌朏袦秫茁堀
ccú	戸厨鹕锔蝠幮蹰
ccǔ	处俬杊齿楚龊滶
ccù	亍扷怸牨舡黗
ccuō	辵戠龊
ccuò	叕剟埘掇惙啜辍裰醊歠
ccvī	从吹炊
ccví	垂倕陲埵捶棰锤
ccvn̄	春堾瑃椿蝽鰆
ccvń	屯沌纯鹑酏
ccvň	蚕
ccw̄	风
ccwī	虒搋鷉褫篪
ccwí-	
ccwǐ	品揊
ccwì	嵩腨踹

ccwn̄ 川圳纠氚钏甽

ccwń 㕣佁拸柗铅船

ccwň-

ccwǹ 串窜撺镩蹿

ccwȳ 田痌窗

ccwý 床咊帏

ccwy̌ 闯

ccwỳ 仓创沧

cé+ 则厕侧恻测鲗

cè 冊笧

ceì-

ce-

ceń 岑涔梣鹓

ceȳ-

ceý 冒帽眉楣

ceỳ-

cī 蚩嗤滍媸

cí 句询袧次饮茨瓷恣粢趑赍粢

慈磁鹚糍

cǐ 此茈呰呲泚玼赀砦眦疵胔觜

訾跐龇雌鴜骴

cì 朿刺涑赖棘莿僰莿

coú+ 周惆绸稠

coù 夯转胯

coȳ 匆葱囱恩骢璁熜

coý 从丛苁扨玐枞钬苁疭潨

cū 奚

cú 除滁篨

cù 龊促促㾀颐酲

cuō 差搓磋蹉

cuó 光铫痥

cuǒ 尖揆

cuò 昔描错

cvī 崔鄱催摧獕缞蠂鰖

cvǐ 宕渻瑞

cvì 卒倅谇萃悴啐崒淬综睟脺瓻

碎睟瘁窣粹翠

cvn̄ 村梆䅶

cvń 存踌

cvň-

cvǹ 寸刌忖衬酎

cwn̄ 氽

cwń-

cwǹ 汆篡

dā 荅剳搭嗒溚锘瘩褡鞳

dá 达佉茏垯挞哒闼沋纮砝钛跶

鞑

dǎ 打咑

dà 大汏杕轪耷膪

da-

daī 呆

daí+ 带嵽殢螮

daǐ 歹迈呀

daì 弋式代代杙甙鸢钍衽甙垈岱

玳贷垡岱袋紧黛

dan̄ 丹伄拼柟单倬郸墠撣啴殚燀

碑瘅禅箪觯

dań+ 冘纨眈鸩耽躭酖

daň 玊揑腥

daǹ 旦但担怛汩弫组妲炟疸置笪

靼奀唤淡氮朕

daō 刀忉叨沏氘舠魛

daó 到倒捯

daǒ 导祷蹈岛偽搗

daò 首偕惜道稻

daȳ 当珰铛裆蛸筜

daŷ 党傥谠挡榄锐
daỳ 当垱氹档宕菪凼
dē 的菂哟
dé 㥁德
dè-
de-
deī-
deí+ 导得锝嘚
deǐ-
deǹ 屯炖砘钝顿
deȳ 沓登熔瑶鐙篷蹬
deŷ 亭碍稃
deỳ 凳邓嶝瞪瞪镫
dī 氐低坻抵
dí 曲油笛狄荻逖鬄啇嘀滴敵镝
蹢
dǐ 氏邸诋坻苠抵底泜柢胝祗砥
鸱羝觝骶
dì 廿地弔弟第悌递绨娣睇鹈帝
谛蒂啻遆婍缔瑅禘碲
diǎ 嗲
diañ 真搷滇瘨颠
diań+ 奠
diaň 典㙟惧淟腆靦䁥碘点踮
diaǹ 电佃坤店掂惦玷屏淀殿簟癜
diaō 刁汈叨汈彡矽豹鲷雕
diaó+ 吊铞
diaǒ 屌
diaò 匀询钩
diē 参跢
dié 茮谍堞揲惵喋渫屧媟楪牒碟
蝶艓蹀鲽
diè+ 叒翜
diȳ 丁仃订玎叮钉玎盯町钉疔耵
酊靪
diŷ 汆宊
diỳ 定莛啶琔腚碇锭靛
dioū 丢铥
doū 兜蔸篼都嘟
doú+ 毒碡
doǔ 斗阧抖枓钭蚪
doù 斗妕枓斢钭豆剅逗饾脰痘窦
裋
doȳ 冬佟咚峰终柊氡螽東崠鹈蝀
doŷ 垂怪
doỳ 円仴㣑泂朋东冻栋胨
dū 叔扊督
dú 卖读渎椟觌牍赎犊窦髅黩谶
dǔ 圡䏲肚䏭笙
dù 度渡镀蠖踱
duō 多哆移庈夥
duó 夺凙铎
duǒ 朵郲垛哚躲
duò 垛剁埵惰驮柁舵跺
dvī 自垍馅
dví+ 兑倪挩帨棁
dvì 对尌怼
dvñ 亯墒揞愔敨碚锫踣
dvň 乇盹
dvǹ 盾遁楯輴腯踲
dwñ 耑圌遄猯端颛篅
dwň 痃
dwǹ 迷椴断箭段塅缎瑖椴煅碫锻
ē 阿屙婀锕
é 戎俄讹莪哦峨娥钱鹅蛾
ě 业

è	厄苊迴扼呃饳殁轭咢鄂谔萼愕遌崿腭碍鹗锷颚鳄恶噁
e-	
eī	꧃（eí、eǐ、eì）
en̄	恩蒽嗯
eń+	㲒
eň+	㕶
eǹ	摁摁
eŕ	儿而陑耏洏栭恧轜胹鸸鲕
eř	尒茶迩耳刵佴咡饵洱弭驲珥铒
er̀	二弍竺樲
eȳ	奀
fā	发袚酦鲅筏
fá	乏刈砝窆覂伐㕹垡阀筏
fǎ	佱法
fà	髮䯽琺
fa-	
fan̄	釆番翻蕃墦幡嶓缙璠膰燔礬镭鷭藩蹯
fań	凡芃帆炈梵矾钒笵梵
faň	反阪返昄畈
faǹ	巳饭犯氾贩虮范
faȳ	方邡坊芳枋昉牥祊钫蚄雱鲂堃
faý	方防坊妨肪房
fay̌	方仿纺舫
faỳ	放
feī	非剕菲悱啡騑䤵绯婔琲棐斐腓扉蜚裴翡霏鲱
feí	肥淝蜰
feǐ	匪诽蕜榧篚
feì	巿芾柿肺旆霈芾沸费铈痱
fen̄	分邠芬坋吩汾纷玢氛攽朌酚棼雰棻
feń	贲偾墳愤濆燌豮鲼鲼
feň	粉
feǹ	分份汾忿畚拚
feȳ	丰沣玤蚌风沨枫砜疯封葑葑崶犎
feý	夆峰逢浲烽锋蜂缝
fey̌	凨讽
feỳ	凤缝奉俸菶唪琫
fiaō-	
fó	弗佛刜茀拂狒怫绋氟砩艴鲱
fǒ+	斧
fò+	尃傅馎溥缚赙镈
foū+	凫敷
foú+	伏茯洑栿袱
foǔ	缶否桴
foù+	负媍蝜
fū	夫伕芙呋玞肤砆铁蚨趺麸
fú	孚俘郛莩垺捊浮琈桴殍罦稃蜉孵服菔鹏箙畐副匐幅愊湢富辐腷熇福蝠鰏
fǔ	玉拡輻釜滏府俯腑腐
fù	父吆汉付附苻拊咐驸柎祔符鲋复愎腹蝮鳆馥覆
gā	旮佫咯
gá	尜尜嘛铄
gǎ	戛嘎
gà	尕尬
gaī	夹诶赅侅
gaí+	羊羑盖
gaǐ	改胥
gaì	丐阬芎沔朽钙

gɑn̄ 干邗讦尪扦忏犴闬奸玕杆旰肝矸虷竿衎酐靬骭甘邯苷坩泔绀玵柑疳蚶

gɑň 仐柃念秆赶𦔺敢鳡撖𨶹澉橄

gɑǹ 𠦒钡

gɑō 高鄗滈膏熇镐篙鷎羔溔糕

gɑó+ 皋橰皞

gɑǒ 髙蒿搞缟槁镐稿

gɑò 告郜诰梏牿锆鹄䂍筶

gɑȳ 冈刚㧏纲㭎肕钢䌉

gɑy̌ 岗诺浩

gɑỳ 罓㭎㭎

gē 戈找线戋哥割歌鸽鎶

gé 各佫茖垎咯饹阁格铬胳硌铬袼貉骼搁革缂鬲隔塥嗝滆槅膈鬲镉翮䕻

gě 曷葛辂

gè 个虼

geǐ 给

gen̄ 艮根跟

geń 亘

geň-

geǹ-

geȳ 夬庚焘赓鹒

gey̌ 臾埂哽梗耿鲠

geỳ 更嵬浭绠甦箯粳

goū 勾佝芶沟钩

goú+ 菁遘媾觏斠构耩篝鞲

goǔ 句苟岣狗枸笱

goù 勺诟垧构购雊

goȳ 工功邛江红玒攻矼钉豇虹筇弓芎躬公忪炃㕯蚣

goý+ 贡唝篢

goy̌ 巩巩跫蛩跫銎

goỳ 共郏供珙栱鸼碁龚锲禖堪廙潩

gū 㕦阜佁苔咍㸰始轺

gú+ 故瞽

gǔ 古估诂怙岵沽牯胋祜鸪貼罟钴蛄羖酤鼓盬盬谷郤峪绤脍鸹骨蓇搰馉榾鹘

gù 固個堌崮涸锢痼颐鲴

guō 咼埚涡骉娲锅郭廓漷椰

guó 国掴啯帼漍腘蝈

guǒ 果倮馃骒祼锞夥蜾裹粿髁

guò 过挝树

gvī 归岿圭邽封诖闺绀珪桂恚硅铉畦罣笙跬鲑鲑龟䆀

gví+ 坐栍

gvǐ 轨匦鼿鬼谗蒐嵬魔魂

gvì 贵匮隤膭遗阓蹟鲼醿

gvň 衮滚绲辊磙

gvǹ 本

gw̄ 瓜刮苽坬呱𫐉胍䀨罛瓠觚

gw̌ 𠆤刭

gẁ 卦挂褂

gwī 乖

gwǐ 𠂇拐

gwì 怪

gwn̄ 关伏规官倌菅涫逭琯棺馆

gwń+ 冠冠蔻

gwň 吕倌菅馆痯䅪管䲘

gwǹ 毌贯盥掼惯萑灌瓘爟鹳罐

gwȳ 光垙咣洸珖桄铣胱觥

gwy̌ 庚獚

gwỳ 迷桄

hā 夻哈铪

há 奤蛤

hǎ 奤

hà-

haī 亥咳

haí 幺孩

haǐ 每海酶

haì 亥劾荄垓阂骇核晐氦胲欬痎
骸害嗐犗

han̄ 甘甚酣鼾

hań 含浛琀晗焓颔函菡崡涵谽滃
翰

hǎn 罕嘒猂

haǹ 旱垾捍悍涆焊睅蔊臾揳愢溭
熯

haō 昊莫摸嗅溴

haó 亭亭毫毫豪壕嚎濠蠔

haǒ 好

haò 号淏婋楞鸮旽耗

haȳ 夯

haý 亍行舡绗珩桁鸻

haỳ 巷

hē 匃曷蝎偈堨喝餲猲愒楬暍蝎
碣鹖褐羯鞨霭

hé 禾讹和盉合匼郃拾弇饸阖姶
欱龛盒袷粭蛤颌翕跲溓媕嗡
滃歙熻鞥何荷嗬河菏

hè 贡埙贺隺傕嗺膗熗鹤

heī 黑嘿镙

heì+ 卌

heń 奂楧衡蘅

heň 艮很狠

heǹ 怅怅

heȳ 亨哼脝

heý 亘荁垣恒咺峘洹姮桓晅貆堩
緪峘

heỳ 兇

hm-

hoū 句

hoú 侯候堠喉猴缑睺锻瘊篌糇

hoǔ 冈

hoù 后郈茩厔逅姤鲘鲘骺

hoȳ 共哄烘

hoý 工芏红虹厷吰闳泓宏弘纮肱
鸿铉竑翃郄浤铉

hoy̌ 荅

hoỳ 訇谹蔔嗃鞫

hū 乎呼浮姇轷烀忽唿惚惚淴锪

hú 爪壳狐弧杌飑胡葫猢湖瑚煳
鹕蝴糊醐

hǔ 虎唬琥滤琥觥

hù 互冱桓甄鲑户护沪昈扈扈扈

huō 砉割搳嗐騞

huó 活萿

huǒ 火伙钬疢

huò 获嗖狻浚艘锼蝬或彧棫惑緎
罭蜮箢鰔馘

hvī 灰诙咴恢军挥珲晖翚辉翬

hví 回茴徊洄蛔鮰

hvǐ 皇惶毁

hvì 卉讲浒耕会刽郐荟哙狯浍绘
桧赂烩彗嘒慧樮错車董惠穗
譓潓檍蟪

hvn̄ 昏惛阍婚棔腊碈

hvń 云馄浑

hvǹ 皀追浥圂溷慁

hw̄ 花浘

hẃ 华哗骅桦晔烨铧旲猤溴鳈

hẁ 七化划讹觜吪囮画婳

hwí 丕怀沗杯秠

hwì 坏

hwi-

hwn̄ 在诧狴骓欹

hwń 不还困闲泍宋纤妚环轿鸦

hwň 爰缓

hwǹ 幻拗忽奂换唤涣窦焕痪

hwȳ 荒墙慌

hwý 贳溃璜碛锁癀蟥篑皇凰隍惶喤徨湟媓瑝煌锽蝗篁鰉艎鳇

hwy̌ 帝谛惼

hwỳ 晃滉皝

hy-

ī 一伊咿洢衣依铱浓桗扆铱裔医欧嫛嫕鹥翳繄壹撎饐殪噎

í 夷荑遗咦姨胰痍臣茝饐恞宧赜颐矣肄觺疑儗薿嶷宜偠谊揎楦箮

ǐ 乙乚乞杚钇虬以似苡姒

ì 乂亿艺忆呓疙义刈议扠仪驭纹钗忞舣亦伿弈奕奕罭易谒埸遏暍毅禓蜴恴慧缌臆熤镱癔益谥嗌溢缢镒鹢螠

iā 丫吖鸨压掗

iá 牙邪伢讶芽迓呀蚜玡砑鸦蚜铘厓堐崖涯睚

iǎ 亚哑

ià 亚垩垭挜娅桠铔氩壶

ia-

iān 与邬坞阏沩妫焉曰洎胭烟

iań 延埏綖梴烻铤蜒筳严严俨酽言菩喑猚阎浯嫣碚詈雪炎倓剡郯菼埮掞惔琰棪睒赕焱扊锬罽灦彦谚喭楟颜

iaň 巳佷眼耎寅演缜戭奄掩崦晻罨匽郾偃堰揠鶠蝘鼴

iaǹ 厌诉恹厣餍靥魇餍晏宴硍芡谍媄欺艳滟偐雁赝

iaō 幺吆夭送饫妖要堧喓崾腰

iaó 岳谣摇徭遥猺媱瑶飖鹞繇鳐

iaǒ 杳遒舀慆韬貂

iaò 要暚粳

iaȳ 央怏映泱殃鸯秧鞅

iaý 羊佯垟徉庠洋烊蛘昜陽揚瑒楊颺煬锡瘍

iay̌ 羊佯氧痒养漾

iaỳ 恙漾様㶒

iē 耶倻揶啷椰

ié 爷

iě 也池炧酏虵

iè 业邺柴页谀呗项夜掖液腋

in̄ 因茵洇骃细姻氤铟裀肙阴肩殷荫溵垔鄄谭堙阉湮甄歅禋音愔喑腤歆窨

iń 艮退茛垠琅硍银龈篕垩哐淫霪

iň 尹讲阴饼绯柙痹引吲纼矧蚓靷

iǹ 印茚惗鲫

iō 育堉唷湇

ió+ 约药哟

io-

ioū 幺幽畿攸莜浟悠发俊郯秡

ioú　尤犹疣鱿莸秞由邮伷岫油绌柚铀岫蚰舳鲉斿游蝣

ioǔ　友黝有侑囿洧宥珛焥铕痏鲔

ioù　又议驭秋叙右佑祐祐幼呦窈蚴鞹

ioȳ　甫庸鄘墉慵镛鳙萑馆雍雕灉

ioý　邑挹悒浥邕裛噰澭

ioy̌　永咏泳栐昶甬俑勇埇涌婻恿蛹踊鲬湧

ioỳ　用佣烟痈甯

iū　令於阏淤瘀

iú　于邗讦吁纡玗旴盂盱虖竽余馀狳骆梌悆稌畬艅臾谀萸庾腴瘐鱼渔鱼蓟俞鄃隃揄愉嵛逾猃渝瑜榆腧觎毹歈锄窬褕

iǔ　与屿玙钦旟鲉予伃讶芧字好杼雨窬禹偶郡瑀踽龋劚

iù　玉茔坛闽珏孖钰御公郤淞欲欲裕禺隅遇喁嵎寓耦颙髃预蓣灏

iv̌　甲钾骅

iv̌-

iv̀　月刖捐悁间玥钥筲戊娍钺筊越跋黓樾岳涺焐箬

ivn̄　昷赒

ivń　云芸沄妘纭耘酝匀昀昀畇

ivň　允阮吮狁沇殒

ivǹ　旡炁蔬孕浄

iwn̄　夗苑帘怨眢鸳箢阏渊

iwń　元刓阮芫抏园沅纭妧朊衒鼋爰谖援湲媛瑗曼煖袁猿榬辕原塬源騵嫄螈羱

iwň　远莚

iwǹ　厈垸愿

iȳ　英媖瑛鹦锳霙则婴罂蘡撄嘤缨璎樱鹦瘿

iý　及溳盈蝇楹籯芦茔茕荽茫肯荦荧荥莹莺萤营蓥萦蓥滢瑩

iy̌　杲彭颖

iỳ　应晾膺砿

jā　加伽嘉茄猕泇迦珈枷痂笳袈跏麚嘉家镓稼

já　夹郏荚浃梜铗颊蛱筴瘗

jǎ　甲岬狎柙胛钾翈贾假檟

jà　穴佽驮妳杌

ja-

jan̄　尖栚尜坚悭鲣间涧眮锏裥肩涓娟焆兼蒹搛慊嗛缣礛鹣鳒

jań+　荐鞯

jaň　囝茵涸箇夋俭剑凎捡检睑硷柬谏揀琜暕鰊襕籣

jaǹ　戋诐饯浅栈贱笺践溅钱吖浞监鉴槛見俔涀靓建健楗毽犍腱键踺鞬

jaō　乔骄娇桥轿鼻交佼郊茭恔峧洨姣珓胶皎㰾鸡蛟筊跤鲛隹僬蕉嶕燋礁鹪醮

jaó　咼婳

jaǒ　爻刻饺狡绞铰角埆桷腩臭敫撽徼缴璬檄躈

jaò　叫茄吉轱窖聒滘孝教核晐

jaȳ　江茳洚亘佪菖缅硘将螿鳉

jaý+　匠

jay̌　妆莈奖桨

jaỳ　夂夅收降垶逄洚绛浆酱

jē　妾接铵皆階喈湝楷锴稭

jé	卩节疖卬勃沛绋栉蛣疌倢捷疌婕睫箑桀傑谍櫟磔
jě	罕婎解薢嶰獬廨槲
jè	介价芥斺玠炌界疥蚧齘骱戒诫悈械屆偼菣
je-	
jī	几仉讥叽饥垡妅玑机肌衹矶咒机鸣虮屄靰击垍洁笞粘臬葺戢缉楫辑稓奇剞徛犄畸
jí	及伋芨圾吸岌汲级极庋彶笈吉劼佶诘拮姞桔祮喆颉蛣鴶鲒擮缬即莭唧塱節鲫急湇疾蒺嫉
jǐ	己芑圮屺纪玘杞麂鱾跽齐剂挤济脊嵴瘠鹡蹐
jì	旡讥宊纥炁既厩塈概暨蟨彐记陀忌芰僟掑洝缕嫔季悸悸冡谡骥稷祭漈穄瘵鲚
jīn	巾帉旆斤䜣圻忻沂昕炘斫釿颀旂靳垽今芩泠纶妗钤衿矜衾芩金唅崟淦
jín+	桊噤襟
jǐn	収㭾紧賢堇谨墐馑瑾觐槿殣
jìn	尽荩浕赆烬进琎近逝
joū	丩扣阄纠朻鸠虬剧赳
joú+	求救
joǔ	九訇艽犰氿究玑尬久匛灸疚酉酒栖
joù	臼旧舁柏衷舅舄潟犹优炭昝鹫
joȳ	冋诇苘垌泂驷䌹扃
joý+	炅煛
joỷ	冏囧迥炯裔谲潏遹燏鐍鹬
jū	居倨据崌琚椐腒裾踞
jú	局掲榻焗锔匊菊掬鞠鵴狊阒湨鶪
jǔ	罕哰举泽鮃櫸
jù	巨讵苣拒岠柜炬钜秬粔距句朐拘呴沟驹姁枸昫朐钩鸲竘跔鮈蒟豖剢掾逐涿豚酥豫具俱惧椇犋飓
jȳ	庎楴厥劂蕨噘潻镢蹶
jý	夬伕决诀抉映狭驮纨玦炔砄昳抉駃袂觖兖挠猿
jỷ-	
jỳ	屈倔掘崛
jvn̄	均筠鋆車軍鄆惲褌皸君莙窘珺颋鲪
jvň+	夋郡
jvǹ	夋俊捘悛峻馂狻浚骏逡晙朘焌畯竣踆葰囷菌腘麕
jwn̄	肙捐狷涓绢娟琄敁焆睊鹃罥铜痟蜎
jwň	卷绻婘棬锩蜷
jwǹ	关佚圈帣䖭桊眷豢鲞隽槜镌
jȳ	青腈睛精鲭坙到陉茎泾经娙京倞勍荥惊猄弶綡椋辌麖鲸璟
jý+	晋鄑搢溍缙瑨戬
jỷ	井阱恲汫弉肼颀
jỳ	丞劲陉径弪迳娙胫痉苟敬儆璥争淨竫静竞境獍镜
kā	匃呁
kǎ	卡佧抃咔胩
kaī	开邢拼岍枅钘笄锎
kaǐ	岂剀凯垲闿桤觊铠颛皆蓝楷

kaì 氪
kan̄ 昆勋堒戡
kaň 凡侃坎莰崁
kaǹ 看墈磡瞰
kaō 尻
kaǒ 考拷洘栲烤筹
kaò 靠犒熇铐
kaȳ 康塘慷槺糠鱇
kaý 亢迒吭杭颃
kaỳ 亢伉抗囥闶沆炕䀯钪航
kē 果棵稞窠颗科蝌盍搕嗑鎑阖
溘榼磕瞌
ké 实刻咳壳悫
kě 可河坷呵岢珂柯轲炣砢钶疴
哿笴舸䶗
kè 克课氪兢客揢恪
keī 剋
keň 肯垦掯恳啃硍裉
keǹ-
keȳ 亢坑吭砊钪
koū 区𫸩眍
koǔ 口
koù 支吱敂寇蔻簆
koȳ 空倥埪悾崆硿箜
koy̌ 孔扎犼恐
koỳ 空控鞚
kū 䆛榕髂哭
kǔ 苦楛
kù 库裤酷
kuò 広扩弘纮蚿
kvī 亏号圬穹雩瑀樗
kví 奎茥喹烇蝰癸葵揆骙暌戣睽
kvǐ 兜傀隗愧
kvì 岂蒉恺馈溃𫌀聩篑
kvn̄ 昆堒婫琨焜鹍锟醌鲲
kvň 困捆
kvǹ 困阃悃
kw̄ 夸刳洿绔姱
kw̌ 会侩垥
kẁ 夼挎胯
kwǐ 兂芫
kwì 夬伕块快肤筷
kwn̄ 宽髋
kwň 亲款
kwȳ 匡劻俇诓恇哐洭框眶筐
kwý 狂诳鵟
kwy̌ 夼
kwỳ 庚邝圹纩旷矿
lā 立拉啦迏垃鞡
lá 旯别砚
lǎ 剌揦喇瘌蝲鯻
là 苶腊镴蜡
la-
laí 来俫莱唻崃徕涞梾赉鶆铼睐
laì 而耐洏㾍筛
lai-
lań 兰谰拦澜栏襕镧𡿪菑褴篮
laň 览揽缆榄䃹
laǹ-
laō-
laó 劳𫭼唠崂涝铹痨耢
laǒ 老佬荖挓姥栳铑䇭
laò 斉娇烁酪
laȳ-
laý 良狼琅桹硠锒郎啷廊嫏榔鎯
螂

lay̌ 朗萠塱樃

laỳ 浪蒗㴁

lē-

lè 乐泺珎栎铄跞

leī 艻唠梻朥鳑

le-

leí 畾擂橊礌镭瘤鐳

leǐ 厽㑹苙垒纟厽瘂

leì 厽汯纭柗痃

lei-

leȳ 罘棵

leý-

ley̌ 冷荮

leỳ 罗塄愣

lī 吏哽

lí 杒莉梨犁鸳蜇黎蟍檬厘哩喱

离蓠摛漓缡璃螭篱醨魑

lǐ 李酵鲹里俚悝哩狸浬娌理梩

裡锂鲤

lì 力历仂艻叻玏朸砺苈坜呖屴

沥枥疠雳立昱铉笠翊粒翌莅

煜丽郦俪逦骊缅栅鹂鲕利俐

莉猁浰痢蜊戾莀捩唳綟栗傈

溧凓篥

li-

liǎ 兩

liań 连莲涟琏梿裢鲢兼廉溓膁镰

簾蠊隸

liaň 众匧莶敛

liaǹ 廿泔甚东练栋殇炼铼

liaō 沓搯踏

liaó 尞僚遼撩嘹獠潦寮缭嫽橑燎

鹩瘵篣

liaǒ 了𨸏忊灯钌

liaò 奃撩瞭镣蹽

liaý 办沕埅梁粱墚

liay̌ 两俩𬘓辆裲蜽魉

liaỳ 京谅晾

liē 劣

lié+ 巤獵蹦鑞

liě 衣咴

liè 列例洌咧峛冽烈鴷裂趔

lie-

lin̄-

lin̄ 林菻啉淋綝琳箖霖粦遴嶙潾

驎璘辚磷瞵辚翷麟鳞

liň 亩涌塇恼栭亶鲔馇遭澶壇鹯

liǹ 吝胳赂

lioū 畄熘瞄蹓

lioú 㐬流琉硫旒毓鎏鎏留刘溜馏

遛骝榴飗镏鹠瘤籀

lioǔ 丣柳珋罶铆

lioù 六阹饮迒汴钦

liú 居驴

liǔ 吕侣莒闾梠铝稆筥榈㫛衇旅

膂

liù 聿律律猙珒葎

liv̀ 寽埒捋脟哷锊酹虢滤

liý 令伶邻苓玲拎囹泠妗玲柃昤

瓴铃鸰聆蛉笭舲翎羚零龄澪

灵郧棂酃夌凌陵菱堎倰峻庱

绫棱裬鲮

liy̌ 令岭领

liỳ 令苓呤跉

ló+ 罗啰螺蔂摞漯骡缧嫘镙瘰

lo-

loū	瞜瞜
loú	娄偻蒌塿喽溇楼膢窭耧蝼屦髅
loǔ	叓搂嵝
loù	扁隔漏镉瘺
lou-	
loȳ	夅隆漋癃窿
loý	龙茏咙泷珑栊昽胧砻眬聋笼舻詟
loy̌	龙陇垄笼
loỳ-	
lū-	
lú	卢芦垆庐泸纩栌轳胪炉鸬胪铲颅舻鲈
lǔ	卤滷樐磠氇磠镥
lù	吕洛珞赂路蕗鹭鹿漉辘麗簏麓录菉彔渌逯騄绿琭氯禄碌睩盝箓醁
lu-	
luō	玶啰
luó	罗啰萝啰逻猡椤椤锣箩
luǒ	畀裸蜾
luò	夂洜骆络珞雒
luo-	
lvn̄-	
lvń	仑伦论坨抡囵沦纶轮轮
lvň-	
lvǹ	侖谕掄
lwń	亦峦孪娈栾孪鸾脔銮圞滦
lwň-	
lwǹ	乸亂
m̄-	
ḿ-	
m̀-	
mā	马吗犸妈
má	麻嘛蟆
mǎ	马冯吗犸玛杩祃码蚂
mà	骂榪
ma-	
maī+	皿霾
maí	埋霾
maǐ	买荬
maì	夰麦卖赍唛镑
man̄	旻嫚鞔
mań	曼勱蔓馒謾鳗
mań	曼勱蔓馒鬘鳗
maň	菡满瞒颟螨蹒
maǹ	曼谩墁慢幔漫缦嫚熳镘
maō	亩猫
maó	毛芼牦眊耄旄髦酕矛茅钐蟊袤蝥楙懋
maǒ	卯夼峁泖昴铆窌
maò	卯兜茆贸鄮冒帽媢瑁毷瑁
maȳ	龙庬駹牻
maý	芒侂茫恾硭眭铓
may̌	莽漭蟒蟒
me-	
meī+	殳芟没殁祋酘毂毂毂毂毂毂毂
meí	毐莓梅脢酶某媒楳煤糇眉郿嵋猸湄媚瑂楣镅鹛
meǐ	每媺瘖繁鳘美渼媄镁
meì	朩妹昧魅寐
men̄	杳
meń	门们扪钔
meǹ	闷悯焖
men-	

meȳ　蒙
meý　盳苗盟冡蒙㠓幪檬曚朦鹲礞
　　　蠓艨
mey̌　孟勐掹㤓猛锰蜢艋
meỳ　𦭝夢甍瞢薨
mī　罗啰
mí　弥莃猕簃迷谜蒾䌕瞇醚
mǐ　米咪床洣脒敉麊
mì　丬芈芇苋宓滵密蜜嘧
mián　帉绵棉
miaň　免俛勉冤浼娩晚鮸靣湎缅腼
mian̆　面勔偭愐
miaō　豸㖮
miaó　苗描蒠鹋瞄
miaǒ　不还杯脉秠奀淼缈
miaò　妙庙
miē　乜吔
miè　灭烕蚁笶
miń　民苠岷珉敃湣缗
miň　皿罗闽愍篮闵悯泯
mioù　羿诩缪
miý　名茗咯洺铭酩明瞑
miy̌　冥蓂溟榠暝瞑螟
miỳ　命
mō　么仫抆吆庅妐
mó　庥脟蔴磨魔
mǒ　亩揷恵
mò　末茉抹沫妹砵眛秣䬴靺莫鄚
　　　募谟墓幕蓦漠寞嫫暮慕镆瘼
　　　貘
moū-
moú　某谋馍棋膜
moǔ　某禖
moù+　木沐霂
mú　牟侔哞毪眸蛑䍒
mǔ　母坶拇峔姆牳鉧
mù　目百苜牳钼相睦陌绡苜䱯
ń-
ň-
ǹ-
nā-
ná　拿镎
nǎ　乸卵毈
nà　肀那蒳娜内呐纳敓肭钠衲
nɑ-
naǐ　乃艿奶氖礽
naì　奈萘棕镎
naň　囡
nań　男㽵南莿喃婻楠腩罱蝻
naǹ　娄㮑溇
naǹ　主洼洼烓
naō　夯搒
naó　牢摔醉
naǒ　卤垴恼瑙脑
naò　闹澜臑
naȳ　壱咤髡
naý　袁㷥
nay̌　青揞馆
naỳ-
né　厄呃
nè-
ne-
neǐ　耒诔饫沫
neì　内讷芮呐汭枘蚋
neǹ　育悄娟
neý　叵柂能䏻褦

nī	隶埭棣逮
ní	尼伲坭怩呢泥妮昵铌旎兒倪 院猊阋婗輗睨蜺麑霓齯鲵
nǐ	尔你狝沵妳觌祢
nì	厉励砺蛎粝屰逆泝脟匿愵慝 䘌
niɑn̄	㝵掭
niɑń	年恽秊鲇
niɑň	反扳辗碾踫
niɑǹ	念谂苤埝捻验稔
niɑó+	蓼墋廖漻寥飂髎
niɑǒ	鸟茑鸰鸩窎
niɑò	尿脲
niɑý	良佷莨埌悢阆娘眼筤粮踉酿
niɑỳ+	亮倞喨
niē	呈陧捏涅
nié	臬嵲阒镍鵵
niè	聂慑嗫滠㯅檝镊颞櫱蹑
niń	㐰临
nioū	闵
nioú	牛
nioǔ	丑扭忸狃纽钮
nioù	翏嘐镠䝘
niǔ	女伖汝层纹钕衲敉
niù	虑摅滤鑢
niv̀	乇疟虐谑
niý	宁佇泞泞苧拧咛狞泞柠聍貯
niy̌	㚢
niỳ	另㑞锷
noù	坴陆逵稑蔍埶
noý	农侬依哝浓脓秾酞
noỳ	弄哢峷
nú	奴呶帑驽驽孥砮笯砮
nǔ	虏虜掳
nù	参修勠戮
nuó	乳俰
nuò	若诺惹锘糯
nvń-	
nwň	卪卯卵
ō	丆（ó、ǒ、ò）
oū	區謳嫗甌歐毆鷗
oú-	
oǔ	呙偶蒿焗
où	区沤
oỳ+	翁蓊
pā	尸芦炉
pá	尻抓汦坝粑筤
pà	囟怕
pɑī	拍啪
pɑí	非俳排徘棑箄
pɑǐ	囟掏逌硇
pɑì	𠂢哌派蒎
pɑn̄	夅洚
pɑń	爿戕斨泂牂舟般盘槃磐鞶
pɑǹ	乎判叛盼衹
pɑō	尥抛泡胞
pɑó	包刨咆狍庖袍跑
pɑǒ	乇
pɑò	色沧炝疮
pɑȳ	乓
pɑý	旁蒡搒徬滂膀磅螃鳑
pɑy̌	另唠耢
pɑỳ	爿库肼
peī	丕邳伾苤坯呸狉駓胚
peí	音陪培掊涪棓赔毰瓿敁碚锫 痦醅踣

peì　凧佩唇湏
peñ　杏烹
peń　盆溢
peǹ-
peȳ　平拌怦泙砰
peý　朋萠堋淜弸棚硼鹏篣鬅
pey̌　廾
peỳ　並湴椪碰
pī　比批吡纰砒沘
pí　皮彼诐陂帔狓柀铍疲舭鲏鞁
皵卑埤啤琕脾鞞郫媲膍锃貔
pǐ　匹苉抷疪汖痞嚭
pì　启佀欧辟劈薜澼嬖甓䴙鼙甓
piañ　扁偏犏篇翩
piań　便缏媥楩箯
piaň　扁蹁
piaǹ　片骈
piaō　帀剽漂飘螵
piaó　票嫖薸
piaǒ　眔缥瞟
piaò　票僄蔈嘌漂骠
piē　氕瞥
piě　内敝
piè　癶玻跛
piñ　弁郱拚姘屏
piń　步彭嫔频
piň　品榀幧璅氉礫
piǹ　甹俜涄娉聘
piȳ　乒
piý　平伻评苹坪泙玶枰蚲鲆鲆萍
屏摒艵
pō　皮剫坡泼钹
pó　委鄱皤
pǒ　叵钷笸
pò　白迫珀粕魄
po-
poū　夯捞
poú　匍葡
poǔ-
poý+　壴彭湱膨蟚
pū　卜仆扑叭沭赴
pú　类僕墣幞濮璞镤穙襆蹼
pǔ　甫郙莆埔逋圃峬铺庯浦補晡
脯葐鹕痡蜅酺蒲逋牖黼普谱
氆镨
pù　甫晡铺
qā　奎挂恮袿
qá　卞骱
qǎ　王
qà　洽落湁
qañ　千仟阡芊圩扦迁纤杆歼钎跹
仚杏牵忝佥荟崄岺猃媕铃签
qań　乞扢汔钇乾黔前揃湔翦鬋谫
qaň　肯谴遣滑缱
qaǹ　欠伙芡忺纨肷歉茯嵌
qaō　肖俏削悄绡梢皎销
qaó　乔侨荞挢恹峤桥硚晀盉屏鞒
qaǒ　亏巧
qaò　戈伐找窍践肖俏诮峭梢鞘
qaȳ　仓抢玱枪戗铊酡羌锵蜣
qaý　峃蔷墙嫱樯
qaý̌　鱼愉揄強镪襁
qaỳ　炙呛戗跄
qē　切砌窃
qé　查偖蒈
qě　且苴坥岨徂沮驵珇殂砠罝趄

	雎菹
qè	妾悏唼
qī	七沏戚桼喊缄其䫏欺期妻郪凄萋棲
qí	耆愭珪楮䗷鳍齐侪郝脐荠哜蛴脐祈蛴跻霁鲚其萁淇骐琪期碁棋祺锜颀綦蜞旗麒鲯奇萮埼崎骑绮婍琦椅攲锜旖踦鵸
qǐ	乞仡讫屹迄汔纥矻起龁企诠跂攺棨脊綮
qì	气饩汽杚砍切契挈挈恝碁盐絜偰葜猰褉碶锲瘈弃侪济亟殛
qn̄	钦嵚廞亲傒榛
qń	堇勤鄞慬瑾衾禽擒檎秦蓁嗪獉溱瑧榛臻蠑
qň	㑴侵骎梫祲锓寝
qǹ	㕂揿沁
qoū	丘邱蚯秋萩愀啾湫楸甃鹙鳅憷
qoú	囚恼泅玽舭求俅逑屎球赇铼裘酋遒楢鞧猷蝤鞧
qoǔ	糗
qoý	夋荾荄玫
qū	区伛坝呕岖驱枢炽蚯趋躯貙甌
qú	洰萿渠筶蕖磲罡徰瑆氍痽蠷戵
qǔ	曲岫蛐取娶诹陬娶缴娵鲰
qù	去佉弃觇祛胠袪袪趆
qu-	
qv̄	失阒炔
qv́	尖却鹊痃
qv̀	雀推榷碏
qvn̄-	
qvń	羌褔
qwn̄	回郾
qwń	爰授桜颈毁全佺诠荃辁牷铨痊筌酫泉线瑔鳈
qwň	犬畎鹭
qwǹ	券勑
qȳ	巫轻氢青倩清圊清婧赗鹊碃蜻箐鲭
qý	青情棈晴氰鯖
qỷ	顷倾颎廎颎颍
qỳ	庆硚鋉
rań	夕炙然燃
raň	冉郙苒沺聃蚺翮㚩
raó	尧荛垚饶娆桡硗铙蛲
raǒ	尢优扰吮
raò	尧诡绕
raȳ	昔
raý	表勘俄褀瓠稀
raỷ	芸堪搓
raỳ	芫湛
rě	若惹
rè	热焫
reń	人仈
reň	刃仞讱纫韧韧牣忍涊
reǹ	壬任讧饪纴妊衽荏恁
reȳ	扔
reý	仍
rì	日扣汨驲昷俞谕喻愈
roú	柔揉猱鞣煣粿蹂鞣鞣
roù	肉朒

roȳ+　茸

roý　戎狨绒娀荣嵘溁蝾容蓉溶瑢榕熔镕

roy̌　冗氄

rú　如茹洳挐铷茼儒嚅濡獳嬬襦颥蠕

rǔ　羽诩翊翌珝栩翟褶辱鄏傉蓐溽缛褥耨

rù　入衤

ruó　弱蒻搦

ruò　若鄀偌喏婼箬

rví-

rvǐ　弅莽栟

rvì　兖兖琉锐

rvń-

rvǹ　闰润瞤

rẃ　疋

rwń　员郧圆涢赟

rwň　夷埙嫄瑍

sā　㐱纱砂

sǎ　汆捺鞣

sà　风赏飒

saī　思哩腮鳃

saì　寋塞賽謇赛搴騫褰蹇

san̄　三闫叁毵

saň　伞馓鏾糁

saǹ　肯散潵

saō　蚤搔溞骚膙瘙

saǒ　叟嫂薮

saò　少抄沙眇

saȳ　桑磉颡

say̌　柔㖠

saỳ　丧

sé+　屯扽

sè　色艳滟琰铯

sen̄　罙深琛

seǹ+　甚偡谌葚揕嵁煁踸

seȳ　声倩騂

seỳ+　乘剩嵊

sī　厶艺泓私司伺峒饲觇笥嗣丝嗞鸶思偲缌楒毸飔罳锶篪斯厮凘撕嘶澌

sí+　氏芪抵軝祇疷舐遈

sǐ　死

sì　巳伲圯汜祀世绁贳枻勚四泗驷䮄寺邿侍恃峙庤時跱

soū　叟郷谡搜嗖馊廋溲飕瞍锼螋艘

soǔ　手抙呼浮孜

soù　寿诗捧敖梼痔

soȳ　松淞菘崧淞

soý　厌

soy̌　从怂耸

soỳ　关诶送颂

ssā　杀刹搽脎铩沙莎娑杪挲痧裟鲨

ssá　言

ssǎ　叕傻馊

ssà　卅卌

ssaī　网筛

ssaǐ　包

ssaì　晒

ssan̄　山讪屾迣汕疝舢赸彡泛杉彤钐衫册删姗珊栅跚

ssaň　闪陕睒

ssaǹ　羑鄯墡善缮膳蟮鳝扇搧骟煽

煸蝙
ssaō 尧挠桡烧筅艄
ssaó 勺芍妁玓杓飑趵
ssaǒ 少眇
ssaò 召劭邵苕怊昭岧沼弨迢绍玿
柖轺昭铝笤龆韶
ssaȳ 㐆伤饬汤殇觞商墒熵
ssaý+ 尚埫惝徜绱棠裳
ssaý̌ 尙垧晌
ssaỳ 上
ssay-
ssē 佘徐赊畲
ssé 舌佸苦适餂栝铦聒筈
ssě 舍猞
ssè 亚证垭攽祄啬麀穑
sseí-
sseñ 申伸呻绅珅砷参糁鲹身娠烺
sseń 㐅伸神钟
sseň 审谉渖婶
sseǹ 胥肾惰涺腎
sseȳ 升昇陞生狌牲胜甡笙甥
sseý 黾鄳僶渑绳
sseý̌ 省睹箵
sseỳ 圣径桎胫蛏
ssī 尸屃鸤屍帀师诉狮鸸浉蛳鰤
失扶帙泆泆昳飕蛈
ssí 十什辻扦叶寅石诉柘炻祏跖
鼫时莳埘鲥食飧蚀
ssǐ 史使驶矢屎姼雉彘
ssì 士仕辻茌簭示动际视敕脉事
事事剚市饰柿铈式试拭栻轼
弑是匙谡湜寔騠媞瑅禔鶗踶
鞮
ssi-
ssoū 收莜
ssoú-
ssoǔ 守狩首馗艏
ssoù 𠂤㝊受贸授阌绶
ssoỳ+ 宋㖨
ssū 书抒纾舒朩叔梀殊铢菽俶淑
菽淑婌琡椞怒踧
ssú 孰塾熟
ssǔ 鼠薥瘟屌瞩扇
ssù 术怵述沭钵秫粟戍坚淢械烕
感
ssuō 芏说
ssuǒ+ 所
ssuò 朔蒴搠塑溯槊
ssví 言绁
ssvǐ 水
ssvì 岁刿哕䅗睃翙鲙
ssvň 隼榫
ssvǹ 川训驯
ssw̄ 帍刷唰
ssw̌ 耍
ssẁ-
sswī 衰蓑摔缞榱
sswǐ 甩
sswì 率蟀
sswn̄ 闩拴栓
sswǹ-
sswȳ 双孀霜霜
sswý̌ 爽塽骦鹴
sū 禾酥稣
sú 夙㑉
sǔ+ 甸蜀蜀歜斶躅

sù 束俅谏速悚馃涑琜敕欶竦觫蔌簌簌肃搎骕鹔宿宿蓿缩蹜素傃愫嗉

suō 夋悛唆绫梭睃

suǒ 贠唢琐锁索嗦溹

suò+ 乆烁铄

svī 虽荽浽眭

sví 隋隋堶遀髓䜣

svǐ-

svì 家遂旞燧穟隧璲鐆鐩穟邃襚

svn̄ 孙荪狲逊

svň 夽笋

svǹ 舛蕣舜瞬

swì+ 帅

swn̄ 衣依悠䎃酴

swǹ 祘蒜

tā 也他她铊趾

tá+ 㝘塌遢闒溻缮榻褟鳎蹋鳎

tǎ 全狳洤

tà 沓搭遝踏

taī 囼儓菭

taí 台佁诒邰苔抬骀迨绐殆臬炱胎盆箈跆鲐

taǐ 呆

taì 太汰态肽钛酞泰傣

tan̄ 今吟扲汵贪念疚

tań 炎谈郯痰覃覃墰橝谭潭䁴禫磹譚镡蟫醰

taň 乒坫毡钍袪

taǹ 灰哌炭碳

taō 叏饕泼弢滔搯滔绦韬

taó 兆咷逃洮姚珧桃晁朓祧铫桃頫旐鲦匋陶萄啕淘駒绹醄

taǒ 讨

taò 套

taȳ 汤惕逿钖璗

taý 坣郯唑桯脞铿蝗唐鄌塘搪溏瑭螗糖糖

taỳ 尚淌耥躺

taỳ 尚趟

té+ 忒腻铽

tè 忄犆

te-

teȳ 豆焸

teý 冬拳疼朕膯腾縢縢䲢縢籘

tī 劸剔揚楊腸鍚踼

tí 辵掟啶绽题醍鲮

tǐ 月

tì 弟䄺剃悌唏涕趯

tian̄ 天沃袄类庚

tiań 田佃坩恤间沺畋畑菑钿畠甜

tiaň 忝掭舔

tiaǹ-

tiaō 兆挑

tiaó 条涤蓧鰷鲦

tiaǒ 兆挑姚窕

tiaò 亢眈趴

tiē 卣帖贴

tiě 㦰铁

tiè 帝餮

tiȳ 厅听沂析炘

tiý 廷侹莛庭綎珽梃烶铤蜓颋霆蝏亭停葶渟婷

tiy̌ 廷挺梃脡艇

tiỳ-

toū 凸佁

toú 旻投骰头囡戾

toǔ-

toù 秃透

toȳ 通嗵樋

toý 同侗诇茼垌恫哃彤峒洞桐烔
铜酮鲖坙侄洷桎晊胵眰秷翓

toy̌ 甬捅𫄨桶

toỳ 仝㤿砼眮痊

tū 突葖

tú 关荚侯送涘酫

tǔ 土芏吐钍垚

tù 兔俛菟堍㟟镵

tuō 乇仛圫托吒饦肔𠂔诧拖迤绝
柂䞒胞

tuó 它佗陀坨狏沱驼柁砣铊鸵袉
酡跎鮀蛇

tuǒ 妥陏捼桵鋖

tuò 若掿喏箬

tvī 毛笔毟

tví 秃颓

tvǐ 足

tvì 退煺褪

tvn̄ 吞暾焞

tvń 屯坉迍忳囤饨沌肫窀鲀豕𡱠
豚豳燹

tvň 氽黍

tvǹ-

twn̄ 疏𬉼

twń 团𢭃

twň-

twǹ-

ū 巫诬垭鹀筮噬澨烏鄔塢嗚溩
钨屋偓幄渥龌

ú 无芜呒怃沅吾郚悟唔圄峿浯
珸梧敔晤牾铻鯃龉寤吴俣娱
蜈

ǔ 五伍午仵抍忤迕旿毋侮毐武
珷斌鹉碔舞憮廡潕嫵

ù 兀阢扤屼杌轨𦙶卼隉靰髡勿
芴囫沕吻物曶疬笏戊诫炢敄
蓩骛婺瞀鹜雺鍪

uō 冎咼𠋤萵渦媧窩蝸踻

uǒ 我涐睋䖸

uò 亞卧捰浧脛沃䂸鋈

vī 危佹垝峗洈姽桅硊顩鮠威葳
搣崴敳微溦𢾦薇

ví 韦违围帏闱沩玮炜祎袆韡湋
霻为芳扐沩妫隹唯帷淮维

vǐ 韦伟苇纬玮韪尾𡰣娓艉委诿
萎逶绥痿魏

vì 未佅味沬枚蒡䔺䕭鳘层尉蔚
慰罻螱霨鳚畏偎隈喂猥椳碨
鳂胃谓喟猬渭煟

vn̄ 昷揾愠温缊辒榅辒氲煴瘟鰛
馧蕰

vń 文芠抆汶驳纹玟旻忞炆耿蚊
雯

vň 匀刎吻秎

vǹ 问𦬞𬶀

vȳ 翁蓊塕嗡滃鎓鹟鰔鞥

vy̌-

vỳ 瓮齆

w̄ 穵挖咜洼蛇

ẃ 凹娲

w̌ 瓦佤瓯

ẁ 瓦袜瓶

w-	
wī	歪喎
wǐ	岂挖
wì	外
wn̄	弯塆湾
wń	丸芄汍纨骫完莞浣𬘫琓脘烷晥皖筦顽鲩
wň	兎捥晼宛剜菀惋椀涴婉琬梡腕碗畹鹓蜿豌
wǹ	万劢沥疠虿
wȳ	尢沆
wý	亡匄邙肓忘氓虻王尪
wy̌	兰罔徃绖惘辋蝄魍
wỳ	㠯眐朚
xɑ̄	巨眶蚷
xɑ́	夾匧侠挾峽狭硖惬叚葭遐瑕暇瘕豭霞
xɑ̀	下吓夏厦嗄
xɑn̄	凶仙灿氙铀籼先侁冼诜捸洗骁姺晄毨铣筅跣酰
xɑń	贤贤徺溰鳒闲娴痫鹇咸诫葴嵗缄媙瑊顑箴
xɑň	显湿隰蒀幔㬎
xɑǹ	见伣岘苋哯蚬绲现枧砚睍蚬笕粯觃覎靦县宴赽悬胆臽陷萏馅欿鸽
xɑō	肖削逍消宵绡硝销蛸霄鞘魈枭偒嘄骁肃潚蟰箫
xɑó	孝哮涍酵肴崤淆殽
xɑǒ	小昒尕
xɑò	交校效笑涍
xɑȳ	乡纷芗蚃缃相厢葙湘缃箱香骦缃锗
xɑý	兰详拦祥
xɑy̌	亯饴享亯埻崞綧焞錞鞟
xɑỳ	向珦珦栒蚼豖傢椽
xē	些些拦跕蛀
xé	孑邪讶犽靬劦偽珕脇䚷
xě	写泻
xè	乍卸迕泎蛀射谢塮榭屑蒠渭榍褙
xī	夕汐矽穸虲兮吟妗枍昑牸肸盻钤西茜迺恓哂栖烥恖牺硒舾粞希俙郗悕唏崤浠绨睎䂀欷烯晞稀醯豨析菥淅晰晳蜥奚傒徯溪骙磎蹊𫍹谿鼷鸂
xí	习岈雪鲟府座席庹褯昔剒惜唶楛腊碏耤蜡踖踖齰息葸媳熄瘜螅
xǐ	走徙漇琁锉屣喜僖憙嘻禧镨蟢鳝
xì	糸系綫蝵㒸隙虩
xn̄	心伈芯辛莘骍新欶锌薪馨
xń	仐肸
xň-	
xǹ	杏偺荅焅
xoū	休咻庥鸺蛛貅髹爹修馐脩蓚
xoǔ	丂汅兮朽
xoù	秀莠绣琇锈褎臭嗅溴
xoȳ	凶匈讻忷汹酗胸兄柷䀭
xoý	灰狘雄
xoỳ-	
xū	虍绻虚虡墟嘘歔须嬃盨
xú	余叙徐综
xǔ	许讦浒
xù	旭煦序垿纾胥谞湑婿糈醑畜

蓄滀

xu-

xv̄ 穴茓狖䲨軳

xv́ 𡧦峃峃学岩鸴觉嶨鲎敩

xv̌ 彐雪鳕

xv̀ 血恤洫

xvn̄ 乘勳薰埙狲绨暱醺

xvń 巛巡巡旬郇询荀恂峋徇洵绚珣栒殉寻郭荨浔璕焊鲟

xvǹ 卂讯汛迅

xwn̄ 宣萱揎愃喧渲瑄楦揎暄煊碹

xwń 玄伭泫弦弦玹昡痃炫眩铉痃蚿衒舷

xwň 巽僎馔潠選熌癣篹

xwǹ 定淀琁暶旋旋

xȳ 兴铱星惺猩渻瑆腥煋

xý 亓形衎饤刑型硎铏

xy̌ 省㨘

xỳ 生性姓幸倖悻圉婞鯆

ý-

y̌-

ỳ-

zā 乡揦膠

zá 匝咂砸杂剎

ză 囶

za-

zaī 𢦏哉栽戕㦲

zaǐ 亲倅猝

zaì 再傰辆

zan̄ 光

zań 圎

zaň 昝揝喒糌趱

zaǹ 贠郯溃瓒

zan-

zaō 曹遭糟

zaó 丵凿

zaǒ 枣葍溙

zaò 皂唣埠焯踔造慥燥簉

zaȳ 镸张赈胀

zaỳ 允硫

zaỳ 庄荘脏

zē+ 耴辄

zé 圣择怿峄泽释敕责勣啧帻碛禝箦赜

zè 仄昃

zeí 贼

zeì+ 最蕞

zeñ+ 真傎缜瑱禛稹衡蹎

zeň 怎

zeǹ-

zeȳ 曽鄫增憎缯翷

zeỳ 凿谶缵赠甑锶

zī 孜咨姿资鎏甾菑淄缁辎锱鶅鲻兹嗞嵫孳滋镃

zí+ 执贽挚鸷絷

zǐ 子仔杍籽虸籽㞢沛姊秭笫

zì 自郎垍洎痯字浮眝牸

zoū 刍㑳邹诌搊㤘驺绉鸰笃

zoú+ 纣葤

zoǔ 走唗

zoù 奏揍㨨

zoȳ 宗倧悰综琮棕腙赛䑸猔踪淙

zoy̌ 总偬

zoỳ 众纵粽

zū 且狙租疽

zú 足泥妮矢族镞蔟鹫簇

zǔ 且诅阻组祖
zù+ 助勗筯
zuō 乍作
zuó 乍拃泎昨
zuǒ 左佐拡
zuò 坐莝唑座
zvī 追缒膇
zvǐ 呰
zvì 辛醉
zvn̄ 寺诗峙迚柠锊鲟
zvň-
zvǹ-
zwn̄ 卣铕踹
zwň-
zwǹ 紊捺
zwỳ+ 状憷
zzā 奓拸哆漻碜艨
zzá 乚扎闩札轧乩钆肊
zzǎ 乇挓砣毻
zzà 乍诈阼苲怍咋岞迮柞胙炸祚砟痄蚱笮舴酢榨醡
zza-
zzaī 啇谪摘
zzaí 宅侘诧垞挓咤姹蛇
zzaǐ 窄鋜
zzaì 在侟拵宔
zzan̄ 佁沿毡粘詹谵惦蟾甋瞻
zzaň 斩堑崭椠暂晰錾錾展搌溅辗蹍
zzaǹ 占阽苫坫怗结战觇飐店痁站酟
zzaō 凸削招昭
zzaó 着
zzaǒ 早捍涅
zzaò 尛罩赵笊瘵鰵嚗白诏照
zzaȳ 章鄣幛獐彰漳嫜璋樟暲蟑
zzaỹ 长张涨粻钬
zzaỳ 丈仗队帐岐汉杖财肤疢
zzē 庶蔗摭嗻鹧蟅
zzé 折哲晣浙晢蜇銌
zzě 者啫阇渚赭楮锗瘏褚翥赭
zzè 这
zze-
zzeì-
zzen̄ 贞侦帧浈琐桢斟祯碛锁赪鲼
zzeň 参诊沴杉殄轸畛胗畛疹袗
zzeǹ 辰陈振赈脤震
zzeȳ 疋呡征炡争诤挣峥狰琤睁铮筝竫
zzeỹ 丕揬
zzeỳ 正邳证怔政是罡钲症堲
zzī 之芝汥支郑芰吱岐庋伎枝肢颏跂卮绖栀知蜘踟
zzí 直值埴植殖置稙䐈踖
zzǐ 止芷址沚纸祉社趾只茛枳轵炽咫疻旨诣指脂酯鮨
zzì 至厔郅侄垤咥洷绖桎轾致晊铚秷痓窒螲蛭膣蛭韦制沛敇猘志帱梽秷痣质椟碛镄踬
zzoū 舟俯辀鸼州洲郱粥周倜掼啁婤椆赒蜩
zzoú 由宙妯轴胄
zzoǔ 帚埽歸
zzoù 吅咒冒廋罜
zzoȳ 中仲忠盅钟种蚛舯衷狆茽
zzoỹ 疌脡秳

zzoỳ　重種
zzū　朱邾侏诛陎茱咮洙姝珠株铢蛛者诸猪槠
zzú　亍竹迖灯
zzǔ　主拄哇炷眭疰麈
zzù　主住茔注驻纴柱赶炷袿钍蛀笙
zzuō　旬掏洵焒铂酌
zzuó　𠧪卓桌倬草逴绰婥棹晫焯踔豖冢诼啄涿琢椓镯瘃
zzuò+　攵敁
zzvī　隹萑骓琟椎锥碓睢蜼魋
zzvì　叕陾惙缀锻
zzvn̄-
zzvň　坐侳挫唑
zzw̄　瓜抓
zzw̌　爪𫓧笊
zzwī-
zzwǐ　曳跩
zzwì　曳拽狏
zzwn̄　专汚脖砖
zzwň　孪绔
zzwǹ　尃傅嚩转赙彖掾喙瑑禒篆
zzwȳ　庄𬌗妆桩
zzwỹ-
zzwỳ　壮𫇭装庒

现行汉字与标字示例比较

标准化以后的汉字，呈现出来的会是一番什么模样？以下选取了一些不同时期、不同文体的名家作品，逐一对比陈列如下，方便大家比较。

一、陶渊明《桃花源记》

晋太元中，武陵人捕鱼为业。缘溪行，忘路之远近。忽逢桃花林，夹岸数百步，中无杂树，芳草鲜美，落英缤纷。渔人甚异之，复前行，欲穷其林。

林尽水源，便得一山，山有小口，仿佛若有光。便舍船，从口入。初极狭，才通人。复行数十步，豁然开朗。土地平旷，屋舍俨然，有良田、美池、桑竹之属。阡陌交通，鸡犬相闻。其中往来种作，男女衣着，悉如外人。黄发垂髫，并怡然自乐。

见渔人，乃大惊，问所从来。具答之。便要还家，设酒杀鸡作食。村中闻有此人，咸来问讯。自云先世避秦时乱，率妻子邑人来此绝境，不复出焉，遂与外人间隔。问今是何世，乃不知有汉，无论魏晋。此人一一为具言所闻，皆叹惋。余人各复延至其家，皆出酒食。停数日，辞去。此中人语云："不足为外人道也。"

既出，得其船，便扶向路，处处志之。及郡下，诣太守，说如此。太守即遣人随其往，寻向所志，遂迷，不复得路。

南阳刘子骥，高尚士也，闻之，欣然规往。未果，寻病终，后遂无问津者。

——以上为现行文，标准化后的行文为：

晋太元中，武陵人扑鱼为业。统溪衍，忘路之远近。忽逢桃花林，夹岸敂百步，中无杂械，芳草凶美，条英缤纷。渔人甚乙之，复前衍，欲穸其林。

林尽水源，佞得一山，山有小口，仿佛若有光。佞舍船，从口入。袖极狭，才通人。复衍敂十步，砉然开朗。土地平晪，屋舍俨然，有良田美氾桑竹之屌。阡陌交通，鸠犬相耴。其中徔来種作，男女衣差，悪如外人。贳髟垂鬏，并怄然自乐。

見渔人，乃大惊，问所从来。具荅之。佞要还家，谥酒杀鸠作食。村中耴有此人，咸来问讯。自云先世遡秦时亂，牵妻子邑人来此绁境，不复出焉，遂与外人间隔。问今是何世，乃不知有渫，无论魏晋。此人一一为具言所耴，皆呩惋。余人各复延至其家，皆出酒食。停敂日，句去。此中人讶云："不足为外人道也。"

既出，得其船，佞捋向路，处处志之。及郡下，诣太守，说如此。太守即遣人遒其徔，寻向所志，遂迷，不复得路。

南陽劉子骥，高尚士也，耴之，欵然䞨徔。未果，寻病终。后遂无问泠者。

二、苏轼《念奴娇·赤壁怀古》

大江东去，浪淘尽，千古风流人物。
故垒西边，人道是，三国周郎赤壁。
乱石穿空，惊涛拍岸，卷起千堆雪。
江山如画，一时多少豪杰。
遥想公瑾当年，小乔初嫁了，雄姿英发。
羽扇纶巾，谈笑间，樯橹灰飞烟灭。
故国神游，多情应笑我，早生华发。
人生如梦，一尊还酹江月。

——以上为现行文，标准化后的行文为：

大江東去，浪淘尽，千古风流人物。

故垒西边，人道是，三国周郎赤壁。
亂石穿空，惊涛拍岸，卷起千堆雪。
江山如画，一时多少豪傑。
遥忌公瑾当年，小乔初嫁了，雄姿英发。
羽扇纶巾，谈笑间，樯橹灰飛烟灭。
故国神游，多情应笑我，早生华髮。
人生如夢，一尊还酹江月。

三、曹雪芹《红楼梦》（林黛玉误剪香囊袋　第十八回节选）

话说宝玉来至院外，就有跟贾政的几个小厮上来拦腰抱住，都说：“今儿亏了我们，老爷才喜欢，老太太打发人出来问了几遍，都亏我们回说喜欢，若不然，老太太叫你进去，就不得展才了。人人都说，你那些诗比众人都强。今儿得了这样的彩头。该赏我们了。”宝玉笑道：“每人一吊钱。”众人道：“谁没见那一吊钱！把这荷包赏了罢。”说着，一个上来解荷包，那一个就解扇囊，不容分说，将宝玉所佩之物尽行解去。又道：“好生送上去罢。”一个抱了起来，几个围绕，送至贾母二门前。那时，贾母已命人看了几次，众奶娘、丫鬟跟上来，见过贾母，知不曾难为着他，心中自是喜欢。

少时，袭人倒了茶来，见身边佩物一件无存，因笑道：“戴的东西又是那起没脸的东西解了去了？”林黛玉听说，走来瞧瞧，果然一件无存，因向宝玉道：“我给的那个荷包也给他们了？你明儿再想我的东西，可不能够了！”说毕，赌气回房，将前日宝玉所烦她做的那个香袋儿——才做了一半——赌气拿过来就铰。宝玉见她生气，便知不妥，忙赶过来，早剪破了。宝玉已见过这香囊，虽尚未完，却十分精巧，费了许多工夫。今见无故剪了，却也可气。因忙把衣领解了，从里面红袄襟上将黛玉所给的那荷包解了下来，递与黛玉瞧道：“你瞧瞧，这是什么！我那一回把你的东西给人了？”黛玉见他如此珍重，带在里面，可知是怕人拿去之意，因此又自悔莽撞，未见皂白，就剪了香袋。因此又愧又气，低头一言不发。宝玉道：“你也不用剪，我知道你是懒待给我东西。我连这荷包奉还，何如？”说着，掷向她怀中便走。黛玉见如此，越发气起来，声咽气堵，又汪汪的滚下泪来，拿起荷包来又剪。宝玉见她如此，忙回身抢住，笑道：“好妹妹，饶了它罢！”黛玉将剪子一摔，拭泪说道：“你不用同我好一阵歹一阵的，要恼，就撂开手。这当了什么！”说着，赌气上床，面向里倒下拭泪。禁不住宝玉上来“妹妹”长“妹妹”短赔不是。

前面贾母一片声找宝玉。众奶娘、丫鬟们忙回说："在林姑娘房里呢。"贾母听说道："好，好，好！让他姊妹们一处玩玩罢。才他老子拘了他这半天，让他开心一会子罢，只别叫他们拌嘴，不许扭了他。"众人答应着。黛玉被宝玉缠不过，只得起来道："你的意思不叫我安生，我就离了你。"说着往外就走。宝玉笑道："你到那里，我跟到那里。"一面仍拿起荷包来带上。黛玉伸手抢道："你说不要了，这会子又带上，我也替你怪臊的！"说着，"嗤"的一声又笑了。宝玉道："好妹妹，明儿另替我作个香袋儿罢！"黛玉道："那也只瞧我高兴罢了。"一面说，一面二人出房，到王夫人上房中去了。可巧宝钗亦在那里。

——以上为现行文，标准化后的行文为：

比说宝玉来至厉外，犹有跟贾政的几个小厮上来拦腰艰住，都说："今儿亏了我们，老爷才喜欢，老太太打发人出来问了几升，都亏我们回说喜欢，若不然，老太太叫你进去，犹不得展才了。人人都说，你那些诉比众人都尘。今儿得了这样的彩头。读尚我们了。"宝玉笑道："每人一吊钱。"众人道："言没见那一吊钱！把这荷包尚了罢。"说差，一个上来解荷包，那一个犹解扇袁，不容分说，将宝玉所佩之物尽衍解去。又道："好生送上去罢。"一个艰了起来，几个围绕，送至贾母二门前。那时，贾母乙命人看了几次，众奶娘、丫不跟上来，见过贾母，知不冒甥为差他，心中自是喜欢。

少时，府人倒了茶来，见身邊佩物一倪无存，因笑道："式的東西又是那起没众的東西解了去了？"林黛玉听说，走来睇睇，果然一倪无存，因向宝玉道："我给的那个荷包也给他们了？你明儿再忌我的東西，可不能勾了！"说坒，赌气回房，将前日宝玉所炽她敁的那个香袋儿——才敁了一半——赌气拿过来犹铰。宝玉见她生气，便知不妥，忙趁过来，早贪白了。宝玉乙見过这香袁，虽尚未完，却十分精巧，费了许多工夫。今见无故贪了，却也可气。因忙把衣领解了，从里面红袑襟上将黛玉所给的那荷包解了下来，递与黛玉睇道："你睇睇，这是伸么！我那一回把你的東西给人了？"黛玉見他如此琐重，带在里面，可知是恼人拿去之意，因此又自惶莽蒡，未見皂白，犹贪了香袋。因此又愧又气，低头一言不发。宝玉道："你也不用贪，我知道你是悽代给我東西。我连这荷包奉还，何如？"说差，散向她怀中便走。黛玉見如此，越发气趁来，声呗气土，又沆沆的滚下泫来，拿趁荷包来又贪。宝玉見她如此，忙回身揓住，笑道："好妹妹，饶了也罢！"黛玉将贪子一擐，拭泣说道："你不用同我好一阵歹一阵的，要恼，就撩开手。这当了什么！"说着，赌气上床，面向里倒下拭泣。禁不住宝玉上来"妹妹"長"妹妹"短赔不是。

前面贾母一片声找宝玉。众奶娘、丫头们忙回说："在林姑娘房里呢。"贾母听说道："好，好，好！让他姊妹们一处顽顽罢。才他老子拘了他这半天，让他开心一会子罢，只别叫他们拌嘴，不许扯了他。"众人答应着。黛玉被宝玉缠不过，只得起来道："你的意思不叫我安生，我就离了你。"说着往外就走。宝玉笑道："你到那里，我跟到那里。"一面仍拿起荷包来带上。黛玉伸手抢道："你说不要了，这会子又带上，我也替你怪臊的！"说着，"嗤"的一声又笑了。宝玉道："好妹妹，明儿另替我作个香袋儿罢！"黛玉道："那也只瞧我高兴罢了。"一面说，一面二人出房，到王夫人上房中去了。可巧宝钗亦在那里。

四、鲁迅《秋夜》

在我的后园，可以看见墙外有两株树，一株是枣树，还有一株也是枣树。

这上面的夜的天空，奇怪而高，我生平没有见过这样奇怪而高的天空。他仿佛要离开人间而去，使人们仰面不再看见。然而现在却非常之蓝，闪闪地睒着几十个星星的眼，冷眼。他的口角上现出微笑，似乎自以为大有深意，而将繁霜洒在我的园里的野花上。

我不知道那些花草真叫什么名字，人们叫他们什么名字。我记得有一种开过极细小的粉红花，现在还开着，但是更极细小了，她在冷的夜气中，瑟缩地做梦，梦见春的到来，梦见秋的到来，梦见瘦的诗人将眼泪擦在她最末的花瓣上，告诉她秋虽然来，冬虽然来，而此后接着还是春，胡蝶乱飞，蜜蜂都唱起春词来了。她于是一笑，虽然颜色冻得红惨惨地，仍然瑟缩着。

枣树，他们简直落尽了叶子。先前，还有一两个孩子来打他们别人打剩的枣子，现在是一个也不剩了，连叶子也落尽了。他知道小粉红花的梦，秋后要有春；他也知道落叶的梦，春后还是秋。他简直落尽叶子，单剩干子，然而脱了当初满树是果实和叶子时候的弧形，欠伸得很舒服。但是，有几枝还低亚着，护定他从打枣的竿梢所得的皮伤，而最直最长的几枝，却已默默地铁似的直刺着奇怪而高的天空，使天空闪闪地鬼睒眼；直刺着天空中圆满的月亮，使月亮窘得发白。

鬼睒眼的天空越加非常之蓝，不安了，仿佛想离去人间，避开枣树，只将月亮剩下。然而月亮也暗暗地躲到东边去了。而一无所有的干子，却仍然默默地铁似的直刺着奇怪而高的天空，一意要制他的死命，不管他各式各样地䀹着许多蛊惑的眼睛。

哇的一声，夜游的恶鸟飞过了。

我忽而听到夜半的笑声，吃吃地，似乎不愿意惊动睡着的人，然而四围的空气都应和着笑。夜半，没有别的人，我即刻听出这声音就在我嘴里，我也即刻被这笑声所驱逐，回进自己的房。灯火的带子也即刻被我旋高了。

后窗的玻璃上丁丁地响，还有许多小飞虫乱撞。不多久，几个进来了，许是从窗纸的破孔进来的。他们一进来，又在玻璃的灯罩上撞得丁丁地响。一个从上面撞进去了，他于是遇到火，而且我以为这火是真的。两三个却休息在灯的纸罩上喘气。那罩是昨晚新换的罩，雪白的纸，折出波浪纹的叠痕，一角还画出一枝猩红色的栀子。

猩红的栀子开花时，枣树又要做小粉红花的梦，青葱地弯成弧形了……我又听到夜半的笑声；我赶紧砍断我的心绪，看那老在白纸罩上的小青虫，头大尾小，向日葵子似的，只有半粒小麦那么大，遍身的颜色苍翠得可爱，可怜。

我打一个呵欠，点起一支纸烟，喷出烟来，对着灯默默地敬奠这些苍翠精致的英雄们。

——以上为现行文，标准化后的行文为：

在我的后园，可以看見墻外有两株械，一株是枣械，幺有一株也是枣械。

这上面的夜的天空，奇怪而高，我生平没有見过这様奇怪而高的天空。他仿佛要离开人间而去，使人们伴面不再看見。然而现在却非尝之茲，闪闪地睊差几十个星星的眲，冷眲。他的口角上现出微笑，佀乎自以为大有深意，而将凭霎佘在我的园里的䶑花上。

我不知道那些花草真叫伸么名字，人们叫他们伸么名字。我记得有一秛开过极糸小的粉红花，现在幺开差，但是更极糸小了，她在冷的夜气中，玱绥地敁夢，夢見春的到来，夢見秋的到来，夢見痏的讲人将眲泧扠在她最末的花弆上，告诔她秋虽然来，冬虽然来，而此后接差幺是春，胡蝶氭秖，蜜蜂都唱趂春询来了。她于是一笑，虽然颜色冻得红惨惨地，仍然玱绥差。

枣械，他们箇直豖尽了桊子。先前，幺有一两个孩子来打他们别人打剩的枣子，现在是一个也不剩了，连桊子也豖尽了。他知道小粉红花的夢，秋后要有春；他也知道冬桊的夢，春后幺是秋。他箇直冬尽桊子，单剩干子，然而朊了当袖满棫是果贲和桊子时候的弧彨，欠伸得很舒服。但是，有几枝幺低亚差，护定他从打枣的竿枕所得的皮伤，而最直最长的几枝，却乙百百地钱佀的直刺差奇怪而高的天空，使天空闪闪地鬼眗眊；直刺差天空中圆满的月亮，使月亮囧得发白。

鬼眗眊的天空越加非尝之茁，不安了，仿佛忘离去人间，遨开枣棫，只将月亮剩下。然而月亮也暗暗地躲到東遈去了。而一无所有的干子，却仍然百百地钱佀的直刺差奇怪而高的天空，一意要制他的死命，不管他各式各樣地眗差许多蛄惑的眊睛。

哇的一声，夜游的恶鸟耗过了。

我忽而听到夜半的笑声，吃吃地，佀乎不愿忿惊东睁差的人，然而四围的空气都应和差笑。夜半，没有别的人，我即刻听出这声音犹在我告里，我也即刻衩这笑声所驱迈，回进自己的房。熔火的带子也即刻衩我旋高了。

后窗的玻璃上呢呢地亡，幺有许多小耗虫亂劳。不多久，几个进来了，许是从窗纰的白孔进来的。他们一进来，又在玻璃的熔罘上劳得呢呢地亡。一个从上面劳进去了，他于是遇到火，而且我以为这火是真的。两三个却休息在熔的纰罘上品气。那罘是昨晚新换的罘，雪白的纰，折出波浪纹的叒奂，一角幺画出一枝猩红色的栀子。

猩红的栀子开花时，枣棫又要攺小粉红花的夢，青菊地弯成弧彨了……我又听到夜半的笑声；我趁紧冗断我的心绵，看那老在白纰罘上的小青虫，头大尾小，向日葵子佀的，只有半粒小麦那么大，扦身的颜色蒼翠得可爱，可怜。

我打一个匄欠，点趈一支纰烟，吉出烟来，对差熔百百地敬英这些蒼翠精致的英雄们。

五、毛泽东《为人民服务》

我们的共产党和共产党所领导的八路军、新四军，是革命的队伍。我们这个队伍完全是为着解放人民的，是彻底地为人民的利益工作的。张思德同志就是我们这个队伍中的一个同志。

人总是要死的，但死的意义有不同。中国古时候有个文学家叫作司马迁的说过：“人固有一死，或重于泰山，或轻于鸿毛。”为人民利益而死，就比泰山还重；替法西斯卖力，替剥削人民和压迫人民的人去死，就比鸿毛还轻。张思德同志是为人民利益而死的，他的死是比泰山还要重的。

因为我们是为人民服务的，所以，我们如果有缺点，就不怕别人批评指出。不管是什么人，谁向我们指出都行。只要你说得对，我们就改正。你说的办法对人民有好处，我们就照你的办。“精兵简政”这一条意见，就是党外人士李鼎铭先生提出来的；他提得好，对人民有好处，我们就采用了。只要我们为人民的利益坚持好的，为人民的利益改正错的，我们这个队伍就一定会兴旺起来。

我们都是来自五湖四海，为了一个共同的革命目标，走到一起来了。我们还要和全国大多数人民走这一条路。我们今天已经领导着有九千一百万人口的根据地，但是还不够，还要更大些，才能取得全民族的解放。我们的同志在困难的时候，要看到成绩，要看到光明，要提高我们的勇气。中国人民正在受难，我们有责任解救他们，我们要努力奋斗。要奋斗就会有牺牲，死人的事是经常发生的。但是我们想到人民的利益，想到大多数人民的痛苦，我们为人民而死，就是死得其所。不过，我们应当尽量地减少那些不必要的牺牲。我们的干部要关心每一个战士，一切革命队伍的人都要互相关心，互相爱护，互相帮助。

今后我们的队伍里，不管死了谁，不管是炊事员，是战士，只要他是做过一些有益的工作的，我们都要给他送葬，开追悼会。这要成为一个制度。这个方法也要介绍到老百姓那里去。村上的人死了，开个追悼会。用这样的方法，寄托我们的哀思，使整个人民团结起来。

——以上为现行文，标准化后的行文为：

我们的共产党和共产党所领导的八路軍、新四軍，是革命的附伍。我们这个附伍完全是为差解放人民的，是彻底地为人民的利益工作的。張思德同志犹是我们这个附伍中的一个同志。

人总是要死的，但死的意义有不同。中国古时候有个文学家叫作司马迁的说过：“人固有一死，或重于泰山，或轻于鸿毛。”为人民利益而死，犹比泰山乡重；给法西斯势力，给剥削人民和压迫人民的人去死，犹比鸿毛乡轻。張思德同志是为人民利益而死的，他的死是比泰山乡要重的。

因为我们是为人民服务的，所以，我们如果有夬点，犹不怕别人批评指出。不管是伸么人，言向我们指出都行。只要你说得对，我们犹改正。你说的办法对人民有好处，我们犹照你的办。“精兵简政”这一条意見，犹是党外人士李尓铭先生挩出来的；他挩得好，对人民有好处，我们犹采用了。只要我们为人民的利益坚尺好的，为人民的利益改正错的，我们这个俯伍犹一定会兴旺趍来。

我们都是来自五湖四海，为了一个共同的革命目标，走到一趍来了。我们乡要和全国大多敉人民走这一条路。我们今天乙经领导羑有九千一百万人口的根抺地，但是乡不勾，乡要更大些，才能取得全民族的解放。我们的同志在困殁的时候，要看到成纨，要看到光明，要挩高我们的勇气。中国人民正在受难，我们有责任解救他们，我们要房力畚斗。要畚斗犹会有牺牲，死人的事是经尝发生的。但是我们忈到人民的利益，忈到大多敉人民的疼苦，我们为人民而死，犹是死得其所。不过，我们应当尽京地凎少那些不必要的牺牲。我们的仐部要关心每一个战士，一切革命俯伍的人都要互相关心，互相爱护，互相帮助。

今后我们的俯伍里，不管死了言，不管是炊事员，是战士，只要他是敀过一些有益的工作的，我们都要给他送茬，开追悼会。这要成为一个制度。这个方汯也要介绍到老百姓那里去。村上的人死了，开个追悼会。用这样的方汯，宄托我们的哀思，使奆个人民团绨趍来。

六、汪国真《热爱生命》

我不去想，是否能够成功，既然选择了远方，便只顾风雨兼程。

我不去想，能否赢得爱情，既然钟情于玫瑰，就勇敢地吐露真诚。

我不去想，身后会不会袭来寒风冷雨，既然目标是地平线，留给世界的只能是背影。

我不去想，未来是平坦还是泥泞，只要热爱生命，一切，都在意料之中。

——以上为现行文，标准化后的行文为：

我不去忈，是否能勾成功，既然遝择了远方，傁只颐风雨兼程。

我不去忈，能否夃得爱情，既然钟情于瑮珪，犹勇敢地吐扇真诚。

我不去忈，身后会不会府来翁风冷雨，既然目标是地平规，留给世界的只能是背影。

我不去忈，未来是平坹乡是泥泞，只要热爱生命，一切，都在忈奈之中。

第7章

补　白

任何完美都是相对的，遗憾不可避免，只有发展永恒。汉字标准化道路上，推演方案只是做了一些先行的尝试，需要说明和有待商榷、探讨的地方，还有许许多多。

未来汉字标准化发展的框架

有了标准化的约束，未来汉语用字的增减、变化，可以在设定的框架内运行、处理。

1. 把经过各方论证的标字确定为“标准通用字”，通过国家法规确认后予以颁行。标字以外的汉字，则均可作为“文献字”保留、传承，以方便文字的研究、古籍的刊行、历代书法作品的欣赏等。

2. 与之配套，一是可以编撰一部《汉语标准字典》，作为社会用字规范；二是可以编撰一部大容量的《汉语文献字典》，作为《汉语标准字典》的补充；三是可以编制、推行权威的“汉语标准字符库”“汉语文献字符库”，为汉字标准化后的学习与应用、传承与发展奠定坚实的基础。

3. 现在还有许多说得出来、却写不出来的方言用字，尚未规范、周全的各国、各民族语言译音用字，这些字今后要纳入标准化的轨道，应主要启用既定标字，留音配字。但遇到现有汉字音节根本无法涵盖的情况，遇到同音却没有合适的已有标字来匹配的情况，不妨按标准化的要求，选取文献字或再造新字来替代。

4. 国家语言文字工作部门应根据社会发展的需要，社会用字的实际情况，每隔一个时期，按照汉字标准化的要求，来整理、确认、颁行一些已为社会认可的民间用字为标准通用字，同时将一些退出历史舞台的字转为文献字，建立起规范化、可持续的“标字”增减、发布平台。

标字字典的编制

吕叔湘、罗常培说“词典是进行规范化的最重要的工具”，相信辞书编纂与修订工作者对此深有体会。一部汉语辞书，收哪些字，不收哪些字，就颇费周章。标字字典的编制，还需标注好标字与繁体字、异体字、曾用字之间的关系，标音与曾用音、方言之间的关系。标准化后的笔画、部首以及标字的字序、音序排列等，也需要进行一些梳理、调整。大的方向应是：

1. 字头用标准通用字。凡繁体字、异体字以及标字替代了的简体字等通称为曾用字，加括号附列在标准通用字之后。

2. 注音用确定好的标音。凡标字曾经读过的所有声音统称“曾用音”，加括号附列在标音之后。一些口语许可的失调、变调、异读情况，予以特别说明。方言音如有可能，应标明流行的大致地域。

3. 汉字通常一字多义。许多的字与字，字音相同，而字义既有相互重叠的部分，又有互不相同的地方。如《现代汉语词典》（第 7 版）中，“寨”与“砦”，都读“zzaì”，字义前 1～4 项都相同，只有作姓氏时，则两字为不同的两个“姓”。标案将“砦”的读音依其音符“此”改读为“cǐ”，标字字典“砦”的字义应为“姓”，而原有义的前 1～4 项，则可标明为“曾用义”，加括号附列在标准字义之后。诸如此类读音发生变化的多义字，如“旃、烝”等，依此类推进行处理即可。

4. 其他诸如释义、析形、插图、排序等 0，可根据字典规模、编制取向等需要予以选择、编排，顺当就好。

标案字符依旧可以再简化

标案对不超过 10 画的义符、音符大多不再减省。而实际上，还有很多的义符、音符，再做一些适当的合并、减省、变化，对识别的影响不大，也易于通行。

义符如：⻗→⻗，角→伪，豕→豕；身、耳、面里边的二取消或改“一”、改“、”，等等。

音符如：直→直亘，具→具贝，帝→帝，垩→丕，等等。

另外，标案里所有的复合字，在保证不与其他同音符的标字形相同的情况下，可以简化掉复合的部件，如“嗬→啊”，就减掉了“艹”；又如“盭→敎”，就减掉了“幺”和“皿”。只是这类变化若影响到字的美观时，还须谨慎处理为好。

印刷体与手写体的并行

新中国的第一次汉字简化，简化了不少常用义符，大大方便了汉字的手写，但由此带来了一些遗憾。特别是一些义符由于简化的理据不足，不仅有损汉字的表意，还影响汉字的传承与美学价值。

因此可以考虑，把原有繁体或异体的义符，如“示、糹、貝、角、訁、馬、頁、釒、飠、門、骨、鳥、魚”等重新进行筛选、改造、整理，确定后重新加以启用。

这些回归的义符及其组成的汉字，均可作为标准汉字的印刷体（或称正体）。而那些简化的义符，如“讠、饣、马、页、贝、纟、礻、鸟、钅、门、骨”等及其相应的汉字，可作为手写体（或称俗字）在民间保留。

当然，上节提到的除掉了复合字特征的义音字，也可以由国家有关部门统一规范后，认可为允许通行的手写体。

需要留意的是，“車与车”“見与见”等常用义符，在标案中已经分别作为不同音的标字加以使用，就不能再用来区分印刷体、手写体了。

叠字的另类处理

汉字通过同一字的叠加，来表示某一事物的累积等，如“屾、甡、喆、虤、叒、厽、垚、骉、森、猋、犇、赑、焱、淼、晶、鑫、叕、燚”等。这些叠字，标案留作音符的，如“双、叒、叕、厽、从、众、林”等，可以继续保留，不再发生变化。

其他叠字若要留，则除标案采取的方法（20 画以内的字字形不变，改读母音）外，还有两种另类的方法，可供参考。

方法一：

没能成为音符的叠字，超过 20 画的，可减掉 1～2 叠。如“鑫”24 画，可用母字“金”两个并列成“鍂”（16 画）来代替。遇到母字既有 3 字重叠、还有 4 字重叠等类似情况，两字合并，选笔画少的为标字，如“焱、燚”，用“焱”作标字，两字字义合并在“焱”字内。

没能成为音符的叠字，读音可用“多字的声母 d＋母字的韵母和声调”合成。如：屾，声母用 d，韵母及声调为an̄，屾如是读 dan̄。甡 deȳ、喆 dí、虤 dǔ、鍂 din̄、骉 dǎ、猋 dwň、赑 dvì、犇 dioú、焱 duǒ、淼 dvǐ、晶 daí，等字，均可依此类推。

方法二：

没能成为音符的叠字字形，两字相叠的，改为“刂＋母字”，如,喆→咕；三字相叠的，改为“母字＋彡”，如，鑫→釒彡，四字相叠的，改为“罒＋母字”，如,燚→罘，等等。依此类推。

没能成为音符的叠字改读母音，如“喆”字的音“zzé”改读“jí”，“鑫”字的音“xn̄”改读“jn̄”等等。

试试多启用些方言字

方言的启用问题，标案做了一些尝试。如保留了“射、终”等字的形，音则随了方言。

射 shè→xiè，用了粤语的音，与“谢、塮、榭”等字，音出一门，互为依托，更臻于完美。

终 zhōng→dōng，用的是湖南湘潭、宁乡一隅的方言。在这一地带，声母“z、zh”的发音，几乎都可用声母“d”替代的。读者不妨听一听，一代伟人毛泽东在开国大典上的原声：“中华人民共和国中央人民政府今天成立了。”其实，现在的普通话里面，“中、钟、终”等字同音，期中与期终、中场与终场、中年与终年、钟点与终点，都是些常用词，口语中不结合一定的语境，就难以区分。

倘若未来汉字的发展，在避免字与字之间产生歧义的前提下，更多地启用全国各地方言读音。所有方言字，不管已有的，还是需要新造的，一律保留方言之音，辅之以相应的义符。这样做，虽说会给当代人的口语带来些不便，但显而易见的好处是，既有利于更多地保留汉字的已有字形，有利于更大范围内丰富汉字表达的意义与声音，也能提升官话与方言之间的相互融通、理解、认同与接受。从长远看，值得一试。

答疑

1.标准化是否会束缚未来汉字的发展空间？

汉字的注音、笔画、部件、义符、音符以及构字等方方面面，标案拟定了一系列标准化的规则或方法。有标准就难免有所限制，这些限制会不会束缚汉字未来的发展呢？

标准化框架内，于读音来说，音节及音符可以在现有基础上不间断扩充和丰富，没有上限；于字形来说，音符和义符一对一地匹配，虽很难尽善尽美，但新造汉字完全可以凭借各种各样的造字方法激扬文字，设计出成千上万乃至无穷无尽、符合标准的漂亮汉字，同样没有上限。

另外，汉字优于字母文字的一大特点是，具有很强的构词能力。与古代汉语相比，现代汉语增加了许多双音节、多音节词，结果是词汇量激增，而常用字的数量却没有明显增减。这也从另一方面表明，对标案可能限制汉字发展的担心是不足为虑的。

2. 为什么不坚持汉字的读音不变？

因为对一些字的读音稍作变化，可以多保留一些现行汉字不被变形，丰富均衡汉字的读音，方便汉字处理的语音识别，一些音节同音字太多的弊端也可得到有效缓解。

3. 怎么不把标字的笔画控制得更少一些？

笔者经过研究，把单个汉字的笔画控制在 15 画以下乃至 10 画以内，这在设计上是完全可以行得通的。

问题是，笔画越少，能够保留下来的现有汉字就越少，需要重新记忆的字则越多，势必影响汉字的传承，汉字的总量将还要继续增加；笔画越少，汉字的近似部件也会越多，辨识度会下降，不利于汉字的有效区别；笔画太少，汉字过于集中在某几笔画之内，也会有损汉字的繁简变化之美。

4. 该不该把义符、音符的数量压缩得更少一些？

义符的减少会影响汉字意义的表达，音符的减少会导致同音字的增加。义符、音符越少，还意味着汉字构字的能力越低，可变化性越小。因此，义符、音符的增减各有利弊，重要的是如何保持适度。

5. 为何不确立一个音节一个音符？

如果一个音节一个音符，汉字字形的多样化会受到损害，还会需要造更多的新字来代替已有汉字，影响汉字的传承。

6. 不将义符、音符的位置完全固定有何考虑？

有人担心义符、音符的位置不固定下来，会出现义符与音符相混淆的状况，影响字的准确辨认。但若固定下来，无疑会减少义音字的组字灵活性及其组字的数量，影响汉字字形的协调、美观。

其实，学习者借助对汉字运用的熟练程度、不难分析出汉字的表意或表音部分，进而正确地辨别出汉字的义符与音符。

7. 一些音节内只有一个形声字为何不变更？

标案里的一些字，如“给、扯、放、怪、坏、仍、哭”等字，没超过 10 画，也没有与其他义符组成新的义音字，而是作音符字留用。目的主要是为了多保留一些原字特别是常用字，为了多保留一些不易混淆的发音音节。

若从今后发展的需要出发，对这些义音字做些变更未尝不可。需变更时，这里提供两种办法：一种办法是，将此字改为方便组合的象形、会意字，如，扯→⿱不土，扔→⿰歹力，粉→⿱米分。另一种办法是，为该音节制造或选取一个与原音符形似的音符，如，为“给geǐ”音节确定一个音符“台”，给→绐；为“仍 reý”音节确定一个音符“乃”，仍→⿰亻乃。

8.阅读古文怎么办？

对已有汉字的改动越多，阅读改动之前的文献的难度无疑越大。汉字简化也出现过类似问题。标准化推演时为减少此类情况做了许多努力，以缓解普通读者阅读已有文献的难度，但确实无法完全避免。

我们可以像培养汉英、汉俄、汉法、汉德、汉日、汉藏等“双语”人才一样，培养一批精通古今汉语的人才，并通过他们，把现存的、今后可能发现的“文献字”整理好，把古籍翻译好。

参考文献

1. 徐世荣编著：《普通话语音知识》，汉字改革出版社，1980

2. 于右任编著：《标准草书》，上海书店出版社，1983

3. 辞海编辑委员会编：《辞海》（缩印本），上海辞书出版社，1985

4. 广东、广西、湖南、河南辞源修订组、商务印书馆编辑部编：《辞源》（修订本），商务印书馆，1988

5. 尹斌庸、苏培成选编：《科学地评价汉语汉字》，华语教学出版社，1994

6. 中国书法大字典编辑组编：《中国书法大字典》，世界图书出版公司，1994

7. 王均主编：《当代中国的文字改革》，当代中国出版社，1995

8. 周有光著：《汉语拼音方案基础知识》，语文出版社，1995

9. 詹鄞鑫著：《汉字说略》，辽宁教育出版社，1995

10. 苏培成、尹斌庸编选：《现代汉字规范化问题》，语文出版社，1995

11. 余向阳编著：《15 种常用汉字输入法》，中山大学出版社，1996

12. 邓家智、李国炎、莫衡、吴崇康、郑宣沐编撰：《汉语规范字典》，海口国际新闻出版中心，1996

13. 费锦昌、黄佑源、张静贤编著：《汉语写法规范字典》，上海辞书出版社，1996

14. 杨洪清、朱新兰编著：《快速识字字典》，江苏古籍出版社，1996

15. 郭兴超主编：《现代汉语多功能字典》，知识出版社，1996

16. 何九盈、胡双宝、张猛主编：《中国汉字文化大观》，北京大学出版社，1996

17. 郑慧生著：《中国文字的发展》，河南人民出版社，1996

18. 张晓虎主编：《最新汉字趣味字典》，山西人民出版社，1996

19. 周宪、由美、小牧编：《大字符集汉字编码手册》，上海交通大学出版社，1997

20. 达世平、沈光海编著：《古汉语常用字字源字典》，上海书店出版社，1997

21. 傅永和编：《规范汉字综合表》，华文出版社，1997

22. 陈原主编：《汉语语言文字信息处理》，上海教育出版社，1997

23. 张书岩、王铁昆、李青梅、安宁编著：《简化字溯源》，语文出版社，1997

24. 王均主编：《语文现代化论丛》（第三辑），语文出版社，1997

25. 周有光著：《语文闲谈》，生活·读书·新知三联书店，1997

26. 苏培成著：《现代汉字学纲要》，北京大学出版社，1997

27. 沈克成、沈迦著：《汉字部件学》，机械工业出版社，1998

28. 高世平著：《汉字科学规律》，江苏教育出版社，1998

29. 尹黎云著：《汉字字源系统研究》，中国人民大学出版社，1998

30. 贾国均编：《字理识字 500 例》，中国轻工业出版社，1998

31. 中国社会科学院语言研究所词典编辑室编：《倒序现代汉语词典》，商务印书馆，1999

32. 潘自由著：《汉字部首浅析》，内蒙古科学技术出版社，1999

33. 曹先擢、苏培成主编：《汉字形义分析字典》，北京大学出版社，1999

34. 傅永和：《中文信息处理》，广东教育出版社，1999

35. 商务印书馆辞书研究中心编：《应用汉语词典》，商务印书馆，2000

36. 《中华人民共和国国家通用语言文字法》，法律出版社，2000

37. 沈克成、沈迦著：《汉字简化说略》，人民日报出版社，2001

38. 饶福明著：《汉字改革方案设想》，湖南师范大学出版社，2002

39. 和力民著：《纳西象形文字字帖》，云南民族出版社，2002

40. 蔡新中、何华珍主编：《汉字书同文研究》（第 5 辑），香港文化教育出版社，2004

41. 古汉语常用字字典编写组编著：《古汉语常用字字典》（修订版），四川大学出版社，2005

42. 周胜鸿、陈明然主编：《汉字书同文研究》（第 6 辑），香港鹭达文化出版公司，2005

43. 彭泽润著：《词和字研究》，中国文史出版社，2007
44. 陈明然主编：《民间汉字书同文研究十周年纪念文集》，香港鹭达文化出版公司，2007
45. 曾祥文著：《音意汉字》，世界社会文献出版社，2009
46. 苏培成编：《台湾与大陆常用汉字对照字典》，商务印书馆，2010.
47. 王本兴编：《甲骨文小字典》，文物出版社，2011
48. 王力著：《诗词格律》，中华书局，2013
49. 魏励编：《语言文字规范手册》，商务印书馆国际有限公司，2014
50. 教育部语言文字信息管理司组编：《信息时代汉字规范的新发展》，商务印书馆，2015
51. 张书岩主编：《现代汉语规范字典》，上海辞书出版社，2015
52. 万森编：《通用规范汉字笔画部首结构字级笔顺手册》，商务印书馆国际有限公司，2016
53. 陈楠著：《汉字的诱惑》（第2版），湖北美术出版社，2017
54. 申忠信编：《诗韵词韵速查手册》，商务印书馆国际有限公司，2017
55. 汉语大词典编辑委员会编纂：《汉语大字典》（缩印本），四川辞书出版社、崇文书局，2018
56. 蓝德康、[日]松冈荣志编：《汉字海》，华语教学出版社，2018
57. 陈姞静著：《图解文字学常识与汉字演变》，台湾五南图书出版公司，2018
58. 裘锡圭著：《文字学概要》（修订本），商务印书馆，2018
59. 夏铭智主编：《于右任书法字典》（第3版），世界图书出版西安公司，2018
60. 夏世军、孙大旺、林贤伟主编：《字体呈现Ⅱ》，福建美术出版社，2018
61. 姜亮夫著：《古文字学》，重庆出版社，2019
62. 王力著：《汉语讲话》，北京联合出版公司，2019
63. 沈宽著：《汉字概要》，上海书店出版社，2019
64. 刘洁、周艳梅著：《汉字文化摭拾》，四川大学出版社，2019
65. 王宁著：《汉字与中华文化十讲》，生活·读书·新知三联书店，2019
66. 王宏源著：《汉字字源入门》（修订本），社会科学文献出版社，2019
67. 刘钊、冯克坚主编：《甲骨文常用字字典》，中华书局，2019
68. 王本兴编著：《金文字典》，北京工艺美术出版社，2019

69. 许慎著：《说文解字》，江苏凤凰美术出版社，2019

70. 胡朴安著：《文字学常识》，人民美术出版社，2019

71. 新华大字典编委会编纂：《新华大字典》（第 3 版），商务印书馆国际有限公司，2019

72. 中国社会科学院语言研究所词典编辑室编：《现代汉语词典》（第 7 版），商务印书馆，2019

73. 刘伯坤编著：《字体设计进化论》，人民邮电出版社，2019

74. 郑子宁著：《东言西语》，敦煌文艺出版社，2020

75. 魏励著：《汉字部首解说》，商务印书馆国际有限公司，2020

76. 邹芙都编著：《汉字印象：汉字源流与汉字文化》，重庆大学出版社，2020

77. 《胡乔木传》编写组编：《胡乔木谈语言文字》（修订本），人民出版社，2020

78. 于童蒙编著：《图解汉字》，江苏凤凰科学技术出版社，2020

中国社会科学院语言研究所编：《新华字典》（第 12 版），商务印书馆，2020

79. 余世存、胡纠纠著：《中国字说》，浙江人民出版社，2020

80. 罗健主编：《中华字根字典》，华语教学出版社，2020

81. 谢飞东、聂晖著：《读字》，作家出版社，2021

82. 吴润仪编著：《汉字部件解析》，商务印书馆国际有限公司，2021

83. 顾建平编著：《汉字图解字典》，中国出版集团东方出版中心，2021

84. 张书岩主编：《简化字 繁体字 异体字 对照字典》，上海辞书出版社，2021

85. [日]雪朱里、Graphic 社编辑部编：《文字部：字体设计的这些与那些!》，东方出版社，2021

86. 王爱云著：《新中国文字改革》，北京人民出版社，2021

87. 字体帮编著：《字体设计创意集》，人民邮电出版社，2021

88. 林国胜、毛利静、刘东霞著：《字体设计与应用》，人民邮电出版社，2021

89. 刘痕、刘兵克编著：《字韵 民国美术字集成 1912-1949》，香港星雅出版社，2021

90. 中华书局编著：《中华新字典》（第 7 版），中华书局（香港）有限公司，2021

91. 王宁著:《汉字构型十二讲》，商务印书馆，2022

92. 王朝忠编著:《汉字源流字典》，四川辞书出版社，2022

93. 田小琳主编:《汉字字形对比字典》，中华书局（香港）有限公司，2022

94. 子宁著:《南腔北调：方言里的中国》，海峡书局，2022

95. 国家市场监督管理总局、国家标准化管理委员会发布:《信息技术 中文编码字符集 GB 18030-2022》，中国标准出版社，2022

96. [美]石静远著，林华译:《汉字王国——让中国走向现代的语言革命》，中信出版社，2023

后 记

汉字，又称中文，俗名方块字。外部世界还给了它好些不同的名称，如中国字（sinograph）、表意文字（semantogram）、图画文字（pictograph）等。从西安半坡文化算起，约6000年的历史，让汉字成为世界上最古老的文字之一。如今汉语的使用人口超16亿，占世界总人口约五分之一。

汉字的诞生，《淮南子·本经》给了一个惊天地、泣鬼神的故事，云："昔者仓颉作书，而天雨粟，鬼夜哭。"秦朝李斯的《仓颉篇》称"仓颉作书，以教后嗣"，这就是"仓颉说"。

汉字诞生的"结绳说"，最早见于《周易·系辞》："上古结绳而治，后世圣人易之以书契。"许多人据此认为："文字之作，肇始结绳。"（朱宗莱的《文字学形义篇》）

文字是记录语言的符号。我国最早具有文字性质的符号，是已发现的仰韶陶文。殷商以后的甲骨文、金文，则是古老而完备、有史料可佐证的文字了。人类早期的记事方法，大致经历了结绳记事、画线契刻、图画记事的阶段。结绳可算记事符号的鼻祖，结绳本身却不是文字。现存的古代出土书契里，除了记事的符号外，还有很多象形的图画。也就是说，古人用指事的符号和象形的图画创造了汉字。

汉字的诞生、演进，大多自下而上，由先人们根据生存、发展的需要始创、在民间蔓延生长，然后由统治集团规范、圈定、发布施行，循环反复，徐徐向前。汉字的形体，逐渐由构图过渡到笔画组合，越来越抽象，越来越简单。造字的方法，则从象形、会意到形声交融，不断发展完善。

自上而下诞生的汉字也有一些。秦始皇借秦小篆推行"书同文"，唐玄宗撰《开元文字音义》始定楷体，新中国的第一次汉字简化，无不蕴含着自上而下的烙印。另外，还有一些皇帝自造、颁行的字，如：南汉高祖刘龑造的“龑”，隋文帝杨坚造的“隋”，女皇武则天造的“曌”（照）、“｢而」”（天）、“〇”（日）、“𤯔”（人）等。

历史上汉字的几次大变革，如古文字改隶书、隶书改楷书，新中国的汉字简化实践等，由于受社会发展程度的限制，多以简化笔画、方便书写为主要追求目标。这其中，只有古文字、秦小篆演变成隶书、楷书、宋体，即汉字由图绘线条表达的象形、会意字，变化成横、竖、撇、捺、点等笔画组成的方块字，为汉字的书写确立了一定的规范。此后，汉字多在字体变换中发生变化，选取俗字达成简化，没有谁来定造字的规矩，更别提对汉字的音、形、义来一番系统化改造。可以说，直到现在，汉字还从没接受过全方位科学洗礼，笔画多而难写、读音杂而无序等弊端仍如影随形，为难着它的学习者、使用者。

电报发明、机械打字机问世之初，过去为国人礼敬、邻国效仿的汉字被新技术所排斥，一时成为笨拙落后、跟不上时代的丑小鸭。后来信息革命的兴起，又给难以输入还原的汉字再次带来巨大生存压力。面对科技浪潮的涤荡，汉字若不能融入，必走向消亡，成为那时的中国人无法挥出的心结。

中华文明最坚实的基石是汉字。中华文明长盛不衰，英国学者李约瑟认为，汉语是中国的第一道长城，也是最后一道长城。20世纪伊始，王照倡导官话革命，“新文化运动”用白话文向文言文宣战，章太炎推出汉语注音符号，威基谒（法国人）、张德彝、王景春等为编制、推广中文电报码殚精竭虑，周厚坤、齐暄、舒振东等研发中文打字机，林语堂、王云五、杜定友等创新中文检索，新中国推出汉语拼音、力行汉字简化，支秉彝设计“见字识码”编码体例，王选创立“汉字激光照排系统”，王永民等发明各种汉字输入法。几代人的不懈努力，硬是让技术时代困扰汉字的险滩一个个化险为夷。追随着科技发展的航向，潮水般涌现的各种汉字应用软件，各类形码、拼音码、声控码输入方法，将汉字的信息化处理一步步带进易学、快捷的境界，险些被淹没的汉字，经过风风雨雨的洗刷，终于抖落尘埃，光芒重现。

一是字义大体稳定，利于传承。汉字形体虽经历了几次大的变迁，但变形后的汉字，所代表的字义特别是本义，少有变化，绝大多数汉字的引申义变化也不是很大，所以上古或中古的文献，现代人也大体能看懂；现在的中国读者，读两千年前诗人屈原的《楚辞》，可以朗朗上口。而现在英语国家的普通读者，要读四百年前莎士比亚的原著，难免困难重重。

二是字数相对稳定，便于掌握。虽说汉字的单字总数超10万。但大多数的字，实际上是某一字的异体字，早已被边缘化；也有一些字，随着时代的变迁而被淘汰。2004年台湾地区编撰的《异体字字典》（正式五版）收入单字106230个。其中异体字（含待考字）就达76,338个。各个时代常用的单字不尽相同，数量却相对稳定。已有的甲骨文字，总字数当以百万计，整理出的单字也就四五千左右。总字数52.65万的《史记》，单字只用了4932个。有统计表明，现在掌握5200个汉字，则能阅读普通书报刊内容的99.99%。而在英语国家，没掌握上万单词，读报也难。

三是字形易于辨意，组词力强。汉字的构成如搭积木，汉字字与字之间的组合也如搭积木，可以演绎出无穷无尽的新词。汉语从笔画到字到词，是两次组合；而表音文字没有字，最小单位是单词，字母到单词只有一次组合。这就如同一个萝卜一个坑，想表达新的内容，表音文字就要创造新的“单词”。比如：牛cattle，牛肉beef；猪pig，猪肉pork。cattle和beef、pig和pork均毫无关联，类似情况几乎都得另类表达。简单事情被复杂化，新词汇随之扩张，使得英语的词汇量现已破百万，而且还在快速增长。上面的单词，动物变了，其均为动物肉身的类型未变。中文只是在不同动物后面加个“肉”字，复杂随之简单。

四是字貌变化无穷，艺术性强。汉字初创之时以象形立意，由点、线变化形成图画，其从“娘胎里”带来的艺术基因绵延数千年，已是国粹的一部分。字写得好不好，会不会欣赏，也成为衡量国人文化修养的尺子之一。凭着不同笔画、部件的组合而互相区别的汉字，笔画变换错落有致，部件搭配纷繁多姿，结构布局气象万千。语言与视觉的复合，成就了汉字“独步世界”的书法艺术。拼音文字也要求写得好看，可是它远离原始图画，变化也太小，也就很难成为一门专门的书写艺术。

五是字词简洁凝练，承载丰富。事实已经证明，各种语言中，要利用有限的空间来传达最多的信息，汉字表现最好。如：“中国人民政治协商会议”，英语写作the Chinese People's Political Consultative Conference，中文明显比英文“占地”小。联合国同一内容的文本，中文版比其他语言的版本都要薄。季羡林先生曾不无夸张地说：“汉语是世界语言里最简练的一个语种。同样表达一个意思，如果英语要60秒，汉语5秒就够了。”

伴随着认识的深入、技术的进步，汉字为人津津乐道的优点似乎越来越多。理解速度快、交流效率高，有利于智商的开发、思维的提速之类的好消息也不绝于耳。以致香港的安子介先生认定，汉字是中国的第五大发明，英国的普鲁斯则预言，“汉字将成为21世纪的第一语言”。站在新的历史起点，系统地对汉字去粗取精、去伪存真，来一番义音吻合的匹配、繁简得当的取舍、井然有序的规范，让汉字好认易学，减轻学用者的负担，朝着鲁迅先生“把汉字交给一切人”的梦想去努力，又有何不可？

汉字的变革，涉及几千年绵延不断的中国文化，涉及每一个与汉语打交道的人，影响广泛而深远。这不单是一项语言文字工作，更是国之大计。标准化方案的推演，伴随着自己40余年。2002年出版的拙著《汉字改革方案设想》，拉开汉字系统化规范的大幕。但迈出的步子大而不稳，导致变化了的字太多，人们的接受程度拉低。这次改、扩版为《汉字标准化推演方案》，大幅增添了规范的字数，在传承与接受、简约与规范等方面做了更多的努力。遗憾的是，依然不那么成熟，依然不那么完美，疏漏、纰缪之处甚多，敬请赐教与见谅。出版这个推演方案，不过是再一次的大胆尝试。其实，要确立一套真正科学、便于推广的汉字标准化体系，还有待于专家、学者们对汉字的全面考量、推演与检验，有待于国家的确立、颁行与推广，尤其需要大众的参与、认同与接受。

本书得以印行，得益于柳斌、苏培成、胡瑞昌、袁正守、彭泽润、高更生、冯寿忠、沈克成、骆小所、袁钟瑞、里元、周胜鸿等领导、专家的鼓励、批评、指教；也得益于许多学者的研究成果，因涉及面广，资料引证恕未一一列出、注明。另外，与胡振荣、陈龙、马美著、彭卫才、胡国安、蔡达、罗晓、毛冰花、余小海、戴建清、彭新良、宋天翔、邓雄、陈家桂、戴小锋、何敬上、周悦、皇甫尚扬、张菊萍、陈龙、刘林平、邵启发、傅纯等许多同志关心、鼓励是分不开的，尤其是李丹云、饶中、王茜、宋涛、邓利民、黄守愚、饶晨曦等亲友给予了宝贵支持。在此一并谨致诚挚的谢意！

想当初，秦始皇用小篆取代六国古文，实现“书同文”，对汉字及汉文化的发展乃至民族的凝聚、国家的一统功莫大焉。继往开来，汉字过去从没有、今后也不会一成不变。真诚期待每一位读者都来关心、参与汉字标准化的推演，为汉字的美好未来增光添彩。

作　者

2024年夏于长沙

图书在版编目(CIP)数据

汉字标准化推演方案/饶福明著. --长沙:岳麓书社,2024.8.
--ISBN 978-7-5538-2114-6

Ⅰ. H12

中国国家版本馆 CIP 数据核字第 2024AC6019 号

HANZI BIAOZHUN HUA TUIYAN FANGAN

汉字标准化推演方案

作　　者:饶福明
出 版 人:崔　灿
责任编辑:彭卫才
责任校对:舒　舍
封面设计:饶　中　刘　峰

岳麓书社出版发行
地址:湖南省长沙市爱民路 47 号
直销电话:0731-88804152　0731-88885616
邮编:410006

版次:2024 年 8 月第 1 版
印次:2024 年 8 月第 1 次印刷
开本:710mm×1000mm　1/16
印张:36
字数:627 千字
书号:ISBN 978-7-5538-2114-6
定价:98.00 元

承印:长沙艺铖印刷包装有限公司

如有印装质量问题,请与本社印务部联系
电话:0731-88884129